Recommandations

Winston Smith nous rappelle qu'aucun moment n'est « ordinaire » dans une relation de couple. Il nous fait comprendre que la grâce du Seigneur se manifeste dans les petites choses de la vie. Il nous donne les outils nécessaires pour évaluer les réactions de notre cœur aux situations ordinaires vécues avec notre conjoint, et ce, dans le but de créer une relation conjugale extraordinaire.

Bryan Chapell, Ph. D. Président du Séminaire Covenant Theological à St-Louis au Missouri, professeur de théologie pratique et auteur du livre *Each for the Other: Marriage as It's Meant to Be*

Il est impossible de décrire en quelques phrases la qualité exceptionnelle de ce livre. Winston démontre comment transformer les déceptions de notre vie de couple en occasions de progresser dans l'amour, la foi et l'intimité. Par son style simple et fluide, ce livre peut donner un second souffle à votre union. Il contient d'une part des enseignements exégétiques et une théologie riche et d'autre part, des conseils pastoraux pleins de bienveillance. Mon seul regret est de ne pas avoir confié le cours de counseling conjugal à cet homme sage beaucoup plus tôt.

John Bettler Ancien directeur exécutif de la Christian Counseling & Educational Foundation (CCEF)

Winston Smith allie à la fois une réflexion biblique approfondie et des conseils pratiques sur la relation conjugale. Les couples mariés et ceux qui songent au mariage profiteront grandement de sa sagesse.

Tremper Longman III, Ph. D. Professeur d'études bibliques au Collège Westmont et auteur des livres *Breaking the Idols of Your Heart* et *Intimate Allies*

Si je me fie à ma propre expérience, ce livre vous sera utile. Lorsque je reçois trop de conseils, je m'y perds. Si on me donne seulement des exhortations spirituelles, je suis motivé jusqu'à ce que... je n'obtienne pas ce que je veux. Winston marie à la fois l'exhortation et les conseils pratiques. Bien plus, il les explique jusqu'à ce que vous en saisissiez la richesse et posiez des actions concrètes. Il ne force pas les choses, mais il est évident qu'il veut nous voir grandir et changer.

Edward T. Welch, Ph. D. Conseiller, membre de la CCEF et auteur du livre *Quand les hommes ont plus d'importance que Dieu*

La force de ce livre réside dans sa façon d'appliquer les principes bibliques aux situations ordinaires de la vie à deux et de nous enseigner à nous tourner vers Jésus pour être transformé. L'auteur nous ramène sans cesse à Christ : sa volonté, sa manière d'agir et sa sagesse, jusqu'à ce que nous devenions conscients de sa présence dans les moments ordinaires de la vie. Tous les couples devraient étudier, mettre en pratique et partager ce livre avec d'autres.

Rose Marie Miller Missionnaire, enseignante de la Bible et auteure du livre *From Fear to Freedom*

Étant un mari honnête et un conseiller expérimenté, Winston Smith est en mesure d'offrir des conseils à la fois profonds et pratiques sur les relations humaines en s'appuyant sur un cadre de référence divin. La théologie des Écritures semble parfois abstraite et cérébrale, ce livre la transpose dans notre vie et notre expérience de tous les jours. Il offre aux couples des vérités étonnantes qui ont le potentiel de modifier complètement leur manière d'envisager les relations. Un livre stimulant et encourageant!

Jeremy Lelek, M.A., L.P.C.
Président de l'Association des conseillers bibliques

Trop souvent, les couples se contentent de réduire les conflits et les blessures au minimum. Ce livre apporte de l'espoir et des moyens concrets pour progresser et sortir de l'impasse. Winston offre un enseignement théorique et des suggestions pratiques qui nous incitent à considérer les « situations ordinaires » de la relation conjugale comme le contexte idéal pour expérimenter l'amour extraordinaire de Dieu. Il démontre que notre capacité à aimer notre conjoint ne dépend pas de son amabilité, mais qu'elle est le reflet d'une vie centrée sur notre amour pour le Dieu vivant. Voilà en quoi consiste l'adoration et ce pour quoi la relation conjugale a autant d'importance.

Judy Cha, LMFT Directrice du ministère de counseling à l'Église Redeemer Presbyterian de New York

Les coulisses de la relation de couple a quelque chose de différent. Son enseignement est plus profond que la plupart des autres livres basés sur la Bible et qui traitent de la relation conjugale. Il s'accorde avec la pensée biblique selon laquelle Christ et notre cœur doivent être au centre de nos préoccupations. Ce livre aide les chrétiens à comprendre la signification de cette notion et à l'appliquer à la relation conjugale. J'encourage fortement les couples mariés à lire cet ouvrage et à mettre en pratique les enseignements qu'il contient.

Wayne Mack, D. Min. Professeur de counseling biblique à Grace School of Ministry, Prétoria et Capetown en Afrique du Sud et auteur du livre *Preparing for Marriage God's Way*

Les coulisses de la relation de couple est un ouvrage de référence indispensable pour tous les couples mariés et pour les conseillers conjugaux. Le cœur du mariage chrétien y est révélé, soit une compréhension toujours plus grande de la grâce de Dieu à l'œuvre dans ses enfants. Winston traite avec honnêteté de sa propre relation de couple, il possède une connaissance biblique remplie de sagesse et une expérience personnelle en counseling. Il comprend les rouages de la relation conjugale et vous aidera à les comprendre également! Ce livre fera dorénavant partie des lectures obligatoires de mes étudiants.

Jason Barrie Conférencier en counseling conjugal et familial au Séminaire Westminster en Californie et pasteur associé à l'Église Rocky Mountain Community

Le XXIᵉ siècle soumet la relation conjugale à une pression et à des changements énormes. Dans de telles conditions, aucune aide n'est refusée! Bravo à Winston Smith qui nous éclaire de ses conseils judicieux sur ce sujet important.

Carolyn Custis James
Auteure du livre *Tous théologiens! Vivre nos convictions*

Les coulisses
de la relation de couple

Vivez un mariage extraordinaire
dans un quotidien ordinaire

Winston. T. Smith

éditions
cruciforme

Édition originale publiée en langue anglaise sous le titre :
Marriage Matters: Extraordinary Change through Ordinary Moments
© 2010 by Winston Smith
Publié par New Growth Press
Greensboro, NC 27419 (USA)
Traduit et publié avec permission. Tous droits réservés.

Édition en langue française :
Les coulisses de la relation de couple :
Vivez un mariage extraordinaire dans un quotidien ordinaire
par Winston Smith
© 2015, Éditions Cruciforme
www.editionscruciforme.com
230, rue Lupien, Trois-Rivières (Québec), Canada – G8T 6W4
Tous droits de traduction, de reproduction et d'adaptation réservés.

Traduction : Élaine Weber
Révision : Danielle Côté, Louise Denniss
Couverture : Daniel Henderson
Mise en page : Laury Grimard

Les citations bibliques sont extraites de la Nouvelle Version Segond révisée (Colombe)
Alliance biblique universelle, © 1978

ISBN : 978-2-924110-97-3
Dépôt légal :   Bibliothèque et Archives nationales du Québec, 2015
Bibliothèque et Archives Canada, 2015

À ma femme, Kim

Ton cœur d'enfant qui s'émerveille
devant les choses ordinaires de la vie,
ta façon de te réjouir du bien et de t'attrister du mal,
Ton humilité, ta fidélité et j'en passe!
Voilà comment tu me démontres l'amour de Christ,
chaque jour.

Tables des matières

Avant-Propos

Si vous avez parcouru le rayon des livres consacrés à l'amour et aux relations dans une librairie dernièrement, vous vous questionnez peut-être sur la pertinence d'un autre livre sur la vie de couple. Ma réponse à cette question est évidente, vous la tenez entre vos mains, mais permettez-moi de vous expliquer brièvement comment ce livre a vu le jour.

La plupart des couples malheureux souhaitent obtenir un changement rapide de leur situation. Qui peut le leur reprocher? Lorsque la relation au cœur de notre vie devient la source de notre souffrance, cette dernière peut être intense. Dans leur détresse, les couples cherchent des solutions qui procurent des changements rapides et draconiens. Pourtant, ceux qui vivent des transformations majeures et durables n'assistent pas à un brusque renversement de leur situation ou ne découvrent pas le secret bien gardé de la relation conjugale. Ces couples s'engagent, au contraire, à considérer autrement leurs interactions quotidiennes, à prendre des mesures simples pour s'aimer plus efficacement et à appliquer ces mesures jour après jour. Les irritations et les querelles qui ne mènent nulle part se transforment en étapes d'un cheminement durant lequel l'œuvre et l'amour de Dieu deviennent de plus en plus évidents et puissants.

J'espère que ce livre communiquera adéquatement mon opinion sur la relation conjugale. D'abord, elle est importante. Non seulement l'est-elle pour nous, mais elle l'est également pour Dieu qui entend bien s'en servir à des fins étonnantes. Ensuite, bien que nos moments d'irritation, de conflit, de souffrance ou d'indifférence nous semblent ordinaires, ils peuvent pourtant nous aider à comprendre les desseins d'amour remarquables de Dieu et à amorcer un changement de comportement. Les situations ordinaires de notre vie de couple constituent des étapes qui lui permettent de s'épanouir et qui servent de guide vers une relation plus profonde avec un Dieu extraordinaire.

J'espère avant tout que ce livre sera utile à ceux qui considèrent la relation conjugale comme un combat quotidien. Je demande à ces couples de lire ce livre avec attention, avec espoir et dans la prière. Au cours d'une période difficile de ma propre vie, un conseiller et ami m'a rappelé la lutte de Jacob avec Dieu dans Genèse 32. Après avoir lutté toute la nuit, Dieu a demandé à Jacob de le laisser partir et « il le frappa à l'articulation de la hanche » (Genèse 32.26). Mais Jacob a refusé d'abandonner et de le laisser aller. Il a plutôt répondu : « Je ne te laisserai point partir sans que tu me bénisses » (Genèse 32.27) et Dieu l'a béni. Mon ami m'a donné ce sage conseil : « Winston, ne te contente pas d'un renversement de situation. Ne cherche pas à emprunter la voie de la facilité. N'abandonne pas jusqu'à ce que tu aies reçu de Dieu toutes les bénédictions qu'il a en réserve pour toi au milieu de tes difficultés. » Je prie que vous teniez ferme, que vous meniez le bon combat et que Dieu vous bénisse au-delà de ce que vous avez osé demander.

J'aimerais cependant faire une mise en garde. Bien qu'un livre sur la vie conjugale puisse offrir une aide précieuse, il peut également faire autant de mal que de bien s'il n'est pas utilisé à bon escient. Par conséquent, permettez-moi de vous donner quelques avertissements afin de vous garder sur la bonne voie :

Ne lisez pas ce livre simplement parce que vous croyez que votre conjoint en a besoin. Au cours de votre lecture, vous ne pourrez vous empêcher de penser à ses défauts. Il est toutefois préférable que vous réfléchissiez à la manière dont *vous* pouvez changer. Résistez à la tentation de revenir continuellement sur ses fautes. Concentrez-vous plutôt sur votre apprentissage personnel, qui consiste à vivre une vie d'amour en confiant à Dieu les résultats de votre démarche.

Ne croyez pas qu'un livre sur la relation conjugale puisse remplacer les conseils et le soutien personnel. Dieu a voulu que vous viviez votre vie et votre relation de couple au sein d'une communauté. Les complexités de l'existence nécessiteront toujours plus qu'un bon livre, aussi utile soit-il. Tout au long de votre parcours, veillez à vous entourer d'amis fiables, de conducteurs pieux et de conseillers sages, *notamment si votre conjoint est aux prises avec des problèmes de toxicomanie ou s'il a un comportement violent.*

J'espère que ce livre profitera non seulement aux individus et aux couples, mais qu'il pourra aussi être utilisé dans des petits groupes d'étude biblique, des classes d'école du dimanche ou peut-être même dans des cours offerts au séminaire.

J'aimerais apporter une dernière précision. Certains exemples dans le livre sont fictifs et sont donnés à titre d'illustration. D'autres ont été créés en m'inspirant des nombreux couples que j'ai rencontrés au fil des ans et ils servent à clarifier les dynamiques dont je traite. Les illustrations et les exemples ne visent pas à reproduire des stéréotypes sexuels ou à entretenir des préjugés, mais reflètent en toute honnêteté ma propre expérience. Ils ne sont aucunement normatifs.

Remerciements

Avant d'avoir moi-même écrit un livre, je n'accordais pas beaucoup d'importance aux remerciements. Je réalise, aujourd'hui, leur absolue nécessité. À moins de souligner la contribution de ceux qui ont rendu possible la parution de ce livre et de les remercier sincèrement, je ne pourrai me libérer d'un sentiment obsédant de honte.

Je remercie d'abord Kim, ma femme, pour qui les principes de ce livre sont loin d'être seulement des théories. Tu me permets de réfléchir, d'enseigner et d'écrire sur des sujets que je ne maîtrise pas encore. Il me reste tant à apprendre! Merci. (Si jamais tu regrettes de m'avoir laissé écrire ce livre, relis la dédicace.)

Je remercie tout spécialement John Bettler. Après avoir donné pendant des années un cours de counseling conjugal, John m'en a délégué la tâche, en plus de me confier une bonne part de ses connaissances. Il m'est impossible de séparer sa profonde sagesse de celle que j'ai acquise au cours des quinze dernières années, mais dans la mesure du possible, j'ai fait référence à sa contribution dans les notes. Humble et sage, il s'est toujours contenté de travailler dans l'ombre, tout en soutenant les efforts des autres. Ce sont les raisons pour lesquelles je t'admire et te remercie, John. Si jamais tu décides d'écrire un livre qui traite de la relation conjugale, ne te gêne pas de reprendre à ton compte toute idée que tu m'as confiée et n'hésite pas non plus à réfuter les miennes!

Je remercie mes amis et collègues de la CCEF avec qui j'ai œuvré par le passé et ceux avec qui je collabore actuellement : Ed Welch, David Powlison, Paul Tripp, Tim Lane, Mike Emlet, Jayne Clark et Bill Smith. Ils ont tous contribué à approfondir ma connaissance de Christ et m'ont appris l'importance de manifester son amour concrètement dans toutes les situations de la vie quotidienne. Merci au personnel de la CCEF, les conseillers et les autres employés, qui travaillent sans relâche pour que Jésus soit connu à travers ce ministère. Je remercie les nombreux couples avec lesquels j'ai travaillé au fil des ans. Merci de m'avoir honoré de votre confiance et de vos confidences. Merci pour votre patience et votre gentillesse. Nous avons appris ensemble à marcher sur des chemins difficiles et souvent ténébreux. Vous m'avez tous béni et je remercie Dieu pour chacun de vous.

Je remercie nos amis intimes : Tuck et Stacy, Arlin et Cathy, John et Joanna, David et Wendy, Kris et Dave, Bob et Seanne. Au fil des ans, Kim et moi avons été grandement encouragés dans notre vie de couple par votre authenticité et votre transparence. Votre amitié vaut son pesant d'or.

Enfin, je remercie la maison d'édition New Growth Press. Merci, Mark et Karen, de prendre le risque de publier des auteurs inexpérimentés comme moi. Merci à mon réviseur Jonathan Rogers d'avoir lu, retouché et corrigé mes incohérences. Merci à Barbara Juliani pour ton instinct d'écrivaine et d'éditrice et pour avoir mené ce projet à terme.

Dieu est présent dans les moments ordinaires

Au premier chapitre, nous apprenons que le changement passe par un renouvellement de notre attitude face aux blessures et aux frustrations dites normales dans le mariage. En adoptant une nouvelle perspective, nous les verrons se transformer en occasions uniques d'approfondir et d'expérimenter l'amour inouï de Dieu.

Au deuxième chapitre, nous étudions comment Dieu utilise les moments ordinaires pour mettre en lumière les obstacles enfouis dans nos cœurs qui nous empêchent de connaître et de partager son amour.

Au troisième chapitre, nous découvrons que toutes nos difficultés à aimer proviennent, en fait, d'un problème d'adoration. L'amour de Dieu nous transforme dans la mesure où non seulement la fondation de notre mariage, mais également celle de nos vies repose sur lui.

Le quatrième chapitre nous présente à nouveau celui qui est l'amour même, c'est-à-dire Jésus. En apprenant de lui ce qu'est l'amour, nous sommes libérés de nos distorsions et de nos incompréhensions pour aimer d'une façon nouvelle et surprenante.

Enfin, au cinquième chapitre, nous nous ajustons à la vision de Dieu pour le mariage qui a toujours été plus élevée que la nôtre. Depuis toujours, il a voulu que cette union célèbre et reflète son amour.

1

Les changements se produisent dans les moments ordinaires

Les enseignements à retenir dans ce chapitre :

• Notre vie de couple est faite de moments ordinaires, de multiples irritations et de déceptions. Dieu ne semble pas s'y intéresser et nous ne croyons pas que la situation puisse véritablement changer.

• Les moments ordinaires deviennent des occasions uniques de changement lorsque nous comprenons ces vérités :

  - Dieu est amour et il est présent chaque fois que nous avons de la difficulté à aimer.

  - Jésus nous donne la capacité d'aimer et nous enseigne à manifester un amour pratique et tangible.

  - Le changement exige une décision ferme de notre part : celle d'aimer au quotidien et de faire preuve de persévérance.

Un moment ordinaire

Je pouvais sentir monter la pression. Plus le temps passait et plus j'étais en colère. Il était 14 h 30. Mon fils devait être sur le terrain de baseball à 15 h pour un entraînement, ma fille était invitée à un anniversaire à 16 h et je dirigeais une étude biblique à 17 h. De plus, ma femme ne répondait pas à son téléphone cellulaire. J'avais tenté de l'appeler à plusieurs reprises depuis 13 h et il était maintenant presque 14 h 30. Elle aurait dû être de retour à la maison depuis longtemps. Elle connaissait les activités à l'horaire et m'avait assuré qu'elle serait rentrée à temps.

Comment préparer mon étude biblique avec tous ces déplacements à effectuer? Ne se souciait-elle pas du fait que j'avais besoin de son aide? Ma colère s'intensifiait. Je l'imaginais bavardant avec des amies tandis que son téléphone cellulaire vibrait en vain dans son sac à main.

Je me suis donc résigné à modifier l'horaire : les trois enfants viendraient à l'entraînement avec moi. Les filles joueraient dans une section inutilisée du terrain pendant que je m'installerais dans la camionnette pour préparer mon étude biblique. Je serais sûrement déconcentré et tenté de suivre du regard tantôt les joueurs, tantôt mes filles qui finiraient tôt ou tard par s'ennuyer et solliciter mon attention. La situation n'était pas idéale, mais je devais m'en contenter.

J'ai donné l'ordre aux enfants de se préparer à partir, ce qui a donné lieu à de nombreuses questions :

« Où est maman? » « Pourquoi devons-nous aller à l'entraînement de l'équipe? » « Est-ce que je manquerai ma fête? » « Où sont mes souliers? » « Peut-on s'arrêter en chemin pour acheter une collation? »

Chaque question ajoutait à ma frustration et me rappelait que je n'étais pas censé me retrouver dans cette situation.

À cet instant, le téléphone a sonné : « Win, as-tu tenté de m'appeler? »

« En effet », ai-je répondu de mon ton le plus sarcastique. « Je dois conduire Gresham à son entraînement et Charlotte à sa fête, et je ne suis pas prêt pour mon étude biblique. Pourquoi n'as-tu pas répondu au téléphone? »

« Je ne l'ai pas entendu vibrer dans mon sac. Je suis vraiment désolée. Je serai à la maison dans quelques minutes. Je n'ai pas pu me libérer aussi rapidement que prévu. »

Au lieu d'attendre le retour de Kim et la laisser conduire notre fils à son entraînement, j'ai fait monter les enfants à bord de la voiture et j'ai décidé de le faire moi-même. Lorsque je suis revenu à la maison quinze minutes plus tard, Kim était rentrée et se demandait pourquoi je ne l'avais pas attendue.

Elle s'est retirée dans un endroit sûr pendant que je restais seul à fixer la table de la cuisine. J'étais non seulement agacé, mais furieux. Sous cette colère se cachait également un sentiment de honte et de gêne. D'une part, je sentais que ma colère était justifiée, mais d'autre part, je me demandais pour quelle raison je m'étais laissé emporter de la sorte. Je pouvais comprendre mon sentiment d'irritation, mais ma colère? J'étais parfaitement conscient que ma réaction était exagérée.

Je n'ai pas tardé à réaliser qu'une partie de ma frustration provenait du fait que ce sentiment était familier et même, *ordinaire*. Combien de fois m'étais-je mis en colère contre Kim parce que j'avais l'impression qu'elle ne pensait pas à moi? Et combien de fois lui avais-je fait subir ma mauvaise humeur en boudant, ce qui avait toujours entraîné les mêmes effets destructeurs?

J'étais fatigué de revivre cette situation et les mêmes vieilles disputes sans fin, fatigué d'obtenir toujours les mêmes résultats.

Pourquoi les moments ordinaires sont-ils ordinaires?

Tous les couples vivent de telles situations, des moments de frustration, de déception, de colère ou de tristesse. Nous souhaitons que les choses s'améliorent, mais nous manquons de ressources et nous ignorons comment agir autrement. Nous ne sommes pas parfaits et la personne que nous épousons ne l'est pas non plus. Ces situations familières comportent d'autres caractéristiques importantes.

Les moments ordinaires reviennent souvent

Le même scénario se répète continuellement. Les mêmes pensées, sentiments, actions et réactions reviennent hanter chaque conflit. Pour ma part, j'ai souvent eu l'impression que Kim ne tenait aucun compte de mes désirs ou de mes besoins, mais la plupart du temps, j'étais dans l'erreur. Les

NOUS POUVONS CROIRE QUE NOUS SOMMES SPIRITUELS, MAIS VIVRE COMME SI DIEU ÉTAIT LOIN, TRÈS LOIN MÊME.

circonstances changent et ne concernent pas toujours l'entraînement de l'équipe de baseball, les courses à faire ou l'étude biblique. Il peut s'agir de la manière dont l'argent a été dépensé, de la lessive qui s'empile ou du manque de temps à investir dans notre relation de couple. Cependant, une constante se dégage de la succession des événements. J'ai l'impression d'être négligé, elle s'en étonne. Je me mets alors en colère puis, elle se retire. Tout est très ordinaire.

Dieu ne semble pas intervenir dans les moments ordinaires

Puisque ces situations se perpétuent, l'action de Dieu peut être difficile à discerner. Nous n'avons peut-être même jamais songé à lui demander son aide. Précisément parce qu'elles sont banales. Pourquoi déranger Dieu?

Nous craignons peut-être de demander à Dieu d'intervenir parce que nous avons honte. Nous devrions être en mesure de faire mieux. Nous l'avons certainement déçu.

Ou alors nous avons demandé à Dieu son aide, mais il n'a pas répondu. Cette impression que Dieu reste sourd à nos prières est particulièrement difficile à supporter. Non seulement il ne semble pas intervenir, mais nous avons le sentiment d'avoir été abandonné ou oublié.

Que nous ayons cherché ou non l'aide de Dieu, ces situations semblent ordinaires parce qu'elles ne sont accompagnées d'aucun miracle ou changement radical. Elles sont vécues *sans* Dieu : nous ne voyons pas ou ne parvenons pas à discerner le rôle de Dieu dans ces situations. Et ce, que nous nous considérions ou non comme spirituels.

Rappelez-vous ma frustration envers Kim lorsque j'ai été privé du temps que j'estimais nécessaire pour préparer mon étude biblique. Je mettais mes capacités intellectuelles au service de la Parole de Dieu afin de mieux la connaître et en faire profiter les autres, mais mon cœur était éloigné de Dieu. À cet instant, je n'ai même pas songé à me tourner vers lui pour recevoir de l'aide. Je n'ai pas cru qu'il s'intéressait à la situation ou qu'il était à l'œuvre. Nous pouvons croire que nous sommes spirituels, mais vivre comme si Dieu était loin, très loin même.

Nous ne croyons pas que les choses changeront

Si nous avons vécu un grand nombre de ces situations ordinaires sans noter aucun changement, soit nous sommes devenus habitués et indifférents aux contrariétés, soit nous avons abandonné tout espoir de changement. L'indifférence et le désespoir sont tout aussi dangereux l'un que l'autre. Nous courons le risque d'être malheureux ou de connaître une union boiteuse. En outre, Dieu occupera une place de moins en moins importante dans notre couple. Or, cette relation influence au plus haut point le cours de notre vie.

Dans sa grâce, Dieu a empêché que Kim et moi en arrivions à ce point. Tandis que je bouillais de colère, assis à la table de la cuisine, Dieu a entrepris son œuvre en moi. Il m'a rappelé des vérités importantes et a disposé mon cœur afin que notre couple puisse aller de l'avant. Les situations ordinaires deviennent extraordinaires lorsque nous connaissons Dieu.

Comment les moments ordinaires deviennent-ils extraordinaires?

Dans la relation de couple, le principal obstacle au changement est notre attitude envers le changement. Nous espérons en général qu'un tournant décisif amorcera le début d'un revirement complet de situation.

Nous souhaitons que ce tournant, cette transformation mémorable, s'opère en notre conjoint plutôt qu'en nous, n'est-ce pas? Ce sont eux qui ont besoin de vivre une expérience semblable à celle d'Ebenezer Scrooge. Notre conjoint s'endort le cœur rempli de mécontentement et d'amertume. Pendant son sommeil, trois esprits (ou un conseiller conjugal) lui rendent visite et le lendemain matin, il se réveille le cœur joyeux et généreux.

Il arrive parfois qu'un changement durable se produise rapidement et de manière spectaculaire. Mais en général, ce type de transformation s'effectue en plusieurs étapes délibérées et réfléchies, et ce, sur une longue période de temps. Ceux qui veulent à tout prix un remède rapide et un virage majeur n'obtiendront pas les résultats durables escomptés. D'ailleurs, la Bible nous présente le changement comme un travail de longue haleine accompli par Dieu dans nos vies. Notre parcours ressemble davantage au long périple des Israélites vers la Terre promise qu'à la conversion étonnante de l'apôtre Paul sur le chemin de Damas.

Une meilleure compréhension de la façon dont Dieu agit dans les situations ordinaires nous aidera à persévérer tout au long du lent processus de transformation. Tout changement s'appuie sur cette vérité : Dieu intervient à chaque moment de notre vie à deux. Dans cette perspective, aucune situation n'est ordinaire puisque Dieu y est à l'œuvre avec ou sans notre collaboration et que nous en soyons conscients ou non. Dieu règne sur l'univers entier, mais il s'intéresse à nous en particulier et désire que nous discernions son œuvre dans les moindres détails de notre vie conjugale. En outre, il veut que nous participions à ses desseins.

Les éléments actifs

L'apôtre Jean explique dans sa première lettre de quelle manière Dieu souhaite modifier le cours de nos relations :

> Bien-aimés, aimons-nous les uns les autres; car l'amour est de Dieu, et quiconque aime est né de Dieu et connaît Dieu. Celui qui n'aime pas n'a pas connu Dieu, car Dieu est amour. Voici comment l'amour de Dieu a été manifesté envers nous : Dieu a envoyé son Fils unique dans le monde afin que nous vivions par lui. Et cet amour consiste non pas en ce que nous avons aimé Dieu, mais en ce qu'il nous a aimés et qu'il a envoyé son Fils comme victime expiatoire pour nos péchés. Bien-aimés, si Dieu nous a tant aimés, nous devons, nous aussi, nous aimer les uns les autres. Personne n'a jamais vu Dieu. Si nous nous aimons les uns les autres, Dieu demeure en nous, et son amour est parfait en nous. (1 Jean 4.7-12)

Ce passage identifie trois éléments indispensables à la transformation des situations ordinaires en moments de changement extraordinaires. Ces trois principes fondamentaux servent d'appui au présent livre.

1. Les relations de couple sont transformées lorsque nous comprenons les objectifs poursuivis par Dieu dans les situations soi-disant ordinaires.

> Bien-aimés, aimons-nous les uns les autres; car l'amour est de Dieu, et quiconque aime est né de Dieu et connaît Dieu. Celui qui n'aime pas n'a pas connu Dieu, car *Dieu est amour*. (1 Jean 4.7-8, italiques ajoutés)

« Dieu est amour. » Nous souhaitons tous avoir une union remplie d'amour. Qui n'aime pas l'amour? Nous nous marions en général par amour ou à tout le moins parce que nous rêvons d'amour. Cependant, lorsque nous passons un mauvais moment, nous ne nous sentons pas aimés et il est difficile d'aimer en retour. Dieu ne semble pas influencer le cours des événements et pourtant, sa présence est cruciale. Dieu est amour et nous avons d'autant plus besoin de lui qu'il est difficile d'aimer. Un manque d'amour devrait nous inciter à examiner avec soin non seulement notre relation de couple, mais également la relation que nous entretenons avec Dieu.

UNE VIE DE COUPLE CARACTÉRISÉE PAR L'AMOUR EST UNE UNION DAVANTAGE VÉCUE DANS LA PRÉSENCE DE DIEU.

Voici la mauvaise nouvelle : nos difficultés à aimer sont plus profondes que nous le pensons, car un problème d'amour révèle un problème dans notre relation avec Dieu. Voici la bonne nouvelle : la solution est plus profonde que nous le croyons, car Dieu n'y est pas indifférent et il intervient. Une vie de couple caractérisée par l'amour est une union davantage vécue dans la présence de Dieu. Une difficulté à aimer démontre soit que nous ne connaissons pas Dieu, soit qu'un obstacle nuit à notre relation avec Dieu.

Lorsqu'elle était enfant, ma fille Sydney avait la réputation d'être difficile sur la nourriture. Même les burgers et les frites des chaînes de restauration rapide ne l'attiraient pas! Un jour, ma belle-mère a appris que nous avions mangé dans un restaurant McDonald. Elle lui a donc demandé : « Qu'as-tu mangé au restaurant, Sydney? »

« J'ai mangé un cheeseburger » a-t-elle répondu avec fierté.

« Tu as mangé un cheeseburger! » a répliqué ma belle-mère avec surprise. « Je croyais que tu n'aimais pas les cheeseburgers. »

« J'ôte simplement tout ce que je n'aime pas » a expliqué Sydney. « Je retire d'abord les cornichons et les oignons, puis le fromage, ensuite le ketchup et la moutarde et finalement, *la grosse chose ronde et brune dans le milieu.* » Ma fille avait découvert le secret pour aimer les cheeseburgers : elle enlevait le bifteck haché et ne mangeait que le pain!

Il est possible que nous ressemblions à Sydney. Nous sommes prompts à confesser des lèvres l'amour de Dieu et notre désir d'aimer davantage, mais nous avons également tendance à l'exclure de nos solutions. Si nous croyons que Dieu est amour, il fait nécessairement partie de la solution. Il doit, en réalité, en être l'élément central, « la grosse chose dans le milieu », si vous me permettez l'expression.

2. *Les relations de couple sont transformées lorsque nous sommes disposés à aimer concrètement, comme Christ, et en particulier dans les situations difficiles.*

> Voici comment l'amour de Dieu a été manifesté envers nous : Dieu a envoyé son Fils unique dans le monde afin que nous vivions par lui. Et cet amour consiste non pas en ce que nous avons aimé Dieu, mais en ce qu'il nous a aimés et qu'il a envoyé son Fils comme victime expiatoire pour nos péchés. (1 Jean 4.9-10)

Demandez à dix personnes de définir l'amour et il est fort probable que vous recevrez dix réponses différentes. L'amour n'est pourtant pas aussi mystérieux qu'il le paraît. Selon ce que nous entendons à la radio, ce que nous voyons à la télévision ou lisons dans les périodiques, nous pourrions croire que l'amour est une chose indescriptible et merveilleuse, quelque chose d'imprévisible et d'incontrôlable qui ne dure pas. Vous avez là tous les éléments d'un bon roman sentimental, mais ils offrent peu d'espoir pour notre vie conjugale.

La Bible nous donne des détails précis concernant l'amour. Dans le passage cité plus haut, nous apprenons que l'amour est devenu un être humain nommé Jésus qui a vécu parmi nous. Bien qu'il puisse être un sentiment emballant et merveilleux, l'amour est fondamentalement une personne et non une expérience. Lorsque nous avons besoin d'aide pour aimer notre conjoint, nul besoin d'éprouver un sentiment amoureux, d'aspirer au retour du romantisme perdu ou encore de deviner à quoi ressemble l'amour. Nous pouvons nous tourner vers Jésus et apprendre de lui. Jésus, l'amour même, est passé à l'action. Sa manière de parler et d'agir a exercé une influence notable sur nous, elle nous a révélé en quoi consiste l'amour. En mettant notre confiance en lui et en apprenant de lui, nous pouvons également *pratiquer* l'amour.

Pour aimer comme Christ, nous devons nous appuyer sur deux principes essentiels. D'abord, il faut entretenir une relation avec Christ et dépendre de lui. Jésus est le Fils de Dieu et non un homme religieux qui a vécu il y a deux mille ans. Il est avec nous et peut nous aider dans les situations difficiles de notre vie à deux. Ensuite, il faut comprendre comment mettre l'amour en pratique dans tous les aspects d'une situation difficile. Jésus ne nous exhorte pas simplement à aimer, mais il nous enseigne également *comment* aimer. Autrement dit, il nous montre la nature et la mise en pratique de l'amour.

À l'âge de quatre ans, mon fils était fasciné par l'histoire biblique de David, le jeune berger courageux, qui a tué le géant Goliath en lui lançant une seule pierre avec sa fronde. En effet, même si David avait cinq pierres dans sa gibecière, une seule a suffi pour tuer le géant. Jouant le rôle de David, mon fils courait à travers la maison à la poursuite de géants à abattre et faisait tourner à toute vitesse au-dessus de sa tête une de

> JÉSUS N'EST PAS SIMPLEMENT UN ENTRAÎNEUR MOTIVANT OU UN EXEMPLE À SUIVRE, IL EST NOTRE CHAMPION, CAPABLE DE VAINCRE LES GÉANTS QUE NOUS SOMMES INCAPABLES D'ATTAQUER SEULS

mes chaussettes roulée en boule et insérée dans une autre chaussette. Un jour qu'il pourchassait des géants, j'ai voulu l'aider à réfléchir sur la signification profonde de ce récit en lui faisant ce commentaire : « David avait sûrement beaucoup de foi pour s'attaquer à ce géant, n'est-ce pas ? » Sans hésiter, mon fils a répondu : « Il avait beaucoup de foi *et* plusieurs pierres ! »

Vous affronterez peut-être des géants dans votre vie conjugale et un appel à compter sur Jésus équivaut pour vous à exercer votre foi sans tenir de pierres à la main ! Rappelons-nous que la foi sert simplement de prélude à l'action. Nous devons croire que Jésus nous soutiendra tout au long du processus, tout en prenant également des mesures concrètes. Dans tous les aspects de la vie à deux que nous examinerons, nous réfléchirons à la fois aux raisons et aux moyens d'aimer.

La Bible déclare que Jésus est la « victime expiatoire pour nos péchés ». Cette affirmation signifie que Jésus a le pouvoir de supprimer de notre cœur les obstacles qui nous empêchent d'aimer les autres. Le péché n'est pas un sujet populaire, mais nous devons en tenir compte.

Parmi les géants les plus puissants de notre relation de couple, certains habitent dans notre cœur. Bien que nous affirmions vouloir aimer, le péché anéantit nos efforts les plus louables. Jésus n'est pas simplement un entraîneur motivant ou un exemple à suivre, il est notre champion, capable de vaincre les géants que nous sommes incapables d'attaquer seuls. Nous analyserons ces géants dans les prochains chapitres. Pour l'instant, rappelons-nous que l'amour qui change le cours des événements est plus qu'un simple remontant spirituel. Il ne se trouve qu'en Jésus et doit se manifester dans les moindres détails de notre union.

3. Les relations de couple sont transformées lorsque nous acceptons d'aimer en tout temps, jour après jour, non parce que notre conjoint change, mais parce que notre relation avec Dieu s'approfondit.

> Bien-aimés, si Dieu nous a tant aimés, nous devons, nous aussi, nous aimer les uns les autres. Personne n'a jamais vu Dieu. Si nous nous aimons les uns les autres, Dieu demeure en nous, et son amour est parfait en nous. (1 Jean 4.11-12)

Si nous ne voyons pas de miracles, nous sommes peut-être simplement incapables de les discerner. L'apôtre Jean nous enseigne qu'apprendre à s'aimer l'un l'autre s'accompagne d'au moins deux miracles. D'abord, Dieu vit en nous. Ensuite, Dieu devient visible. « Dieu demeure en nous, et son amour est parfait en nous. » L'invisible devient visible. C'est un miracle!

Un jour ou l'autre dans notre vie de couple, nous devons nous rendre à l'évidence que nous ne pouvons pas changer notre conjoint. Si notre bonheur repose sur notre capacité à exercer une domination sur l'autre, nous sommes condamnés à vivre la frustration et le désespoir de celui qui tente l'impossible.

Dieu offre quelque chose de mieux qu'un conjoint transformé. Il promet de *nous* transformer. Il se donne lui-même à nous. Lorsque nous sommes tentés de croire que notre conjoint s'interpose entre nous et la joie que nous espérions trouver dans le couple, répondons à l'invitation de Dieu en recevant quelque chose de nettement supérieur. Cela ne signifie pas que notre conjoint ne changera pas, mais peu importe, nous sommes conviés à participer au plus important projet de l'histoire : laisser Dieu vivre en nous afin que son amour devienne visible dans notre monde déchu.

Il est possible que notre conjoint change peu à peu si nous n'essayons plus de le changer et que nous portons notre attention sur ce qui nous rend meilleurs. Il se peut également que notre conjoint ne change pas. Cependant, notre *dynamique conjugale* se modifie lorsque nous choisissons d'agir autrement et persévérons dans ces choix sur la base de notre relation avec Dieu. Cette relation transcende celle de notre couple.

Mais de quelle manière notre vie à deux peut-elle changer si notre conjoint ne change pas? Comparons notre vie à deux à une danse. Elle est agréable et gracieuse lorsque les danseurs sont en harmonie et se laissent porter par la même musique. Lorsqu'ils ne suivent pas le tempo et connaissent mal les pas, la danse devient un supplice embarrassant et pénible. Les danseurs se marchent sur les pieds et trébuchent. Nous ne pouvons améliorer la performance de notre *conjoint*, mais *nous* pouvons devenir un meilleur danseur. Même quand un seul partenaire s'améliore, la danse est déjà plus gracieuse. Nos pas ont plus d'assurance, nous trébuchons moins souvent et nous pourrions même nous amuser : peu importe que notre conjoint soit en parfaite synchronisation avec nous ou non. Au fil du temps, il pourrait remarquer nos progrès et désirer s'améliorer aussi. De même, si notre objectif n'est pas le bonheur conjugal à tout prix, nous développons de l'endurance. Plutôt que d'user de subterfuges, nous sommes disposés à nous engager dans une aventure qui dure toute la vie. Or, elle se vit un jour à la fois.

Où cela nous mènera-t-il?

Le livre est construit autour de ces trois idées principales :

Première partie : Dieu est présent dans les moments ordinaires

Cette partie établit un lien entre les détails de notre relation de couple et la réalité de notre relation avec Dieu. Nous verrons que les moments ordinaires offrent de nouvelles possibilités et visent un objectif plus élevé. Nous serons exhortés à examiner notre cœur afin de discerner de quelle manière nous empirons les situations ordinaires. Nous apprendrons dans quelle mesure l'adoration et la connaissance de Dieu transforment les différents aspects de la relation de couple et nous verrons que Jésus modifie complètement le cours des événements.

Deuxième partie : un amour extraordinaire à travers les multiples facettes de la vie conjugale

Cette partie devient pratique. Nous devons comprendre comment mettre l'amour en œuvre dans tous les aspects d'une situation ordinaire. Nous apprendrons que l'honnêteté, le conflit, la confession de nos fautes et le pardon peuvent devenir des expressions d'amour et faire partie intégrante de l'œuvre de Dieu dans notre vie conjugale.

Troisième partie : garder le cap

Que notre conjoint change ou non, le parcours de notre vie avec Dieu est parsemé de joies et de richesses. Dans cette partie, nous serons invités à réfléchir sur la manière dont notre histoire s'insère dans celle de notre couple et dans notre cheminement avec Dieu. Nous serons exhortés à rechercher la forme d'amour la plus élevée qui soit : aimer lorsque nous sommes traités injustement. Nous apprendrons également à nourrir notre espérance.

Certaines situations ordinaires demeurent au niveau des irritations quotidiennes, mais d'autres dégénèrent parfois en critiques acerbes, en violentes disputes de mots ou pire encore. Au-delà du fait que ces moments nous paraissent si ordinaires, ils ont le potentiel de transformer radicalement notre couple.

Matière à réflexion

- À quoi ressemblent les moments ordinaires de votre relation de couple? Quelles sont les sources de conflits, de contrariétés ou de déceptions les plus courantes? Pouvez-vous trouver des raisonnements et des sentiments communs à ces situations?
- Avez-vous demandé à Dieu son aide? Si vous l'avez fait, avez-vous remarqué des changements? Sinon, comment l'expliquez-vous? Éprouvez-vous des sentiments d'abandon, de colère ou de désespoir?
- Réfléchissez à un moment ordinaire de votre vie à deux. Auriez-vous pu modifier ne serait-ce qu'une pensée, une attitude, une parole ou une action afin que l'amour de Dieu soit manifesté plus clairement? Dans l'affirmative, de quelle manière? Ce moment ordinaire aurait-il pu se dérouler autrement si, en le vivant, vous aviez réalisé que Dieu vous aimait et vous soutenait dans vos efforts pour rendre son amour visible? De quelle manière?

2

Les moments ordinaires révèlent nos difficultés relationnelles avec Dieu

Les enseignements à retenir dans ce chapitre :

- Puisque Dieu est amour, les difficultés que nous éprouvons à aimer notre conjoint reflètent généralement des lacunes dans notre relation avec Dieu.
- Nous sommes parfois aveuglés. Nous ne voyons pas notre besoin d'aimer notre conjoint autrement.
- Nous sommes parfois entêtés. Nous savons comment nous devrions aimer, mais refusons d'agir en ce sens. Nous estimons que l'amour et Dieu ont moins de valeur que certains trésors de notre vie. Puisque Dieu est amour, si nous approfondissons notre relation avec lui, nos rapports avec notre conjoint s'amélioreront forcément. Dieu est amour! Comptons sur son secours pour apprendre à aimer.

Un moment ordinaire, deuxième partie

Assis seul à la table de la cuisine, ces questions m'ont traversé l'esprit : lorsque je ne pouvais joindre Kim au téléphone, pour quelle raison étais-je en colère contre elle plutôt qu'inquiet? Pourquoi avoir été si prompt à l'accuser d'égoïsme au lieu de me demander si sa voiture était en panne ou pire encore, si elle avait eu un accident? Et si elle était immobilisée sur un lit d'hôpital, branchée à un respirateur, pendant que j'étais exaspéré à l'idée de conduire les enfants à leurs activités respectives?

J'ai pris peu à peu conscience de mon égoïsme. Puis, à la pensée de poursuivre la préparation de mon étude biblique, une question plus troublante encore m'est venue à l'esprit. Comment pourrais-je enseigner que Dieu nous aime et manquer moi-même d'amour à ce point? Non seulement ma relation avec Kim était-elle rompue, mais cette situation révélait que ma relation avec Dieu s'était également dégradée. J'ai réalisé que mon problème avec Kim levait le voile sur un problème beaucoup plus profond, soit celui de ma relation avec Dieu. Je devais faire face à la détérioration de ma relation avec lui avant d'entreprendre quoi que ce soit pour reconstruire ma vie de couple.

Jésus est présent dans les moments ordinaires

Dans l'Évangile selon Matthieu, Jésus rencontre un jeune homme assez semblable à nous, une personne qui ne sait pas comment aimer. L'enseignement que Jésus lui donne nous apprend qu'il est difficile d'aimer, mais fournit également des moyens de changer.

> Alors, un homme s'approcha et dit à Jésus : Maître, que dois-je faire de bon pour avoir la vie éternelle?
> Il lui répondit : Pourquoi m'interroges-tu sur ce qui est bon? Un seul est bon. Si tu veux entrer dans la vie, observe les commandements.
>
> Lesquels? lui dit-il.
>
> Et Jésus répondit : Tu ne commettras pas de meurtre; tu ne commettras pas d'adultère; tu ne diras pas de faux témoignage; tu ne

commettras pas de vol; honore ton père et ta mère et : Tu aimeras ton prochain comme toi-même.

Le jeune homme lui dit : J'ai gardé tout cela, que me manque-t-il encore? Jésus lui dit : Si tu veux être parfait va, vends ce que tu possèdes, donne-le aux pauvres, et tu auras un trésor dans les cieux. Puis viens, et suis-moi. Après avoir entendu ces paroles, le jeune homme s'en alla tout triste; car il avait de grands biens. (Matthieu 19.16-22)

Au début, Jésus semble quelque peu sarcastique, peut-être même irrité. « Pourquoi m'interroges-tu sur ce qui est bon? Un seul est bon. » Le jeune homme n'avait-il pas raison de demander à Jésus ce qui est bon? Il est le Fils de Dieu après tout, le Messie.

Lorsque les paroles de Jésus nous étonnent ou nous choquent, portons-leur une attention spéciale. La plupart du temps, Jésus ne répond pas comme prévu aux questions posées, car ses réponses ont pour objectif de nous en apprendre autant sur nous-mêmes que sur Dieu. Le but de Jésus n'est pas de brusquer le jeune homme. Il l'invite plutôt à prendre conscience du problème

> LA PLUPART DU TEMPS, JÉSUS NE RÉPOND PAS COMME PRÉVU AUX QUESTIONS POSÉES, CAR SES RÉPONSES ONT POUR OBJECTIF DE NOUS EN APPRENDRE AUTANT SUR NOUS-MÊMES QUE SUR DIEU.

que sa question révèle. Sa réponse pourrait être reformulée ainsi : « Quelle question étonnante! Tu possèdes déjà un "bon" maître, Dieu lui-même. Il t'a donné ses commandements, tu n'as qu'à les mettre en pratique. Pourquoi me demandes-tu un deuxième avis? »

Le jeune homme poursuit en disant : « À quels commandements dois-je obéir? » Une autre question troublante. Ne sait-il pas que, par définition, aucun commandement n'est facultatif? Jésus aurait pu lui donner une réponse brève : « Tous, sans exception ». Il choisit cependant d'en souligner quelques-uns : « Tu ne commettras pas de meurtre; tu ne commettras pas d'adultère; tu ne diras pas de faux témoignage; tu ne commettras pas de vol; honore ton père et ta mère et : tu aimeras ton prochain comme toi-même ». La réponse de Jésus peut se résumer ainsi : « Aime les autres ». Elle nous donne une idée des commandements auxquels le jeune homme préfère ne pas penser ou qu'il ne comprend tout simplement pas : « J'ai gardé tout cela, que me manque-t-il encore? »

Jésus demande au jeune homme de vendre tous ses biens, de donner aux pauvres et de le suivre, mais il ne peut s'y résoudre. Jésus lui fait donc valoir que s'il veut la vie éternelle, il lui faudra apprendre à aimer comme Dieu l'a ordonné, et ce, même avec ses richesses. Jésus lui demande d'aimer d'une manière qui lui était inconnue.

Résistons, pour l'instant, à la tentation de spéculer sur la quantité d'argent qu'un chrétien devrait posséder et attardons-nous au fait que Jésus a insisté sur un aspect important de la vie du jeune homme : il ne voit pas les besoins des autres, il n'est pas disposé à les aimer. Cet homme est *riche* et il est entouré de gens *pauvres*. En dépit de ses préoccupations sur la manière de plaire à Dieu et de parvenir à la vie éternelle, l'homme riche ne voit ni les exigences de Dieu pourtant clairement définies, ni les besoins de ceux qui vivent près de lui. Jésus explique à cet homme la manière de mettre l'amour en pratique dans sa propre vie : « Vends ce que tu possèdes [et] donne-le aux pauvres ». Il est évident qu'il n'avait jamais pensé que la conversation puisse prendre une telle tournure.

Notre relation avec notre conjoint ouvre une fenêtre sur notre relation avec Dieu

Le jeune homme riche semblait s'intéresser aux questions spirituelles, tout comme moi lorsque j'étais furieux de ne pas pouvoir préparer mon étude biblique. Il voulait savoir comment obtenir la vie éternelle. Ses demandes ne semblent pas démontrer qu'il cherchait des conseils au sujet des relations. Toutefois, c'est précisément vers certaines particularités caractéristiques de ses relations que Jésus l'a orienté.

L'expression « Dieu est amour » représente beaucoup plus qu'un concept attirant. Notre aptitude ou notre disposition à aimer notre conjoint révèle autant sur notre relation avec Dieu que sur notre relation avec lui ou elle.

Cette affirmation vous étonne peut-être, notamment si vous n'établissez pas de lien entre votre vie conjugale et votre vie spirituelle. Vous avez peut-être toujours associé la vie de couple au romantisme. Ou alors cette union est simplement pratique, elle constitue un mode de vie.

Même si nous nous tournons vers Dieu pour recevoir ses conseils, nous ne faisons pas forcément le lien entre la manière dont nous traitons notre conjoint et la qualité de notre relation avec Dieu. À l'instar du jeune homme riche, nous croyons que Dieu se préoccupe surtout de religion. Nous croyons qu'il se soucie sans doute de nos prières, de notre présence à l'Église et de notre lecture de la Bible, mais le mariage ne nous semble pas appartenir au domaine religieux ou spirituel.

Le commandement de Dieu « tu aimeras ton prochain comme toi-même » nous rappelle toutefois que l'ensemble des relations humaines, y compris le lien conjugal, sont spirituelles. Réfléchissons : personne parmi nos proches n'est plus près de nous que notre conjoint. N'est-il pas notre voisin le plus *immédiat*, puisqu'il vit dans la même maison que nous! Par conséquent, notre manière de traiter notre femme ou notre mari révèle à quel point nous prenons Dieu et ses commandements au sérieux. Notre obéissance ou notre désobéissance ouvre une fenêtre sur notre relation avec lui.

Que voyons-nous en regardant par la fenêtre?

Lorsque nous examinons notre relation avec Dieu à la *lumière de* notre relation de couple, que voyons-nous? Aimons-nous notre conjoint selon la vérité? Aimons-nous Dieu selon la vérité? En amorçant notre réflexion sur le sujet, notons quelques observations supplémentaires sur les échanges de Jésus avec le jeune homme riche.

L'aveuglement

Il est clair que le jeune homme riche entretient une fausse image de lui-même. Il se considère probablement comme un individu spirituel. Nous n'avons aucune raison de croire que sa question à Jésus n'était pas sincère, comme l'étaient souvent les questions des chefs religieux. Dans l'Évangile selon Marc, nous lisons qu'au cours de leur conversation « Jésus l'ayant regardé, l'aima » (Marc 10.21). Non seulement cherche-t-il Jésus, mais il connaît également la loi de Dieu et ses commandements. Son problème se situe à un autre niveau : lorsqu'il examine sa vie à la lumière des commandements de Dieu, il croit que tout va bien. Il connaît la Parole de Dieu, il vit au milieu du peuple de Dieu, mais il ne voit pas sa véritable condition.

Prenons garde de ne pas souffrir du même aveuglement. Il ne suffit pas de connaître la Parole de Dieu ou ses enseignements sur la relation conjugale, nous devons être disposés à évaluer nos interactions avec notre conjoint selon la vérité.

Le fait d'être religieux accentue parfois l'aveuglement spirituel. Après avoir parlé avec le jeune homme riche, Jésus a une conversation similaire avec des chefs religieux qui ne le cherchent pas avec sincérité. Ils sont déterminés à prendre Jésus au piège et à réduire à néant ses desseins. Lorsqu'ils lui demandent quel est le plus grand des commandements de Dieu, Jésus leur répond à eux aussi qu'ils doivent obéir à Dieu en aimant leur prochain. Jésus associe toutefois ce commandement à un autre principe encore plus fondamental. Il l'exprime ainsi :

> Tu aimeras le Seigneur, ton Dieu, de tout ton cœur, de toute ton âme et de toute ta pensée. C'est le premier et le grand commandement. Et voici le second, qui lui est semblable : Tu aimeras ton prochain comme toi-même. De ces deux commandements dépendent toute la loi et les prophètes. (Matthieu 22.37-40)

En d'autres termes, aimer notre prochain comme nous-mêmes trouve sa source et son fondement dans le commandement d'aimer Dieu de tout notre cœur, notre âme et notre pensée.

En mettant ces deux commandements en parallèle dans ce contexte, Jésus veut faire comprendre aux chefs religieux le principe qu'il a déjà enseigné au jeune homme riche. Si Dieu est amour, notre obligation d'aimer devrait être évidente. Toutefois, la plupart du temps, nous ne saisissons pas le lien entre les deux. Dans ce passage, Jésus s'adresse à des pharisiens et à des maîtres de la loi. Puisqu'ils se considèrent comme des experts de la pratique religieuse, Jésus est d'autant plus bouleversé par leur aveuglement et leur manque d'amour. Ils devraient comprendre mieux que quiconque que la seule manière d'aimer Dieu est d'aimer les autres! Ils n'aperçoivent cependant pas le lien entre les deux. Jésus leur déclare donc dans le même passage :

> **IL NE SUFFIT PAS DE CONNAÎTRE LA PAROLE DE DIEU OU SES ENSEIGNEMENTS SUR LA RELATION CONJUGALE, NOUS DEVONS ÊTRE DISPOSÉS À ÉVALUER NOS INTERACTIONS AVEC NOTRE CONJOINT SELON LA VÉRITÉ.**

Malheur à vous, scribes et Pharisiens hypocrites! Parce que vous payez la dîme de la menthe, de l'aneth et du cumin, et que vous laissez ce qu'il y a de plus important dans la loi : le droit, la miséricorde et la fidélité; c'est là ce qu'il fallait pratiquer sans laisser de côté le reste. Conducteurs aveugles! Qui retenez au filtre le moucheron et qui avalez le chameau. (Matthieu 23.23-24)

Dans une certaine mesure, les pharisiens paraissent très religieux, obéissant avec soin aux moindres détails de la loi. Cette dernière exigeait que chacun donne à Dieu un dixième de ses biens, soit la *dîme*. Jésus souligne que les pharisiens observent avec soin cette exigence. Ils respectent en effet leurs devoirs religieux avec tant de zèle qu'ils donnent la dîme de la « menthe, de l'aneth et du cumin », les fines herbes et les épices qui poussent dans leur jardin! Ils semblent aimer Dieu de tout leur cœur, de toute leur âme et de toute leur pensée et ne rien garder pour eux de ce qui appartient à Dieu.

Jésus les traite pourtant d'hypocrites, car ils affirment être ce qu'ils ne sont pas. Les pharisiens déclarent qu'ils aiment Dieu, mais, en réalité, ils méprisent le droit, la miséricorde et la fidélité, soit le cœur des commandements de Dieu.

À l'instar de plusieurs d'entre nous, les pharisiens omettent de faire un lien important. La seule pratique religieuse qu'ils connaissent s'avère être un rituel. Leur définition du culte à rendre à Dieu n'inclut pas les relations, et Jésus sait pertinemment qu'elles ne sont pas influencées par le Dieu qu'ils prétendent adorer, le Dieu qui déclare être amour.

Pour ma part, j'étais convaincu d'aimer Dieu et les autres en préparant mon étude biblique, mais mon attitude et ma conduite envers ma femme constituaient la véritable mise à l'épreuve de l'authenticité de ma relation avec Dieu. Tout mon être était centré sur moi et sur mes préoccupations plutôt que sur elle. Mes actions ne parlaient pas d'amour. Elles trahissaient plutôt mon égoïsme.

Qu'est-ce qui nous empêche d'obéir au commandement d'aimer notre femme ou notre mari?

Se détourner de Dieu

Jésus révèle au jeune homme la nature de son problème et lui explique ce qu'il doit faire. Or, le jeune homme répond en s'éloignant de Jésus. Jésus lui demande de vendre ses biens, de donner aux pauvres et de le suivre, mais le jeune homme est incapable de s'y résoudre. Il ne se soumettra *pas*. Il regarde littéralement l'amour en face et choisit sa propre voie. Un examen attentif de ses relations démontre que ses richesses constituent l'amour de sa vie et qu'elles sont plus importantes à ses yeux que Dieu ou les gens.

Quels sont les obstacles dans notre vie qui nous empêchent d'aimer notre conjoint, d'aimer Dieu? La lecture de ce passage dans l'Évangile selon Matthieu pourrait être comparée à une visite chez le médecin en raison d'une toux persistante. Nous croyons qu'il nous prescrira des antibiotiques, mais nous recevons plutôt un diagnostic de cancer. Heureusement, un tel diagnostic se prend mieux lorsqu'on nous annonce qu'il existe un remède. Je croyais avoir de la difficulté à aimer mon prochain et ma femme, docteur, mais vous me dites qu'il s'agit plutôt d'un symptôme de mon manque d'amour envers Dieu?

Notre relation avec Dieu a la puissance de transformer notre relation de couple

Pour progresser dans l'amour, nous avons besoin de l'aide de Dieu. Jésus a souligné que notre obligation d'aimer Dieu de tout notre cœur, de toute notre âme et de toute notre pensée constitue le « premier et le grand commandement ». Cela signifie principalement que nous devons nous tourner vers Dieu, *la* source de l'amour. Dieu ne nous ordonne pas simplement de nous aimer les uns les autres alors qu'il nous laisse nous débrouiller seuls. À l'instar du jeune homme, nous ne voyons pas ce qui se passe réellement dans nos relations et dans notre cœur. Sans l'aide de Dieu, nous n'avons aucune raison de croire que nous réussirons mieux que lui.

En accord avec la pensée de Jésus, ne nous contentons pas d'établir un lien entre notre vie de couple et le second grand commandement, mais réalisons que le commandement d'aimer notre prochain est intimement lié à celui d'aimer Dieu. Si nous aimons Dieu de tout notre cœur, de toute notre âme et de toute notre pensée, n'est-il pas raisonnable de croire que nous croîtrons dans l'amour, que nous saurons *comment* aimer et posséderons la *puissance* d'aimer?

Ne craignons pas de nous examiner avec honnêteté. Nous ne trouverons aucune difficulté qui ne puisse être résolue. Le Dieu qui nous commande d'aimer nous montre également la nature de l'amour véritable. Il nous donne la puissance pour le mettre en pratique, à mesure que nous progressons dans notre amour pour lui. Dans les chapitres suivants, nous examinerons plus en détail comment aimer Dieu et le rôle de Jésus dans ce cheminement. Dans le prochain chapitre, nous réfléchirons aux moyens de découvrir les obstacles qui nous empêchent de croire Dieu et de nous tourner vers lui.

Matière à réflexion

- Si Jésus évaluait votre relation avec Dieu en se basant sur la manière dont vous traitez votre conjoint, quelle note obtiendriez-vous? Quels aspects de votre relation vous vaudraient des félicitations? Selon vous, quels aspects ont besoin d'être améliorés?

- Selon vous, qu'est-ce qui vous aveugle et entrave vos efforts d'aimer votre conjoint? Réfléchissez à des actions concrètes que vous pourriez poser pour que votre mari ou votre femme se sente mieux aimé de vous. Demandez-lui de quelle manière vous pourriez agir pour lui démontrer davantage d'amour.

- Quels sont les trésors de votre vie auxquels vous tenez plus qu'à votre amour pour votre conjoint ou à votre amour pour Dieu lui-même? À quel moment êtes-vous tenté de vous éloigner comme l'a fait le jeune homme riche? Dans quelles circonstances avez-vous l'impression qu'aimer votre conjoint ou Dieu s'avère un prix trop élevé à payer?

3

L'adoration : un amour extraordinaire pour Dieu

Les enseignements à retenir dans ce chapitre :

- Dieu enseigne que nos difficultés dans notre relation avec lui s'expliquent par une adoration mal dirigée. Toute chose, autre que Dieu, que nous recherchons, dont nous dépendons ou sur laquelle nous bâtissons notre vie devient un objet d'adoration.
- Lorsque nous adorons autre chose que Dieu, notre vie de couple en souffre. Nos désirs de bien-être, d'amour ou de pouvoir peuvent devenir des idoles qui entachent notre relation avec Dieu et avec notre conjoint. Même de bonnes choses se transforment parfois en idoles si nous leur accordons trop d'importance.
- L'idolâtrie est toujours égoïste. Nous servons les idoles qui à notre avis nous seront profitables.
- L'adoration nous transforme. Adorer des idoles entraîne une dégradation de notre vie de couple, adorer Dieu nous rend meilleurs.

Une réflexion sur le premier grand commandement

Les situations ordinaires sont pénibles parce qu'elles ont pour fondement un problème plus profond que celui de notre vie de couple. Quelles que soient les difficultés que nous vivons avec notre conjoint, un manque d'amour révèle une lacune plus grave envers Dieu. Dans le chapitre précédent, nous avons vu que selon Jésus, notre capacité à aimer les autres repose sur notre amour pour Dieu. Il a déclaré aux chefs religieux :

> ... tu aimeras le Seigneur, ton Dieu, de tout ton cœur, de toute ton âme, de toute ta pensée et de toute ta force. Voici le second : Tu aimeras ton prochain comme toi-même. (Marc 12.30-31)

Jésus a donné deux commandements plutôt qu'un seul afin de démontrer que l'amour du prochain est un moyen essentiel d'exprimer notre amour envers Dieu. Apprendre à aimer Dieu constitue *la* voie à suivre pour aimer notre conjoint ou qui que ce soit d'autre.

Comment apprendre à aimer Dieu? Comment lutter contre ce qui nuit à notre amour pour Dieu? Le premier grand commandement en fournit la réponse : *l'adoration*.

Réfléchissons un instant aux exigences du premier grand commandement. Aimer Dieu de tout notre cœur, de toute notre âme, de toute notre pensée et de toute notre force est une tâche colossale qui couvre tous les aspects de notre vie. Les termes *cœur*, *âme*, *pensée* et *force* présentent des caractéristiques communes. Dieu répète des termes qui se recoupent dans le but de démontrer clairement qu'il exige de nous un amour sans partage. Existe-t-il un seul aspect de notre vie qui n'entre pas dans une de ces catégories : le cœur, l'âme, la pensée et la force?

Nous avons l'habitude de diviser notre vie entre ce qui est spirituel et ce qui ne l'est pas. Nous confions à Dieu les questions spirituelles et prenons nous-mêmes les commandes des autres aspects. Nous préférons que certains domaines, dont la vie conjugale, échappent à l'autorité de Dieu. Ce commandement, toutefois, ne laisse planer aucun doute : Dieu devrait occuper la place centrale, être au cœur de toute notre vie. Aucun mur ne doit être érigé entre le spirituel et le non-spirituel.

Cet amour sans partage, cette piété qui façonne et oriente chaque aspect de la vie est désigné dans la Bible par les termes *adoration* ou *culte*. Vous en êtes peut-être étonné, puisqu'ils sont généralement employés dans un sens plus strict. Lorsque nous pensons au culte, nous nous référons à une succession d'activités pratiquées un jour précis de la semaine. Nous nous rendons dans un lieu donné pour chanter des cantiques, prier, écouter une prédication, nous agenouiller, nous lever, etc. Nous estimons que l'ensemble de ces activités forment un culte d'adoration. Nous quittons ensuite cet endroit et le culte est terminé.

Il est vrai que Dieu nous demande de l'adorer ainsi, mais le commandement d'aimer Dieu de tout notre être implique que chaque aspect de notre vie soit un culte d'adoration. *Tout* ce que nous faisons est dicté par notre amour pour Dieu : chacune de nos actions est une marque d'attachement à son égard.

> **LE COMMANDEMENT D'AIMER DIEU DE TOUT NOTRE ÊTRE IMPLIQUE QUE CHAQUE ASPECT DE NOTRE VIE SOIT UN CULTE D'ADORATION**

Pour saisir le lien entre l'adoration et un cœur qui aime Dieu sans partage, rappelons-nous qu'en mentionnant le premier grand commandement, Jésus fait référence à un passage de l'Ancien Testament : Deutéronome 6.4-5. Dans ce chapitre, Moïse cite à nouveau les Dix Commandements et d'autres lois aux Israélites avant leur entrée dans la Terre promise. Le livre du Deutéronome passe en revue ce qu'Israël a appris pendant ses quarante années d'errance dans le désert.

Le premier grand commandement est un résumé du résumé. Il rappelle les ordonnances de Dieu contenues dans les quatre premiers commandements du décalogue. Par exemple, l'interdiction d'adorer ou d'offrir un culte à Dieu de manière inappropriée : Tu n'auras pas d'autres dieux devant ma face, tu ne te feras pas de statue ou de représentation de Dieu, tu ne prendras pas le nom de Dieu en vain et tu observeras le jour du sabbat en ne travaillant pas ce jour-là. Notons que ces commandements sont essentiellement des *interdictions*. Ils nous enseignent ce qu'est la *mauvaise* manière d'adorer Dieu. Mais que signifie alors rendre un culte à Dieu? C'est l'enseignement fondamental donné par le premier grand commandement. Dans l'ensemble, le décalogue nous apprend ce qu'il ne *faut pas faire* et le premier grand commandement nous enseigne ce qu'il *faut faire*.

Nous adorons Dieu lorsque notre vie et notre être entier sont centrés sur l'amour envers Dieu. Nous pouvons donc en déduire qu'un *culte* véritable rendu à Dieu constitue le fondement de l'amour envers notre conjoint. Il importe de bien comprendre le lien entre l'amour et l'adoration de Dieu. Nous verrons qu'adorer Dieu nous change et nous transforme toujours. Le premier grand commandement n'est pas une simple exigence imposée par Dieu, mais également une voie menant au changement.

Qu'adorons-nous?

Le Psaume 71 offre une description intéressante de celui qui adore Dieu de tout son être : « Éternel! en toi je me réfugie… car c'est toi mon espérance, Seigneur Éternel! Ma confiance est en toi dès ma jeunesse… que ma bouche soit remplie de ta louange » (Psaumes 71.1, 5, 8). Observons certains termes employés par le psalmiste pour décrire Dieu : son refuge, son espérance, sa confiance, l'objet de ses délices et de ses louanges. Posons-nous maintenant cette question : où trouvons-nous *notre* refuge? Qui est *notre* libérateur, celui qui nous délivre? À qui nous confions-nous lorsque nous avons besoin d'aide? Vers qui nous tournons-nous? Un ami fidèle? Un voisin? Notre conjoint? Ces personnes remplacent-elles l'aide que nous pourrions trouver auprès de Dieu lui-même?

Nous ne cherchons peut-être pas refuge dans une personne, mais plutôt dans des divertissements « inoffensifs » comme les livres, les séries télévisées, le travail, etc. Ces activités ne sont pas mauvaises en soi, mais elles le deviennent lorsqu'elles font office de dieux dans notre vie et nous empêchent de connaître et d'aimer Dieu.

En quoi plaçons-nous notre espérance et notre confiance? En Dieu ou en nos compétences professionnelles et notre carrière, par exemple? Dans la stabilité et le bonheur de notre famille? Ou peut-être avons-nous particulièrement confiance en nos propres forces et en nos capacités à tout accomplir sans aide. Notre dieu est la chose ou la personne en qui nous plaçons notre confiance.

Qu'est-ce qui nous remplit de joie et nous passionne au point où nous brûlons d'envie de le partager aux autres? Notre dernière acquisition? Notre nouveau passe-temps? Notre équipe sportive préférée? Vers qui ou vers quoi nous tournons-nous pour trouver la sagesse et la connaissance? Si nous nous examinons en toute honnêteté, pouvons-nous affirmer que Dieu remplit tous ces rôles dans notre vie? L'aimons-nous de tout notre être?

Cette compréhension de l'adoration met en lumière le fait que nous sommes tous des adorateurs qui avons perdu notre chemin. Même les athées ont confiance en quelque chose. Chacun apporte ses propres réponses aux interrogations soulevées par le Psaume 71. La question n'est pas de savoir si nous adorons ou non, mais de savoir reconnaître la personne ou l'objet de notre adoration.

L'idolâtrie

Le premier des Dix Commandements condamne l'idolâtrie, soit le fait de remplacer Dieu par autre chose. Une idole ressemble peut-être, selon nous, à une statue ou une image que l'on vénère. Il est vrai que Dieu nous interdit de fabriquer des représentations de lui ou de tout autre prétendu dieu et de les adorer. L'idolâtrie, cependant, englobe l'adoration de tout ce qui n'est pas Dieu. Nos dispositions les plus innées, comme la recherche du bien-être ou d'un refuge, l'espérance ou la confiance, sont des incitations à l'adoration. Les idoles les plus insidieuses sont celles que nous érigeons dans notre propre cœur.

Si nous sommes prêts à reconnaître en nous un adorateur perdu, demandons-nous : « Quelles sont mes idoles? » Si nous examinons notre vie et nos relations, nous pourrions retenir l'une ou plusieurs des possibilités suivantes parmi les plus répandues :

L'approbation. Pour certains, rien ne vaut l'approbation des autres. Ils font tout ce qui est nécessaire pour être aimés. Ils se plient aux demandes de tous, qu'elles soient sensées ou non. Ils n'expriment jamais leur opinion et ravalent leur colère ou leur déception parce qu'être différent et désagréable n'attire la sympathie de personne.

Le bien-être. D'autres préfèrent se plonger dans la facilité et les plaisirs. Ils n'aiment pas les ennuis et détestent les conflits. Ils veulent que la vie coule sans histoire. Seuls ceux qui leur rendent la vie facile sont admis dans leur cercle. Ils défendent leur point de vue s'ils n'ont pas d'autres choix et simplement dans le but de protéger leur zone de confort.

Le pouvoir. D'autres enfin ont besoin d'avoir le sentiment de diriger et de faire bouger les choses. Ils ne peuvent supporter d'être dominés. Ils entrent parfois en conflit avec d'autres dans le seul but de prouver qu'ils ne sont à la merci de personne. Ils ont tendance à être critiques, compétitifs, médisants et experts dans l'art de défendre leur point de vue.

Un grand nombre d'idoles s'ajoutent à ces trois exemples : l'intimité, le sentiment d'appartenance, la sécurité, le besoin de protection, la réussite et l'admiration. Notons qu'aucun de ces éléments n'est *mauvais* en soi. Il n'est pas mal de vouloir être approuvé, de ressentir du bien-être ou d'assumer des responsabilités. Nous ne sommes pas toujours conscients de la manière dont l'idolâtrie nous influence parce que notre désir est légitime. Il devient une idole lorsque nous y attachons trop d'importance et qu'il éclipse notre amour envers Dieu et notre conjoint. De toute évidence, certaines idoles sont mauvaises : une relation adultère, par exemple. Toutefois, les idoles que nous estimons bonnes sont celles qui nous tourmentent le plus. Elles deviennent mal si elles occupent trop de place dans notre vie et sont motivées par l'égoïsme.

Notons que les choses qui dominent notre vie ne sont pas forcément celles que nous recherchons, mais celles que nous évitons. Par exemple, le rejet peut être une idole au même titre que l'approbation. La crainte du rejet est le contraire du désir d'acceptation. Nous sommes simplement plus déterminés, dans ce cas, à éviter le rejet qu'à recueillir l'approbation. Quelle est la différence? L'individu en quête d'approbation développe des relations dans le but d'être accepté tandis que celui qui craint le rejet peut décider de s'isoler complètement. Parmi les autres sentiments désagréables que les gens ont tendance à éviter au point d'en faire des idoles, on note l'isolement, la honte, les ennuis, le chaos, la domination des autres, l'échec, l'humiliation et la faiblesse.

Ces idoles qui nuisent à la relation de couple

De retour à mon histoire

Vous souvenez-vous de ma colère contre Kim parce qu'elle était rentrée plus tard que prévu un certain samedi après-midi? J'avais dû me hâter de faire mes courses afin d'avoir suffisamment de temps pour préparer mon étude biblique. J'ai pris conscience de mon égoïsme en constatant que j'étais plus furieux contre Kim qu'inquiet de son retard. Comment pouvais-je ouvrir ma Bible, tout en étant rempli de colère contre ma femme? Le problème touchant ma relation avec Dieu m'est brusquement apparu plus grave que les difficultés que je vivais avec Kim.

Je m'étais montré égoïste envers Kim. Mais les problèmes de relation sont des problèmes d'adoration. J'aimais donc autre chose plus que Dieu. Qu'est-ce qui avait remplacé mon amour pour Dieu? Quelle était mon idole? Un des coupables évidents pouvait être la facilité. Je n'aimais pas être

> LES CHOSES QUI DOMINENT NOTRE VIE NE SONT PAS FORCÉMENT CELLES QUE NOUS RECHERCHONS, MAIS CELLES QUE NOUS ÉVITONS.

dérangé. Ou peut-être qu'enseigner une étude biblique de qualité était devenu trop important à mes yeux. Mon idole était peut-être la performance ou la perfection. En creusant plus profondément, toutefois, j'ai reconnu le vrai coupable qui ne me quitte pas depuis mon enfance : *le besoin désespéré d'approbation et la crainte du rejet.*

De quelle manière le désir d'approbation se traduit-il par des manifestations de colère? Je travaille dur pour me montrer sous mon meilleur jour afin de servir mon idole d'approbation. Je voulais accomplir un bon travail lors de l'étude biblique, mais je m'efforce également d'être admiré de Kim. N'oublions pas que je m'occupais des enfants un samedi afin qu'elle puisse rendre visite à ses amies. Mon mérite ne devait-il pas être récompensé? Lorsque je me suis senti négligé et oublié, j'ai eu l'impression que je ne retirais rien de ma peine et de mes efforts acharnés. En général, je parviens facilement à me faire aimer. Lorsque Kim ne se conforme pas à mes attentes, je suis irrité. Je veux la punir par ma colère, car elle ne prend pas en considération mes efforts pour gagner son affirmation, son approbation et son affection.

Suis-je trop sévère envers moi-même? N'est-il pas normal de réagir avec colère lorsque nous avons l'impression que nos besoins ne comptent pas? Je le répète, le problème n'était pas la colère en soi, mais son intensité et ses conséquences : bouderie, critique et repli sur soi. La colère éclipsait mon amour pour Dieu et pour Kim. Il arrive qu'une idole soit une chose bonne qui devienne trop envahissante : un désir qui se transforme en exigence, une crainte normale ou un souci qui nous domine. Ce sont souvent ces idoles qui agissent à notre insu, dans l'ombre de notre couple. Ces bonnes choses se gâtent parfois et deviennent des idoles que nous revendiquons comme un droit légitime! Nous les exigeons ouvertement et, rempli d'une indignation que nous croyons justifiée, nous les brandissons au-dessus de la tête de notre conjoint. Pendant ce temps, l'amour pour Dieu et pour le conjoint se refroidit.

Tourner en rond

Je le répète, le fait de se concentrer sur les défauts de notre conjoint peut s'avérer un véritable piège. Il est toutefois important de réaliser que nous n'avons pas marié une personne parfaite. L'autre est aussi enclin à la faiblesse et au péché que nous le sommes. Afin de nous aider à comprendre comment nos péchés s'influencent mutuellement, Kim m'a autorisé à vous révéler que notre couple compte plus d'une personne idolâtre : Kim aime le bien-être. Je ne veux pas dire qu'elle n'aime pas les gens ou moi, mais il arrive qu'elle s'amuse et profite de l'instant présent au point où son amour pour les autres en souffre. Dans la situation que j'ai décrite, il est facile de comprendre pourquoi elle n'a pas répondu au téléphone. Elle ne l'entendait pas vibrer. Mais pour les besoins de mon exemple, imaginons une suite à l'histoire. Supposons que Kim ait eu le sentiment qu'elle devait téléphoner à la maison, mais qu'elle ait négligé de le faire parce qu'elle s'amusait avec ses amies.

En un sens, l'amour lui commande de se préoccuper des besoins des autres même lorsqu'elle est tentée de ne s'intéresser qu'à son petit monde. Si elle s'est engagée à se rendre à un autre endroit vers 13 h, elle doit faire l'effort de vérifier l'heure de temps à autre. Elle devra peut-être s'excuser et partir à un mauvais moment afin de remplir ses obligations ailleurs.

Mon idole, l'approbation, et l'idole de Kim, le bien-être, donnent parfois lieu à des affrontements épouvantables. Assis à la table de la cuisine, je punissais Kim parce que mes efforts pour lui plaire ne semblaient pas avoir porté ses fruits. Pour sa part, Kim se sentait de plus en plus mal à l'aise et lorsqu'elle ressent ce malaise, elle n'a qu'un désir : se retirer. Elle tente de retrouver son bien-être en fuyant le malaise. Il est évident que plus elle se referme, plus je me sens oublié et rejeté. Plus elle se referme, plus je me renfrogne, je boude et je lui lance des paroles blessantes. Plus je boude, plus elle se referme. Nos idoles s'encouragent mutuellement et redoublent de vigueur. Nous tournons en rond.

SELON L'INTERPRÉTATION BIBLIQUE DE L'ADORATION, IL NE FAIT AUCUN DOUTE QU'ELLE TRANSFORME ET TOUCHE TOUS LES DOMAINES DE LA VIE.

L'idolâtrie a pour objet l'égo

En un sens, l'idolâtrie constitue le moyen par lequel les pécheurs cherchent le salut à l'*extérieur* d'eux-mêmes. Le salut évoque dans ce cas le secours dans l'épreuve et il se situe sur la voie du bonheur. Nous espérons que l'approbation, le bien-être, la domination, le pouvoir, la réussite ou toutes sortes d'autres choses rendront notre vie agréable.

Nos idoles semblent parfois être orientées vers les autres et dépendre d'eux, mais en dépit des apparences, l'idolâtrie puise toujours sa source dans l'égo. Bien que nos idoles puissent inclure la participation d'autres individus, l'idolâtrie est une stratégie qui ne profite qu'à nous. Je peux, par exemple, vouloir plaire aux autres afin de me sentir mieux dans ma peau. Contribuer au bonheur des autres constitue alors un simple moyen d'atteindre cet objectif et non un but en soi. S'il s'agit donc d'une stratégie pour satisfaire mon égo, ce moyen est fondamentalement égoïste.

L'idolâtrie à la base est cependant plus que de l'égoïsme. Elle constitue une façon de jouer à Dieu. Lorsque nous refusons d'adorer le Dieu véritable et que nous choisissons de bâtir notre vie sur un fondement autre que lui, nous nous élevons nous-mêmes au-dessus de Dieu. En qualité d'idolâtres, nous scrutons l'univers, y compris Dieu, et choisissons ce qui nous avantage le mieux. Dieu a créé toutes choses pour qu'elles l'adorent et le servent, mais les idolâtres jouent à Dieu et élaborent des stratégies afin que le monde soit à leur service. Pourtant, même nos efforts pour écarter Dieu prennent une apparence d'adoration, car nous avons été créés pour adorer. Ainsi, dans notre rébellion contre Dieu, nous continuons à adorer, cherchant simplement des moyens de nous servir nous-mêmes. Notre vie s'articule autour d'une personne ou d'une chose que nous aimons par-dessus tout.

L'adoration nous transforme véritablement

Selon l'interprétation biblique de l'adoration, il ne fait aucun doute qu'elle transforme et touche tous les domaines de la vie. Ce que nous servons de tout notre cœur, de toute notre âme, de toute notre pensée et de toute notre force influence chaque aspect de notre vie. Mais l'adoration ne change pas simplement l'univers de l'adorateur, elle transforme également l'adorateur lui-même.

Nous ressemblons à ce que nous fabriquons

Le Psaume 115 trace un portrait de l'idolâtrie et de la manière dont elle nous transforme. Le psalmiste met d'abord en contraste le vrai Dieu et les idoles :

> Notre Dieu est au ciel, il fait tout ce qu'il veut. Leurs idoles sont de l'argent et de l'or, œuvre de la main des hommes. Elles ont une bouche et ne parlent pas, elles ont des yeux et ne voient pas, elles ont des oreilles et n'entendent pas, elles ont un nez et ne sentent pas. Elles ont leurs mains et ne touchent pas, elles ont leurs pieds et ne marchent pas, elles ne produisent aucun son dans leur gosier. (Psaumes 115.3-7)

Le psalmiste décrit les idoles connues dans le Proche-Orient d'autrefois, soit des statuettes ou des figurines représentant l'idée que s'en faisait l'adorateur. La thèse du psalmiste est claire. Bien qu'elle soit fabriquée à partir de l'image d'un être réel ayant le souffle de vie, l'idole est inanimée et ne peut rien faire pour secourir ou délivrer l'adorateur. L'idole est morte.

Mais la phrase-choc se trouve au verset huit : « Ils leur ressemblent, ceux qui les fabriquent, tous ceux qui se confient en elles ». En d'autres termes, les idoles sont sans vie et ceux qui les fabriquent et se confient en elles perdront peu à peu la leur. Dans le contexte, l'image véhiculée est celle des figurines et des statues, mais le principe s'applique également aux idoles que nous servons dans notre vie conjugale.

Considérons de quelle manière ce principe s'applique dans le cas de l'approbation. Lorsque je l'ai choisie pour être mon dieu, j'ai cru qu'elle m'apporterait la vie, la joie, la paix et le bonheur. Elle a semblé m'apporter les bénéfices escomptés, au moins pendant quelque temps. Mais à la longue et selon l'évaluation du Psaume 115, je l'ai trouvée de moins en moins efficace. Assis à la table de la cuisine en ce samedi après-midi, je ne me sentais ni vivant ni libre. Figé sur ma chaise, j'étais sans mot et sans ressource, pris au piège de ma propre stratégie. L'approbation n'offre aucune solution à la colère. Les idoles provoquent la mort exactement comme le décrit le psalmiste. En exerçant mon regard à rechercher l'approbation, j'ai peu à peu perdu la faculté de voir autre chose que sa présence ou son absence. En exerçant mon oreille à capter les paroles d'affirmation et de louange, je suis devenu sourd aux autres paroles importantes. Je ne tolérais même plus les critiques utiles et bienveillantes. J'ai choisi cette idole en espérant qu'elle me donnerait la vie, mais au contraire, ma vie est devenue de plus en plus terne. Elle se résumait à la dure réalité monochrome de l'acceptation et du rejet.

Quiconque a cette espérance en lui se purifie

Grâce à Dieu, la véritable adoration donne la vie. Le Psaume 115 souligne cette vérité : « L'Éternel se souvient de nous : il bénira, il bénira la maison d'Israël, il bénira la maison d'Aaron, il bénira ceux qui craignent l'Éternel, les petits et les grands » (Psaumes 115.12-13). En d'autres termes, si nous adorons Dieu, il nous bénira.

Si le langage de l'adoration ne nous est pas familier, il peut nous sembler lourd et artificiel. La Bible emploie donc d'autres images pour illustrer le type de relation que nous devrions entretenir avec Dieu, comme l'image d'un père avec son enfant. Dieu se dévoue pour nous comme un père aimant et nous devons lui rendre la pareille en tant qu'enfant rempli d'amour pour lui. L'apôtre Jean emploie l'image de la relation père-enfant pour décrire les transformations qu'elle opère en nous :

> Voyez, quel amour le Père nous a donné, puisque nous sommes appelés enfants de Dieu! Et nous le sommes... Bien-aimés, nous sommes maintenant enfants de Dieu, et ce que nous serons n'a pas encore été manifesté; mais nous savons que lorsqu'il sera manifesté, nous serons semblables à lui, parce que nous le verrons tel qu'il est. Quiconque a cette espérance en lui se purifie, comme lui le Seigneur est pur. (1 Jean 3.1-3)

Lorsque j'étais enfant, il m'arrivait souvent le matin d'observer mon père se raser avant qu'il parte travailler. Il utilisait un rasoir à lames jetables et comme le font souvent les petits garçons, je voulais imiter mon père. Debout à ses côtés, je prenais un rasoir vide et je le passais sur mon visage barbouillé de mousse à raser.

Un matin, je lui ai demandé : « Papa, est-ce que je serai *vraiment* capable de me raser un jour ? » « Bien sûr ! » a-t-il répondu. « Comment le sais-tu ? » ai-je répliqué. « Parce que tu es mon fils, » m'a-t-il dit.

Que cela nous plaise ou non, les enfants finissent souvent par ressembler, dans une certaine mesure, à leurs parents. En regardant mon père, je pouvais en quelque sorte envisager mon propre avenir. Je savais qu'un jour, je pourrais l'imiter.

Jean applique le même raisonnement. Ceux qui croient en Jésus ont le privilège d'être considérés comme les enfants de Dieu. Cette vérité est en soi étonnante, mais il y a plus. Les enfants de Dieu, comme les enfants nés d'êtres humains, grandissent et croissent en maturité afin de lui ressembler de plus en plus. En apprenant comment aimer et adorer Dieu, nous sommes transformés, nous devenons comme lui.

Osons changer !

Lorsque survient un conflit, il est difficile d'effectuer une autocritique objective. Il est plus naturel de détecter d'abord les fautes de l'autre, notamment s'il s'agit de notre conjoint, puis de nous en servir pour expliquer notre propre mécontentement. Il s'avère cependant essentiel d'agir autrement si nous voulons être témoins de changements durables. Le processus de changement commence par un examen de notre propre cœur. Notre femme ou notre mari commet des erreurs, mais la transformation de notre relation de couple s'amorce dès l'instant où nous observons notre attitude en toute honnêteté. Certains désirs ou craintes sont-ils devenus des idoles ? Souvenons-nous que certaines bonnes choses deviennent parfois des idoles si nos besoins se transforment en exigences. Demandons pardon à Dieu d'avoir cherché à diriger notre vie sans lui. Disons-lui que nous désirons apprendre à l'aimer de tout notre être.

Nous devons être nous-mêmes transformés pour améliorer notre vie de couple. Ne perdons pas notre temps à attendre, à espérer et à insister même pour que notre conjoint change. Malheureusement, nous ne possédons aucun pouvoir en ce sens. Lorsque nous amorçons notre quête de changement en nous examinant nous-mêmes, nous constatons notre besoin de changer et l'espoir renaît. Nous avons la responsabilité et également la capacité de changer. Nous n'y parviendrons toutefois qu'au moyen d'un processus sérieux et durable, soit en nous détournant de nos idoles et en apprenant à vivre une vie d'adoration véritable.

Matière à réflexion

- Il peut être difficile de détecter l'influence des idoles dans votre vie. Une réaction excessive en révèle sans contredit la présence. Essayez de penser à un incident récent où vous avez réagi de manière exagérée dans votre relation de couple. Si vous étiez en colère, quel tort aviez-vous l'impression de subir? Que vouliez-vous obtenir à tout prix? Si vous aviez peur, que redoutiez-vous?

- Pensez à cinq bonnes choses qui sont importantes à vos yeux dans la relation de couple. Imaginez ce que vous ressentiriez si l'une de ces choses prenait de plus en plus d'importance au point de devenir une idole. Que seriez-vous prêt à faire pour l'obtenir ou pour éviter de la perdre?

- Le fait d'adorer Dieu nous change. Pensez à un ou deux de ses attributs que vous aimez et admirez. Prenez le temps de méditer sur ces attributs, de chercher leur occurrence dans la Bible, d'en remercier Dieu et demandez-lui son aide pour lui ressembler davantage.

4

Vivre dans l'amour extraordinaire de Jésus

Les enseignements à retenir dans ce chapitre :

- Notre conception de l'amour ne correspond pas toujours à la vérité. Jésus nous présente souvent une image étonnante de l'amour.
- Jésus souligne les erreurs les plus fréquentes concernant l'amour : il ne consiste pas à rendre les autres heureux ou à trouver celui ou celle avec qui nous nous sentons bien. Il ne se mérite pas. Jésus démontre par sa vie qu'il était disposé à aimer ceux qui ne l'aimaient pas en retour. Il s'agit d'une qualité essentielle de l'amour.
- Apprendre à aimer ne consiste pas seulement à s'efforcer d'imiter Jésus. Cet apprentissage découle d'une relation intime, d'une confiance en lui, et de prières pour recevoir la capacité d'aimer.
- Apprendre à aimer peut être difficile. Nous devons souvent *mettre* l'amour *en pratique* avant de le *ressentir*. L'amour exige que nous posions des gestes concrets même si nous n'en avons pas envie.

Qu'est-ce que l'amour ?

Ma belle-mère raconte toujours cette histoire en riant. Il y a plusieurs années, elle a offert à mon beau-père une poubelle en laiton à l'occasion de la fête des Pères. Ce n'est pas le fait qu'il ait voulu une poubelle décorative qui l'amuse. À vrai dire, il n'en avait jamais exprimé le souhait. Elle rit parce qu'elle s'était persuadée qu'il voulait ce qu'elle désirait en réalité pour elle-même !

> BIEN QUE L'AMOUR SOIT ENTOURÉ DE MYSTÈRE, NOUS LE CONNAISSONS EN GRANDE PARTIE PARCE QUE DIEU NOUS L'A FAIT CONNAÎTRE.

Nos tentatives dans le but d'aimer sont en général entachées par les désirs de notre cœur et en particulier, par nos idoles. Nous ne pouvons donc pas nous fier à notre propre compréhension de l'amour.

Bien que l'amour soit entouré de mystère, nous le connaissons en grande partie parce que Dieu nous l'a fait connaître. Dans le premier-chapitre, nous avons étudié un verset de la première épître de Jean : «Voici comment l'amour de Dieu a été manifesté envers nous : Dieu a envoyé son Fils unique dans le monde afin que nous vivions par lui» (1 Jean 4.9). Dieu est amour et puisqu'il a envoyé son Fils parmi nous, l'amour a vécu et a habité parmi nous. Nous avons l'habitude de nous représenter l'amour comme une émotion ou une expérience. La Bible enseigne toutefois que l'amour n'est pas une *chose*, mais une *personne*. En Jésus, l'amour a agi, a parlé et nous a touchés. Bien qu'aujourd'hui nous ne puissions pas le voir avec nos yeux, nous pouvons le contempler par la révélation de sa parole.

Nos idoles nous empêchent parfois de percevoir Jésus ou d'aimer selon la vérité. Nous sommes tentés de remanier le concept de l'amour et la personne de Jésus pour qu'ils correspondent à l'image de nos désirs personnels. Pour permettre à notre compréhension de l'amour de progresser, nous devons retenir la leçon du jeune homme riche apprise au chapitre 2, et admettre que nous méconnaissons l'amour. Il faut également admettre que cette nouvelle compréhension ne nous plaira peut-être pas. Elle exigera de l'humilité. Nous devons être disposés à recevoir un enseignement nouveau et nous laisser surprendre par la définition de l'amour véritable.

L'amour de Jésus est étonnant

Languir d'amour

J'avais vingt-et-un ans et je rentrais du travail par un bel après-midi de printemps. Les fenêtres de ma voiture baissées, j'écoutais la radio quand, brusquement, un sentiment de terreur paralysante m'a saisi. J'ai ressenti un serrement à la poitrine et à la gorge puis un sentiment d'angoisse m'a envahi. Mon cœur battait rapidement, je sentais des picotements sur ma peau et j'avais du mal à respirer. Je me suis tout de suite demandé : « Est-ce que je fais une crise cardiaque? Est-ce que je deviens fou? » Ce sentiment n'a duré qu'une minute environ, mais il m'a paru durer une éternité. Je ne comprenais pas ce qui m'était arrivé, mais j'ai appris par la suite que je venais de vivre ma première crise de panique.

Quelques semaines plus tard, j'ai rencontré un conseiller chrétien. J'ai alors dépeint l'histoire de ma vie comme une fresque devant nos yeux. Je lui ai raconté mon enfance dans une région semi-rurale. Je lui ai parlé des membres de ma famille élargie, des week-ends à la ferme de mes grands-parents et du fort sentiment d'appartenance qui m'animait. Nous avons discuté de la fierté de mes réussites scolaires, de mon désir d'aider les autres et de mes craintes de les décevoir. Nous avons parlé aussi de ma foi.

Au cours d'une de nos rencontres, mon conseiller m'a fait l'observation suivante : « Winston, en t'écoutant me raconter ton histoire, je ne peux m'empêcher de remarquer à quel point il est important pour toi de plaire aux autres. » En y repensant, sa conclusion allait de soi : je m'étais effondré en larmes à plusieurs reprises à la seule pensée de décevoir quelqu'un. Il a alors ajouté : « Il y a cependant une chose que je ne comprends pas. Peux-tu m'aider? Quel lien y a-t-il entre plaire aux autres et les aimer?» La réponse était évidente à mes yeux : « Les gens ne veulent-ils pas contribuer au bonheur de ceux qu'ils aiment?»

«Je ne sais pas», a-t-il répondu d'un air songeur. « Hier, j'ai interdit à ma fille de prendre son vélo et de rouler seule jusqu'au parc. Elle était furieuse.» Il m'a laissé réfléchir un instant avant d'ajouter : « Crois-tu que je devrais me sentir coupable d'avoir agi ainsi?» Je ne savais pas quoi lui dire. En repensant à sa question, j'ai commencé à comprendre où il voulait en venir, mais je n'étais pas encore prêt à appliquer cette vérité à ma vie.

Les rencontres se sont poursuivies et nous nous sommes attardés à Jésus et à son amour pour les autres. Il m'a demandé : « As-tu déjà remarqué à quel point les gens étaient déçus et furieux contre Jésus? Nous savons que Jésus les aimait et pourtant, ils se fâchaient sans cesse contre lui. Qu'en penses-tu?» Ses paroles m'ont intrigué et je me suis mis à réfléchir à ce paradoxe : Jésus aimait les gens et pourtant, il les décevait. J'ai réalisé peu à peu que j'avais fait fausse route. Selon ma définition de l'amour et de mon identité personnelle, je croyais que mon devoir consistait à plaire aux autres et à les rendre heureux. En devenant adulte, mon petit monde s'est élargi. Je suis passé d'étudiant à travailleur, avec de nouveaux amis et de nouvelles responsabilités. Plaire à tout le monde était devenu une tâche impossible. Je parvenais parfois à contenter une personne, mais ma joie disparaissait rapidement en considérant le nombre d'individus que j'avais l'impression de décevoir. J'ai pris conscience que je ne pouvais pas plaire à tous et je suis devenu de plus en plus anxieux.

Puis, j'ai entrevu une lueur d'espoir. Un peu comme si l'on déverrouillait la porte du cachot où l'angoisse et la terreur me retenaient prisonnier. Je pouvais enfin marcher dans la lumière. Est-ce vrai? Dieu n'exige pas de moi que je plaise au monde entier? Est-ce que je comprends bien vos propos : aimer les autres et les rendre heureux ne sont pas deux choses équivalentes?

Aimer ne signifie pas rendre les autres heureux

Réfléchissez un instant : Jésus aimait les gens, mais la plupart du temps, ils étaient déçus ou même furieux contre lui. Jésus est venu chez les siens avec la Bonne Nouvelle de l'Évangile et son autorité prouvait ses affirmations. Il a chassé des esprits mauvais, guéri des lépreux et des boiteux. Quelle a été leur réaction? Les chefs religieux l'ont accusé d'être de connivence avec Satan et d'être possédé d'un démon (Matthieu 12.24; Marc 3.22; Luc 11.15). Sa mère et ses frères ont voulu le ramener à la maison, car ils estimaient qu'il avait perdu la raison (Marc 3.21). Jésus ne s'est pas seulement senti mal aimé à ces occasions, mais il a été totalement rejeté.

C'est pourquoi la réaction de Jésus étonne davantage : il a continué à les aimer. Il n'a pas reculé devant ceux qu'il aimait, mais il a persévéré de façon héroïque. Votre amour survivrait-il à un rejet aussi brutal et catégorique? Comme vous avez pu le constater, le mien n'a pas survécu. Si je n'obtiens pas une approbation adéquate, je me replie sur moi-même, je boude ou je panique. Imaginez ce qui se produit quand on me rejette!

Dans son Évangile, Jean relate un récit de l'amour déconcertant de Jésus. Jésus reçoit un message urgent de la part de ses amies Marie et Marthe : « Seigneur, voici, celui que tu aimes est malade » (Jean 11.3). Leur frère, Lazare, est gravement malade et le message est clair : elles demandent à Jésus de se rendre auprès d'eux et de guérir leur frère. Ne croyez-vous pas que celui qui a le pouvoir de guérir aurait dû partir immédiatement pour sauver un ami? La réaction de Jésus est étonnante : « Or Jésus *aimait* Marthe et sa sœur et Lazare. *Quand* il eut appris que celui-ci était malade, *il resta encore deux jours à l'endroit où il était* » (Jean 11.5-6, italiques ajoutés). Jésus aime Lazare et ses sœurs et pourtant, il attend deux jours de plus, sachant que ce retard entraînera la mort de Lazare (Jean 11.11-13).

Jésus arrive sur les lieux d'une scène déchirante. Lazare est dans le tombeau depuis quatre jours. Les deux sœurs vont à sa rencontre et la même question leur brûle les lèvres. Ayant rejoint Jésus à l'extérieur du village, Marie tombe à ses pieds en pleurant et lui dit : « Seigneur, si tu avais été ici, mon frère ne serait pas mort » (Jean 11.32b). Comment

Jésus pouvait-il la regarder en face? Imaginez Marie, le cœur brisé et affligé. Elle lève les yeux vers Jésus et souhaite comprendre la raison pour laquelle il n'a pas sauvé son frère. Comment le comportement de Jésus peut-il correspondre à une définition de l'amour, quelle qu'elle soit?

> **IL EST FAUX DE CROIRE QUE NOUS PROUVONS NOTRE AMOUR AUX AUTRES EN LES RENDANT TOUJOURS HEUREUX.**

La satisfaction des gens ou de leurs attentes, aussi raisonnables soient-elles, ne définit pas l'amour de Jésus. Voici les principales raisons qui l'ont incité à laisser mourir Lazare : « Cette maladie n'est pas pour la mort, mais pour la gloire de Dieu, afin que le Fils de Dieu soit glorifié par elle » (Jean 11.4). Avant d'atteindre le village de Marie et Marthe, Jésus a dit à ses disciples : « Lazare est mort. Et, pour vous, je me réjouis de n'avoir pas été là, afin que vous croyiez » (Jean 11.14b-15). Les intentions de Jésus dépassent toute attente. Il souhaite que ses amis et ses disciples reconnaissent la plénitude qui habite en lui. En qualité de Fils de Dieu et de Rédempteur, il triomphe de la mort physique et spirituelle. Jésus répond donc ainsi à la déception de Marthe : « Moi, je suis la résurrection et la vie. Celui qui croit en moi vivra, quand même il serait mort; et quiconque vit et croit en moi ne mourra jamais » (Jean 11.25-26). Jésus va au-delà des sentiments passagers qu'éprouvent Marie et Marthe à son égard et choisit de les laisser vivre ce terrible drame. Lazare est mort et ses sœurs ont le cœur brisé. Elles se demandent comment Jésus a pu négliger de venir sauver la vie de leur frère.

Vous connaissez sans doute la conclusion spectaculaire de l'histoire. En dépit des protestations voulant que le corps sente déjà, Jésus demande que la pierre qui scelle le tombeau soit ôtée. Fixant son attention sur les objectifs supérieurs de l'amour de Dieu, Jésus rappelle cette vérité : « Ne t'ai-je pas dit que si tu crois, tu verras la gloire de Dieu? » (Jean 11.40). Il prie, puis ordonne au mort : « Lazare, sors! » Aucune odeur nauséabonde, aucun zombie, mais un homme vivant, enveloppé de bandelettes, sort de sa tombe en pleine clarté. Ce jour-là, les personnes présentes ont reçu plus d'amour qu'elles n'en avaient demandé. Elles ont vu plus qu'un enseignant et un guérisseur à l'œuvre, elles ont vu « le Fils de Dieu, celui qui vient dans le monde » (Jean 11.27).

En proie à mes craintes de décevoir les autres, j'ai beaucoup réfléchi aux histoires semblables à celle de Lazare. Je ressentais une grande admiration pour Jésus. Il avait eu le courage d'aimer avec hardiesse, sans reculer devant la déception et le rejet des autres. J'aspirais à la liberté d'aimer avec une telle puissance. J'ai donc entrepris d'en parler à Jésus et de le rechercher avec un nouveau zèle. J'ai finalement compris que mon anxiété était causée par mon ignorance de la véritable nature de l'amour.

J'avais commencé à fréquenter Kim, ma future femme, juste avant ma première crise d'angoisse. Plus nous nous rapprochions, plus je devenais anxieux et cette anxiété me laissait perplexe. J'aimais beaucoup Kim et nous paraissions être faits l'un pour l'autre, mais les doutes m'assaillaient. Après avoir découvert l'amour de Jésus, tout est devenu plus clair. J'étais terrifié à l'idée de me tromper, de la laisser tomber, de parler au mauvais moment et d'avoir à me rétracter. Si je la blessais ou la décevais, ce serait *terrible*. Mais une réalité nouvelle cheminait dans mon esprit. Serait-il tragique de commettre une erreur? Pas du tout. J'ai le devoir de l'aimer et non d'être parfait. Ma façon de lui témoigner mon amour pourrait même, à l'occasion, la décevoir. Ma mauvaise compréhension de l'amour m'avait placé dans une situation impossible : comment était-il possible que je ne déçoive jamais personne?

La souffrance au sein de nos relations conjugales est parfois occasionnée par une mauvaise compréhension de l'amour. Cette compréhension est fondée sur nos désirs et nos craintes. Il est faux de croire que nous prouvons notre amour aux autres en les rendant toujours heureux. La douceur, la patience, la gentillesse et la générosité contribuent sans aucun doute au bonheur de votre conjoint. Toutefois, nous avons marié une personne comme nous, capable d'être insensée, égoïste et aveuglée par les idoles de son cœur. Aimer un autre pécheur selon la vérité et comme Jésus nous a aimés donnera lieu à des conversations difficiles, des désaccords et même à l'abandon de certains comportements pécheurs et malsains. Si nous aimons véritablement notre mari ou notre femme comme Jésus nous a aimés, nous récolterons parfois les mêmes réactions que Jésus a subies : le conflit et le rejet.

L'amour n'a pas pour objet le bien-être

Au cours des dernières années, un grand nombre d'agences de rencontre ont vu le jour et « l'affinité » figure parmi les services qu'elles offrent. Certaines affirment être expertes en « chimie de l'amour ». D'autres se vantent de posséder des « systèmes brevetés d'affinité », ce qui laisse croire qu'un mariage heureux est fondé sur ce concept. Certes, nous

> JÉSUS, MOTIVÉ PAR L'AMOUR, A RENONCÉ À SON BIEN-ÊTRE AFIN D'ÊTRE AVEC NOUS ET DE NOUS ACCOMPAGNER DANS NOS PROBLÈMES.

faisons preuve de sagesse en épousant une personne dont nous aimons et apprécions la compagnie. C'est la raison pour laquelle la Bible conseille de ne pas marier une personne querelleuse : « Mieux vaut habiter à l'angle d'un toit, que de partager la demeure d'une femme querelleuse » (Proverbes 21.9). (On peut affirmer sans se tromper que les hommes querelleurs sont également insupportables et qu'il vaut mieux les éviter). En quoi consiste au juste l'affinité? Cette idée suggère-t-elle qu'il est préférable de marier quelqu'un qui nous *ressemble* le plus possible? L'objectif du mariage consiste-t-il à aplanir les différences au maximum, à n'être jamais remis en question, à ne jamais changer ou progresser? L'affinité forme-t-elle l'élément essentiel de l'amour conjugal?

Jésus comprend ce concept à la perfection. Il sait à quoi ressemble une vie vécue en parfaite harmonie avec quelqu'un. Songez au bonheur et à la communion dont il jouit depuis toujours avec le Père et le Saint-Esprit. Le but de ce livre n'est pas de plonger dans les mystères de la trinité, mais si nous acceptons que Dieu existe en trois personnes : Père, Fils et Saint-Esprit, nous pouvons imaginer le bonheur parfait que Jésus connaît en lui-même depuis toute éternité. Le Père, le Fils et le Saint-Esprit ont toujours vécu en parfaite harmonie sans se quereller, sans se jalouser, sans se blesser et sans pécher. Aucune relation d'affinité ne surpasse *l'amour* partagé par ces trois « personnes ». Nous ne saisissons pas pleinement la réalité de cette harmonie. Jésus a choisi de laisser cette harmonie par amour pour nous. Il a quitté sa condition et le lieu de sa plénitude relationnelle pour vivre avec nous, des êtres qui ne partagent aucune affinité avec lui. Il a abandonné une vie d'harmonie et d'affinité pour s'unir à son Épouse, l'Église. Nous ne saisissons pas pleinement la félicité que Jésus vivait avec le Père et le Saint-Esprit. De même, nous ne comprenons pas à quel point il serait douloureux de renoncer à un tel bonheur pour vivre dans un monde déchu et chaotique; de quitter le paradis pour naître dans une étable nauséabonde; de renoncer au bien-être absolu pour vivre dans la pauvreté et enfin, de se priver de l'amour parfait pour s'unir à des traîtres et des meurtriers. Ce n'est certes pas ce que nous choisirions de faire. Ce choix ne semble même pas logique. Mais c'est cela, l'amour extraordinaire!

Il importe peu de savoir si nous avons déjà utilisé les services d'une agence de rencontre, mais agissons-nous parfois comme si l'objectif de l'amour est d'optimiser notre bien-être relationnel? Nous arrive-t-il de considérer les problèmes de notre conjoint comme des violations de nos droits conjugaux? « Dis donc! Je me suis marié pour partager des affinités, pas des problèmes! » Jésus, motivé par l'amour, a renoncé à son bien-être afin d'être avec nous et de nous accompagner dans nos problèmes.

L'amour ne donne pas pour recevoir en retour

Une autre idée semble avoir gagné du terrain au cours des dernières années : la « banque d'amour ». Votre banque d'amour est composée d'une réserve de sentiments positifs à l'égard de votre conjoint. Le principe est simple : les couples tombent amoureux et leur amour perdure parce que la plupart du temps, ils se rendent mutuellement heureux. Chaque fois que nous faisons plaisir à notre conjoint, un dépôt est effectué dans sa banque d'amour. Plus son solde d'amour est élevé, plus il ressent des sentiments positifs à notre égard. Lorsqu'un conjoint agit de manière déplaisante, un retrait est effectué. L'affection et l'amour dans le mariage diminuent en proportion du solde de la banque d'amour. En apprenant à définir et à combler les besoins de l'autre, nous nous assurons que les dépôts se font régulièrement. Le solde demeure excédentaire et l'amour règne.

Nous sommes certes portés à rechercher des relations qui comblent nos désirs, surtout si ces désirs ressemblent vraiment à des besoins. Il y a deux mille ans, Jésus a commenté notre tendance à être gentils avec les personnes aimables. Il ne considère pas, toutefois, que cette définition de l'amour soit valable. Au contraire, il a déclaré :

> En effet, si vous aimez ceux qui vous aiment, quelle récompense aurez-vous? Les péagers aussi n'en font-ils pas autant? Et si vous saluez seulement vos frères, que faites-vous d'extraordinaire? Les païens aussi, eux-mêmes, n'en font-ils pas autant? (Matthieu 5.46-47)

En d'autres termes, être gentil avec les personnes aimables n'a rien de remarquable. Aucune vertu particulière ne s'y rattache. Ce n'est que de l'égoïsme déguisé en gentillesse.

Vous sentez-vous aimé lorsque vous avez dû gagner cet amour? Nous devons tous travailler pour vivre. Je gagne ma vie en enseignant et en faisant du counseling. Quand je reçois mon chèque de paye, je ne me sens pas aimé de mon employeur. S'il refusait de me payer, je ne me précipiterais pas dans son bureau pour savoir pourquoi il ne m'aime plus. J'exigerais de recevoir mon salaire parce que je l'ai gagné. Chercher à gagner l'amour de notre conjoint est une attitude malsaine qui provoque la colère et l'insécurité. Les conjoints qui croient avoir gagné ou mérité l'amour, l'exigent avec force ou travaillent dur et avec angoisse pour ne pas le perdre.

Jésus met en contraste l'amour de Dieu et l'attitude qui consiste à « donner pour recevoir en retour ».

> Vous avez entendu qu'il a été dit : Tu aimeras ton prochain et tu haïras ton ennemi. Mais moi, je vous dis : Aimez vos ennemis, bénissez ceux qui vous maudissent, faites du bien à ceux qui vous haïssent, et priez pour ceux qui vous maltraitent et qui vous persécutent. Alors vous serez fils de votre Père qui est dans les cieux, car il fait lever son soleil sur les méchants et sur les bons, et il fait pleuvoir sur les justes et sur les injustes. (Matthieu 5.43-45)

Dieu accorde son amour à ceux qui ne l'ont ni gagné ni mérité. Jésus nous convie à réfléchir au fait que Dieu donne le soleil et la pluie aux bons, ceux qui le « méritent », et aux méchants, ceux qui ne le « méritent pas ».

Dans ce passage, Jésus souligne l'aspect le plus étonnant et le plus puissant de l'amour de Dieu : il est donné, il n'est pas gagné. Il s'agit d'une bonne nouvelle pour les raisons suivantes. D'abord, cette vérité signifie que l'amour de Dieu est plus puissant que nos faiblesses et nos péchés. J'espère que notre étude sur l'adoration et l'idolâtrie nous a convaincu que personne ne connaît ou ne sert Dieu comme il se doit. Nous nous servons au contraire nous-mêmes ainsi que nos désirs. Notre mauvaise conduite ne freine cependant pas l'amour et la bonté de Dieu. Si tel était le cas, notre péché serait plus puissant que l'amour de Dieu. Puisqu'il répond à notre état de pécheur par la puissance de son amour, nous avons espoir qu'il nous changera.

De plus, l'amour inconditionnel de Dieu à notre égard nous assure qu'il nous donnera un amour équivalent pour notre conjoint. Nous ne sommes pas livrés à nous-mêmes, produisant avec peine des émotions positives lorsque, contre toute attente, les autres nous donnent ce que nous désirons. Nous pouvons leur témoigner l'amour que nous avons reçu de Dieu, un amour puissant et inconditionnel qui ne change pas en dépit des déceptions et des torts causés.

La Bible appelle cet amour la grâce. Nous réfléchirons au concept de la grâce tout au long de ce livre, mais souvenons-nous pour l'instant que dans son sens le plus simple, la grâce est un amour immérité. C'est le type d'amour que Dieu nous donne et qu'il nous rend capables de donner à notre conjoint.

Jouer l'amour dans toutes les tonalités

Depuis quelques années, mes filles suivent des cours de piano. Je crois que la période pénible est terminée, celle du pianotage répétitif et exaspérant des six à huit notes de base. Elles jouent maintenant de vrais airs : les notes basses ou les accords de la main gauche et la mélodie de la main droite. C'est agréable de les entendre, bien qu'elles soient encore loin de pouvoir jouer *La sonate au clair de lune* de Beethoven ou un nocturne de Chopin. Elles sont encore au stade où leurs mains restent tout près du do central et la plupart des chansons ont un rythme et un style semblables.

Les pianos offrent pourtant une grande variété de possibilités. Le clavier compte quatre-vingt-huit touches : des notes au son grave et profond à l'extrême gauche aux notes légères et aériennes à l'extrême droite. En plus de cet éventail de tonalités, la pression sur les touches contrôle le volume. On produit un son doux en effleurant les touches, puis en les enfonçant avec force, le son devient plus fort.

Le jeu de mes filles au piano ressemble à la manière dont plusieurs d'entre nous aiment leur conjoint. L'exécution n'est pas forcément pénible à entendre, mais elle est loin d'exploiter l'amour à son plein potentiel et dans toutes ses variations. Nous préférons nous en tenir aux dix à quinze touches avec lesquelles nous nous sentons à l'aise. Certains jouent sur les notes légères, d'autres préfèrent se spécialiser dans les notes graves et difficiles à exécuter. Quelques-uns jouent peut-être même des deux mains!

Jésus, lui, maîtrise toute la gamme, utilise toutes les touches et peut jouer l'air qui se prête le mieux à la circonstance. De la berceuse la plus douce à la fugue la plus difficile, les mains de Jésus courent sur tout le clavier. De même, nous ne devrions pas nous contenter de notre jeu d'amateur, mais nous efforcer de jouer la mélodie adaptée au moment. En progressant dans notre compréhension de l'amour de Jésus et en l'expérimentant de façon personnelle, soyons à l'affût des sons inattendus, ceux que nous n'aurions jamais inclus dans notre répertoire et soyons disposés à sortir de notre zone de confort. Nous apprendrons que tout comme dans l'illustration du piano, il est impossible de connaître parfaitement l'amour. Il recélera toujours une nouvelle profondeur à explorer et à apprécier.

Jésus accomplit la loi

Cette compréhension de l'amour de Dieu est source de vie. En conclusion, toutefois, Jésus ajoute un commentaire quelque peu décourageant : « Soyez donc parfaits, comme votre Père céleste est parfait » (Matthieu 5.48). Être parfait? Suis-je censé égaler les perfections de l'amour de Dieu?

Jésus lui-même répond à cette question dans l'Évangile selon Matthieu : « Ne pensez pas que je sois venu abolir la loi ou les prophètes. Je suis venu non pour abolir, mais pour accomplir » (Matthieu 5.17). Jésus n'enrichit pas notre compréhension de la loi de Dieu dans le but de nous inciter à redoubler d'efforts pour lui obéir. Il sait que nous en sommes *incapables*. Il explique donc qu'il est venu pour accomplir « la loi et les prophètes ». En d'autres mots, pour obéir à la loi à notre place. Il s'est conformé à toutes ses exigences, de sorte que nous ne soyons pas condamnés par la justice de Dieu.

Ce principe est difficile à saisir. D'une part, la loi de Dieu nous instruit et nous donne la sagesse pour vivre une vie juste. D'autre part, la loi a également pour objectif de nous montrer notre incapacité d'y obéir afin que nous cherchions notre secours en Dieu. Nous nous réjouissons donc de ne pas avoir à gagner l'amour de Dieu, mais en même temps, nous *voulons* le gagner. Nos cœurs pécheurs aspirent à la compréhension d'un tel amour et à la satisfaction de savoir que nous le méritons. Dans le cinquième chapitre de l'Évangile selon Matthieu, Jésus établit un lien entre la loi de Dieu et les péchés du cœur. Il affirme que si vous avez déjà convoité une femme, vous êtes coupable d'adultère; si vous avez déjà haï quelqu'un, vous êtes coupable de meurtre (voir les versets 21-22 et 27-28). Jésus souligne avec force le fait qu'il nous manque quelque chose d'essentiel pour gagner l'amour de Dieu : « Soyez donc parfaits, comme votre Père céleste est parfait ».

Tout bien considéré, la grâce de Dieu constitue notre seul espoir. Lorsque nous tenons à gagner l'approbation de Dieu à tout prix, nous ressentons de l'angoisse et de la colère envers lui et envers notre conjoint. Nous ne pouvons donner à notre conjoint un amour immérité qu'en admettant notre incapacité à gagner l'amour de Dieu. Cette grâce doit servir de fondement à l'amour conjugal. Si nous ne connaissons pas l'amour rempli de grâce que Dieu nous porte en Christ, nous n'aimerons *jamais* de cette manière. Nos efforts les plus louables seront motivés par ce que nous pouvons recevoir en retour. Cet amour n'est pas à la hauteur des objectifs de Dieu pour le mariage.

En admettant notre incapacité d'obéir à la loi d'amour et notre désir de nous servir nous-même, nous devenons aptes à recevoir l'amour de Dieu fondé sur la grâce. Nous demandons ensuite pardon à Dieu sur la base de l'œuvre et de la personne de Jésus. C'est le seul moyen d'entretenir une relation juste avec Dieu et cette relation constitue le seul fondement solide de la relation de couple.

L'adoration est plus qu'une simple connaissance

L'adoration est une relation

Pourquoi ne suffit-il pas de suivre l'exemple de Jésus pour vivre une vie d'amour? Lisons la description qu'il donne de sa relation avec ses disciples :

> Demeurez en moi, comme moi en vous. De même que le sarment ne peut de lui-même porter du fruit, s'il ne demeure sur le cep, de même vous non plus, si vous ne demeurez en moi. Moi, je suis le cep; vous, les sarments. Celui qui demeure en moi, comme moi en lui, porte beaucoup de fruit, car sans moi, vous ne pouvez rien faire. (Jean 15.4-5)

Jésus se décrit lui-même comme un cep et présente ses disciples comme des sarments qui vivent et croissent attachés au cep. Il ne nous demande pas d'imiter simplement sa manière de penser et d'agir, mais de demeurer en lui, tout comme il désire demeurer en nous. Ce langage évoque l'union de deux vies unies en une seule, soit une *relation intime*.

De quelle manière peut-on entretenir une relation avec Christ sans le voir, le toucher ou entendre sa voix? Les rapports humains sont fondés en grande partie sur la vue, le toucher et l'ouïe, mais ce n'est pas ce qui importe le plus. Le facteur déterminant d'une relation intime est la *confiance*. Nous devons être convaincus que les promesses de l'autre personne sont sincères, qu'elle ne nous abandonnera pas, qu'elle souhaite le meilleur pour nous et non ses propres intérêts. Jésus est entièrement digne de confiance. Il est donc essentiel de lui faire confiance pour entretenir une relation avec lui. La Bible désigne cette confiance par le mot *foi*.

Notre relation avec Jésus influence fortement notre manière d'agir dans les situations ordinaires et difficiles du mariage. Si Jésus ne représente rien de plus qu'un philosophe décédé, ses paroles n'exerceront aucun pouvoir lorsque notre conjoint nous mettra en colère. Comment les idées d'un homme mort il y a deux mille ans pourraient-elles nous aider dans la vie de tous les jours? Pour mettre l'amour en pratique durant les moments éprouvants, une relation avec Jésus s'avère essentielle, ses idées ne suffisent pas. Il est le Dieu *vivant*. Il n'est pas un philosophe *décédé* ou une idole *sans vie*. Nous devons nous tourner vers lui, lui ouvrir notre cœur, lui demander son aide et avoir l'assurance qu'il nous donnera la sagesse, la puissance et l'amour dont nous avons besoin.

> **POUR METTRE L'AMOUR EN PRATIQUE DURANT LES MOMENTS ÉPROUVANTS, UNE RELATION AVEC JÉSUS S'AVÈRE ESSENTIELLE, SES IDÉES NE SUFFISENT PAS**

L'adoration s'apprend par la pratique

Jésus nous dit de porter du fruit. Que veut-il dire et comment y parvenir? En définitive, nous portons du fruit en dépendant de Jésus, le Cep. Nous demeurons toutefois actifs tout au long du processus. Une vie de foi et de confiance ne s'appuie pas sur des émotions. Nous ne sommes pas appelés à ressentir l'émotion qui accompagne l'action avant de la mettre en pratique. Dans notre relation de couple, nous posons souvent des gestes avant d'en réaliser les bienfaits.

Rappelons-nous la conversation entre Jésus et le jeune homme riche au chapitre deux. Avez-vous remarqué que ce dernier n'avait pas une perception juste de lui-même avant qu'il soit mis au défi d'agir de manière *concrète*? Les mariages s'enlisent parfois à cause d'une mauvaise compréhension de la dynamique du changement et de l'apprentissage.

Certains parmi nous ont étudié un ensemble d'idées et de concepts pour les appliquer ensuite dans les faits. La compréhension a précédé l'action. Il arrive, cependant, que nous ne comprenions pas *réellement* quelque chose avant de l'avoir mis en *pratique*. Tout comme le jeune homme riche, nous ne comprenons pas toujours avant d'agir.

Mon fils a développé un intérêt pour le baseball, un sport que je n'ai malheureusement jamais pratiqué. J'ai donc tenté de l'aider en lisant des livres sur ce thème. À mon grand étonnement, je suis parvenu à comprendre sans trop d'effort et après quelques lectures seulement, en quoi consistaient les coups sûrs, les points, les buts volés, etc. Assis derrière la boîte du frappeur, je lui ai même donné quelques conseils lorsqu'il était au marbre, au grand désespoir de l'entraîneur, j'en suis convaincu.

Un après-midi, j'ai appris une précieuse leçon en me rendant avec mon fils à une cage de frappeurs automatisée. En le regardant frapper les balles lancées par la machine, j'ai pensé à quelques conseils qui pourraient l'aider. À mon avis, il semblait plus facile de lui prodiguer mes conseils en entrant moi-même dans la cage pour frapper la balle. J'espérais qu'il ne serait pas trop gêné par la *portée* de mes coups sûrs. À ma grande surprise, non seulement ai-je à peine senti le premier lancer, mais j'ai complètement raté les trois balles suivantes. Je suis sorti de la cage du frappeur penaud en évitant de croiser le regard de mon fils. Et comme si mon orgueil n'avait pas assez souffert, j'ai constaté plus tard que l'inflammation au coude dont je souffrais s'était aggravée.

J'ai appris, ce jour-là, que la connaissance et la pratique sont deux choses différentes. Aucun livre sur le baseball ne ferait de moi un bon joueur et ne m'aiderait à frapper la balle. Il est même probable que vous ne saurez pas ce qu'il convient d'apprendre avant d'avoir tenté de frapper une balle. Après avoir tenu un bâton, j'ai lu avec plus d'attention les chapitres traitant de ce sujet et ils m'ont été plus profitables. Je suis même parvenu à frapper quelques balles.

Nos progrès dans la vie conjugale et dans notre relation avec Dieu fonctionnent de la même manière. Nous ne pouvons présumer que la lecture de ce livre ou même de la Bible nous transformera. Des actions concrètes s'imposent si nous voulons changer ou même comprendre les apprentissages nécessaires.

Nous pensons peut-être faire preuve d'hypocrisie en tentant de faire quelque chose sans en avoir envie ou sans comprendre. Il n'est pas malhonnête d'agir sans ressentir de sentiments positifs. Si seulement le jeune homme riche avait demandé l'aide de Jésus, il aurait commencé une nouvelle vie et découvert que Jésus était bien plus qu'un « bon maître ».

C. S. Lewis explique la différence entre l'imposture et l'apprentissage par la pratique :

À quoi servirait-il de feindre ce que vous n'êtes pas? Eh bien, même sur le plan humain, il existe deux types de simulation. Il y a la façon erronée, où l'illusion remplace la réalité (tel un homme qui, au lieu de venir immédiatement à votre aide, prétendrait, mais en vain, qu'il est sur le point de le faire). Mais il y a aussi une forme valable où l'illusion conduit à la réalité. Quand vous n'éprouvez pas une impulsion amicale —sachant pourtant que c'est votre devoir — le mieux à faire est, très souvent, d'adopter une attitude amicale et de vous comporter en fait comme si vous étiez plus aimable que vous ne l'êtes. Bientôt, comme nous l'avons tous constaté, vous vous sentirez plus amical. Très souvent, la seule façon d'acquérir une qualité est de se comporter comme si on la possédait déjà. C'est pourquoi les jeux des enfants revêtent une telle importance. Les gosses contrefont toujours les adultes — jouant aux soldats, à la marchande, ils fortifient leurs muscles et aiguisent leur intelligence, de sorte que leur prétention d'être adultes les aide à croître pour de bon.

Il ne suffit donc pas de réfléchir à notre relation de couple ou même à ce que Dieu dit à ce sujet. Nous devons être disposés à *agir*, avant même d'en avoir envie ou d'en comprendre la raison. Il arrive parfois que tout s'éclaire par la pratique. Tout en explorant la communication, la résolution de problèmes et d'autres manières importantes d'aimer notre conjoint, nous serons mis au défi d'agir autrement, de modifier une conduite qui semblera difficile ou même impossible à adopter. N'attendons pas de nous sentir différent. Faisons l'essai de nos apprentissages en réfléchissant aux paroles de Jésus et en croyant qu'il nous aide. Nous apprendrons par la mise en pratique. Dieu lui-même sera notre enseignant. Qui plus est, nous expérimenterons sa fidélité.

Mon histoire, troisième partie

Assis à la table de cuisine, aucun doute ne subsistait dans mon esprit : j'avais manqué d'amour envers Dieu et Kim. Ce moment de vérité s'est toutefois avéré un moment d'espoir et non de désespoir. Je n'étais pas seul : Jésus était avec moi. En dépit de ma frustration et de mon désarroi, son Esprit m'a ouvert les yeux. Il n'était pas venu pour me condamner parce que j'avais transgressé sa loi, mais pour accomplir sa loi. Je lui ai demandé de me pardonner et de m'aider. J'avais, depuis trop longtemps, renoué avec une ancienne idole et cette vieille amie m'avait déçu une fois de plus. Je souhaitais marcher en toute liberté et dans l'amour. Grâce à l'aide et au pardon de Jésus, je savais qu'il me fallait aller vers Kim avec amour et agir autrement avec elle.

Matière à réflexion

* Avez-vous déjà été étonné de l'amour qu'une personne vous a témoigné? Dans quelle circonstance?
* L'amour de Dieu est étonnant. En vous basant sur ce que vous connaissez de lui par la Bible, de quelle manière vous a-t-il déjà surpris dans votre propre vie? Puisqu'il est amour, pouvez-vous discerner et comprendre son amour derrière ses actions?
* Dans quelles circonstances vous est-il facile d'aimer? Dans quelles circonstances trouvez-vous qu'il est difficile d'aimer?
* Dans quelle mesure trouvez-vous facile ou difficile de croire que Dieu vous aime même lorsque vous échouez? Qu'est-ce qui serait différent si vous aviez davantage confiance en Jésus et en son amour pour vous? Qu'est-ce qui changerait dans votre manière de raisonner ou d'agir?

5

Les desseins de Dieu pour la relation conjugale

Les enseignements à retenir dans ce chapitre :

- Nous nous sommes peut-être mariés pour fuir la solitude, mais Dieu poursuit des objectifs bien plus élevés. La vie de couple et les relations constituent des moyens essentiels pour nous transformer à son image.
- Nous reflétons Dieu dans nos relations parce qu'il vit lui-même en relation. Dieu existe en trois personnes, lesquelles forment une unité parfaite. Au sein de la relation de couple, nous apprenons à aimer comme Dieu aime. La vie conjugale nous enseigne ce qu'est l'engagement et la grâce parce que Dieu s'est engagé envers nous et nous traite avec grâce.
- Jésus est l'image parfaite de Dieu. Le but de la relation conjugale est donc de nous façonner davantage à l'image de Jésus.

Lire avec de nouvelles lunettes

Le temps est venu d'ouvrir la Bible et de découvrir les enseignements de Dieu au sujet de la vie à deux. Le lien entre les relations, l'adoration et l'amour ouvre de nouvelles perspectives sur les passages qui nous sont familiers. Vous constaterez que Jésus tient une place centrale dans la description biblique des objectifs du mariage.

Le problème de la solitude

IL N'EST PAS BON QUE L'HOMME SOIT SEUL; JE LUI FERAI UNE AIDE QUI SERA SON VIS-À-VIS

La Bible présente le mariage par l'énoncé d'un constat : « Il n'est pas bon que l'homme soit seul; je lui ferai une aide qui sera son vis-à-vis » (Genèse 2.18). Si vous avez vécu seul pendant un certain temps, cette observation peut vous sembler évidente et guère digne de mention. Cependant, le *contexte* du passage mérite d'être souligné.

Le récit de la Création, dans le premier chapitre de la Genèse, se déroule selon un rythme soutenu. Dieu crée chaque jour un nouvel élément, soit la lumière, les ténèbres, la terre, la mer, les plantes ou les animaux. À la fin de chaque journée, il se réjouit de ses œuvres : « Dieu vit que cela était bon » (Genèse 1.4, 10, 12, 18, 21, 25). Le sixième jour, toutefois, le rythme est brisé. Dieu crée Adam. Il constate qu'Adam est seul et déclare : « Il n'est pas bon…. » (Genèse 2.18)

Il y a quelques années, des messages publicitaires faisaient la promotion de cartes bancaires et montraient des individus se déplaçant à la file dans une cafétéria ou un commerce de détail. Ils ramassaient au passage la marchandise convoitée et réglaient leurs achats à la sortie avec leur carte bancaire. La carte parfaite assurait la fluidité du processus comme un ballet bien orchestré jusqu'à ce qu'une personne tente de payer avec de l'argent, obligeant le caissier à lui remettre la monnaie. C'est alors que le rythme des transactions s'effondre. Les gens tombent les uns sur les autres et la vaisselle se fracasse sur le sol. Les regards se tournent vers le fauteur de troubles déconcerté. Le verset de Genèse 2.18 évoque un peu ce type de situation. Le rythme régulier et impressionnant de la Création, suivi de la déclaration : « cela est bon », est rompu par un bruit discordant : « il n'est pas bon ». Dieu aurait certes pu créer toute chose « bonne » lors du premier essai. Mais soyons attentifs : Dieu suscite l'émoi afin de souligner une caractéristique importante de la vie commune.

Ayant constaté qu'il n'est pas bon pour l'homme d'être seul, Dieu initie Adam à la quête d'une aide, ce qui n'est pas une mince tâche pour lui. Dieu fait défiler tous les animaux devant lui afin qu'il les nomme. Il cherche cette « aide qui sera son vis-à-vis » et brisera sa solitude. Dans la culture hébraïque, trouver un nom représentait plus que d'inventer un terme génial ou accrocheur. Celui qui nommait une chose ou une personne définissait son rôle, lui donnait en quelque sorte sa description de tâche. Adam découvrait ainsi la nature et la fonction de chacune des créatures. Aucune d'elles n'a pu, cependant, porter le nom d'aide ou de véritable vis-à-vis.

Ce passage me rappelle les fréquentations, ce processus qui s'apparente à un pénible défilé de candidats inadéquats. Et, pour être honnête : j'ai sans doute fait partie d'un tel défilé. Vous avez peut-être souffert de solitude en cherchant celui ou celle que vous pourriez désigner comme votre aide, votre vis-à-vis. Quels sentiments Adam éprouvait-il en examinant et en nommant les animaux les uns après les autres, dans l'espoir de découvrir celui qui avait été créé pour entretenir une relation avec lui?

Enfin, Dieu plonge Adam dans un profond sommeil et il crée Ève :

> Alors l'Éternel Dieu fit tomber un profond sommeil sur l'homme qui s'endormit; il prit une de ses côtes et referma la chair à sa place. L'Éternel Dieu forma une femme de la côte qu'il avait prise à l'homme et il l'amena vers l'homme. (Genèse 2.21-22)

Lorsqu'Adam rencontre enfin *la bonne personne*, il devient poète : « Cette fois c'est l'os de mes os, la chair de ma chair. C'est elle qu'on appellera femme, car elle a été prise de l'homme » (Genèse 2.23). En d'autres termes : « Enfin! La voici! Elle me ressemble parce qu'elle est sortie de moi! »

La phrase-clé de l'histoire se trouve dans le verset suivant : « C'est pourquoi l'homme quittera son père et sa mère et s'attachera à sa femme, et ils deviendront une seule chair » (Genèse 2.24). Ce récit explique la raison d'être du mariage. Un homme et une femme s'attachent l'un à l'autre et forment une nouvelle unité, car les gens ne sont pas faits pour vivre seuls. La vie de couple résout le problème de la solitude.

Remarquez que Dieu insiste de nouveau sur la création du mariage. Il aurait pu s'y prendre autrement : créer Adam et Ève dans le même acte et expliquer à chacun son rôle. Il a, au contraire, orchestré une leçon d'objet mémorable.

J'émets l'hypothèse suivante : le fait pour Adam d'être *seul* a occasionné un problème de *solitude* et Dieu a créé la vie conjugale en réponse à cette solitude. La solitude me pèse si je demeure longtemps seul. J'aspire à trouver mon acceptation, mon bien-être et ma sécurité chez les autres. Lorsque je suis seul, je ne rêve que de vie à deux. Les désirs et les craintes qui risquent de devenir des idoles s'éveillent peu à peu. Nous avons pourtant mentionné que la vie de couple et les relations n'ont pas été créées pour remplacer Dieu. Elles sont, au contraire, des expressions de la relation et de l'amour parfait qui se trouvent en Dieu.

Nos rêves personnels pour le mariage semblent si beaux et si convaincants que nous ne cherchons pas à savoir si les desseins de Dieu diffèrent des nôtres. Vouloir l'acceptation, le bien-être et la sécurité n'est pas mauvais en soi, mais ces désirs naturels peuvent très rapidement se transformer en exigences idolâtres. Les projets de Dieu pour le mariage dépassent la satisfaction de ces désirs naturels.

Dieu souligne en termes clairs et marquants le problème de la solitude d'Adam et sa solution. Ce faisant, il n'affirme pas simplement que la solitude est mauvaise et la relation conjugale conçue pour y remédier. La Bible offre un enseignement beaucoup plus profond à ce sujet. Ses instructions devraient donc façonner notre manière d'en comprendre les fondements, selon le livre de la Genèse.

Créés pour ressembler à Jésus

Nous appelons parfois notre conjoint notre douce moitié ou notre tendre moitié. Cette expression sous-entend qu'il nous complète. Bien que cette idée soit charmante, elle ne représente pas le point de vue de Dieu. Jésus est Celui qui nous complète, nous qui avons été créés pour vivre une vie fondée sur l'amour. En étudiant les passages suivants, remarquez qu'ils placent toujours Jésus au cœur du mariage.

À propos du mari

Le cinquième chapitre de l'Épître aux Éphésiens est certes le passage biblique le plus connu sur la relation de couple. Il propose une vision percutante des desseins de Dieu. Les instructions de l'apôtre Paul aux maris se résument ainsi :

> Maris, aimez chacun votre femme, comme le Christ a aimé l'Église et s'est livré lui-même pour elle, afin de la sanctifier après l'avoir purifiée par l'eau et la parole, pour faire paraître devant lui cette Église glorieuse, sans tache, ni ride, ni rien de semblable, mais sainte et sans défaut. (Éphésiens 5.25-27)

En d'autres termes, l'amour manifesté en Jésus à notre égard constitue le point de départ incontournable pour mieux comprendre le rôle du mari. Le but et la motivation de Jésus pour son Épouse, l'Église, consiste à l'embellir. Il ne cherche pas une version hollywoodienne et superficielle de la beauté. Il recherche la beauté intérieure de la pureté et de la bonté qui ne se fane pas et ne se flétrit pas. Jésus souhaite que son Épouse soit parfaitement belle, jusqu'au plus profond de son être. Il a donné sa vie pour elle afin d'atteindre son objectif. Il est mort pour elle à la croix.

Comme il est merveilleux d'être aimé de quelqu'un qui est résolu à nous donner le meilleur, à nous voir atteindre le véritable but de notre existence et à s'offrir lui-même pour l'accomplir.

À propos de la femme

Dans sa première Épître, l'apôtre Pierre rappelle au peuple de Dieu qu'il souffrira parfois sous l'autorité ou la domination d'individus qui les traiteront avec dureté et injustice.

> Mais si, tout en faisant le bien, vous supportez la souffrance, c'est une grâce devant Dieu. C'est à cela, en effet, que vous avez été appelés, parce que Christ lui aussi a souffert pour vous et vous a laissé un exemple, afin que vous suiviez ses traces; lui qui n'a pas commis de péché, et dans la bouche duquel il ne s'est pas trouvé de fraude; lui qui, insulté, ne rendait pas l'insulte; souffrant, ne faisait pas de menaces, mais s'en remettait à Celui qui juge justement; lui qui a porté nos péchés en son corps sur le bois, afin que, morts à nos péchés, nous vivions pour la justice; lui dont la meurtrissure vous a guéris. Car vous étiez comme des brebis errantes, mais maintenant, vous êtes retournés vers le berger et le gardien de vos âmes. (1 Pierre 2.20b-25)

L'encouragement de Pierre se résume ainsi : nous souffrirons et nous serons punis parfois, en faisant le bien. Mais ces souffrances ne doivent pas nous empêcher de bien agir, car Jésus a accompli son œuvre pour nous à travers la souffrance. Il a souffert en faisant le bien et par cette expérience, Dieu a pu nous racheter et nous sauver.

Vous vous dites peut-être : « Je me souviendrai de ces paroles si jamais on me torture à cause de ma foi ou que je suis jeté en prison pour m'être livré à la contrebande de bibles. » Vous pourriez toutefois être étonné de l'application de cette vérité dans les versets subséquents.

> Vous de même, femmes, soyez soumises chacune à votre mari, afin que même si quelques-uns n'obéissent pas à la parole, ils soient gagnés sans paroles, par la conduite de leur femme, en voyant votre conduite pure et respectueuse. (1 Pierre 3.1-2)

Il poursuit en disant :

> Vous de même, maris, vivez chacun avec votre femme en reconnaissant que les femmes sont des êtres plus faibles. Honorez-les comme cohéritières de la grâce de la vie, afin que rien ne fasse obstacle à vos prières. (1 Pierre 3.7)

Les maris et les femmes doivent, « de même », s'inspirer de l'exemple de Christ dans leur relation de couple. Pierre dépeint les souffrances de Jésus comme un encouragement et un guide pour la relation de couple. L'idée de la soumission et la description de la femme comme un être « plus faible » peuvent vous sembler inacceptables au point de ne pas saisir l'ensemble du raisonnement. Nous reviendrons à ces notions plus tard. Pour l'instant, rappelons-nous que les femmes et les maris doivent puiser leur motivation dans la vision de Christ et de son amour. L'enseignement des disciples de Jésus concernant la vie de couple souligne l'amour extraordinaire de Jésus : un amour qui accepte de souffrir, se soumet aux desseins de Dieu et accomplit notre salut.

Quel est le problème lié à la solitude?

Comment les deux idées suivantes se rejoignent-elles : le problème lié à la solitude et Christ au cœur de l'amour conjugal? Paul cite le verset de Genèse 2.24 dans l'Épitre aux Éphésiens :

C'est pourquoi l'homme quittera son père et sa mère pour s'attacher à sa femme, et les deux deviendront une seule chair. Ce mystère est grand; *je dis cela par rapport à Christ et à l'Église*. (Éphésiens 5.31-32, italique ajouté)

En d'autres termes, la vie conjugale a été conçue depuis le début pour être une expression de l'amour de Jésus envers nous.

Créés à son image

Au début de ce chapitre, nous avons étudié Genèse 2 qui donne une version plus détaillée de la création de l'homme relatée à la fin de Genèse 1 :

Dieu dit : Faisons l'homme à notre image selon notre ressemblance, pour qu'il domine sur les poissons de la mer, sur les oiseaux du ciel, sur le bétail, sur toute la terre et sur tous les reptiles qui rampent sur la terre. Dieu créa l'homme à son image : Il le créa à l'image de Dieu, homme et femme il les créa. Dieu les bénit et Dieu leur dit : « Soyez féconds, multipliez-vous, remplissez la terre et soumettez-la. Dominez sur les poissons de la mer, sur les oiseaux du ciel et sur tout animal qui rampe sur la terre. » (Genèse 1.26-28)

Dans le premier chapitre de la Genèse, Dieu insiste sur le fait que les êtres humains sont créés à son image. Bien que cette vérité ait fait l'objet de nombreuses discussions, nous pouvons affirmer que Dieu désire que nous lui ressemblions. Les tâches qu'il a assignées aux êtres humains le prouvent. Tout comme Dieu domine sur la création, il veut que nous dominions sur la création. Tout comme Dieu crée la vie et la multiplie, il veut que nous créions la vie et que nous soyons féconds. Il souhaite que nous agissions à titre de représentants, assurant la gestion de la terre comme il le ferait lui-même.

Dieu vit en relation

Pourquoi Dieu a-t-il créé un grand nombre d'individus pour refléter son image et non une seule personne? Soumettre la terre représenterait une tâche énorme pour un seul individu. C'est la raison pour laquelle Adam avait besoin d'une aide. De plus, compte tenu du moyen par lequel les êtres humains entrent dans le monde, soit par les relations sexuelles, Adam ne pouvait parvenir seul à créer d'autres aides. Dieu aurait pu donner à Adam la capacité de se reproduire lui-même. Il aurait fait germer ses descendants comme des pommes de terre ou ils se seraient divisés à la manière de la paramécie. Mais les choses se sont passées autrement. La Bible enseigne qu'un peuple composé d'hommes et de femmes reflète mieux l'image de Dieu que des individus isolés.

Les Écritures décrivent Dieu non seulement comme une personne, mais également comme un groupe de personnes. Dans le premier chapitre de la Genèse, par exemple, Dieu dit : « *Faisons* l'homme à *notre* image » (italiques ajoutés). Vous connaissez peut-être le terme *trinité*. Ce mot évoque une façon de décrire le Dieu qui existe en trois personnes : Père, Fils et Saint-Esprit. Chacune de ces personnes est parfaitement Dieu. Tout en étant distinctes, elles sont par essence un seul Dieu, doté d'une même puissance, d'une même majesté et d'une même gloire éclatante. Personne n'a jamais pu percer ce mystère. Il est difficile de comprendre le fait que Dieu se décrive lui-même comme étant à la fois un seul Dieu et trois personnes. La connaissance de Dieu supposera toujours une part de mystère. Après tout, il est le Créateur, nous ne sommes que les créatures. Nous avons certes été créés à son image, mais il est impossible de le comprendre entièrement, car nul n'est semblable à lui. Il dépasse notre compréhension.

Retenons cette vérité : Dieu vit en relation et il veut, par conséquent, que les porteurs de son image vivent aussi en relation. Bien que nous ne comprenions pas à la perfection que Dieu puisse exister en trois personnes et former une unité, il nous a créés pour refléter cette réalité. Vous souvenez-vous de la création d'Ève relatée dans le deuxième chapitre de la Genèse? Dieu a formé deux êtres à partir d'un seul, puis il les a placés ensemble afin qu'ils soient de nouveau un. Ces deux personnes vivaient une telle intimité qu'ils sont devenus une seule chair.

Dieu est amour

Le fait que Dieu vit en relation avec les autres révèle certaines de ses qualités essentielles. Comment pourrions-nous le décrire dans ses interactions avec les gens? La Bible raconte l'histoire de Dieu en relation avec son peuple. Plus nous l'approfondissons, plus les mots nous viennent aisément pour décrire le caractère de Dieu. David en donne une brève description dans le Psaume 103. Dieu « pardonne toutes tes fautes » et « guérit toutes tes maladies » (verset 3). Il est « compatissant et il fait grâce », il est « lent à la colère » et « riche en bienveillance » (verset 8). « Il ne nous traite pas selon nos fautes » (verset 10).

Le psalmiste nous présente un Dieu merveilleux, une personne avec qui nous souhaiterions développer une relation. D'autres passages de la Bible le décrivent en ces termes : miséricordieux, doux, bon, patient, compréhensif et humble. Ces traits de caractère se résument avec justesse par le mot amour : Dieu est amour.

Ces aspects uniques de l'amour de Dieu seraient difficiles à percevoir ou à identifier en l'absence de relations. Comment témoigner de la bonté, de la miséricorde ou de la bienveillance lorsque nous sommes seuls ? Si nous n'entretenons pas de relations avec d'autres personnes, l'amour en nous demeure caché, même à nos propres yeux. Dieu désire être vu et connu dans ce monde et souhaite que son image soit reflétée à travers nous, le peuple qu'il a créé. Or, cette image ne sera clairement visible que dans nos interactions.

L'engagement et la grâce

Un des aspects de l'amour qui se dégage du deuxième chapitre de la Genèse est l'engagement. Bien que le mot ne s'y trouve pas, il constitue un élément essentiel au fait d'être une seule chair. Relisons le verset déjà cité : « C'est pourquoi l'homme quittera son père et sa mère et s'attachera à sa femme, et ils deviendront une seule chair » (Genèse 2.24). Dieu a créé deux êtres humains à partir d'un seul, Ève ayant été créée de la côte d'Adam. Il les a ensuite unis par le mariage afin qu'ils deviennent « une seule chair ». Cette image communique l'idée d'amitié, d'intimité, d'appartenance et d'influence mutuelle. C'est une image d'engagement.

On ne peut séparer un membre de son corps qu'en le mutilant ou en l'amputant. Ce processus est souffrant, parfois même mortel. Un lien d'intimité profond unit l'homme et la femme dans le mariage. Les séparer devrait être aussi impensable et douloureux que de scier une personne en deux. Si vous avez déjà perdu un conjoint, soit à cause d'un divorce ou d'un décès, vous connaissez l'intensité de la douleur ressentie. Avant de devenir une seule chair avec quelqu'un, assurez-vous que tous les ingrédients sont réunis pour que cette union perdure et ce, dans la but d'éviter des déchirements inutiles. C'est pourquoi la vie de couple exige un engagement : la promesse que nous serons un pour la vie.

L'engagement peut être difficile à respecter, car nous sommes pécheurs et déchus. Le péché a détruit notre unité avec Dieu et notre conjoint. Quelle que soit le degré de gravité de nos péchés et de nos fautes, ils nuisent à notre unité. Peu importe notre niveau d'engagement envers notre conjoint, nous nous déchirons parfois mutuellement et l'unité en souffre. Quelle est donc la solution?

Le secret réside dans une meilleure compréhension de la grâce. Nous avons déjà appris que la grâce est un amour qui ne se gagne pas ou ne se mérite pas. De quelle manière Dieu donne-t-il cet amour? Comment le rendre en retour,

LA VIE PARFAITE DE JÉSUS ET SA MORT À NOTRE PLACE CONSTITUENT LE FONDEMENT DE SON AMOUR POUR NOUS.

même lorsque nous nous sentons déchirés par les faits et gestes de notre conjoint? Lorsqu'une partie de notre corps est arrachée ou mutilée, cela peut entraîner la mort. Chaque fois que notre péché crée une brèche dans notre relation avec Dieu, le coup est mortel. Ces déchirures sont le fruit du péché et Dieu ne s'associe jamais au péché. La punition du péché est toujours la mort (voir Romains 6.16, 21, 23).

Dieu ne veut pas être séparé de nous. Il désire demeurer uni à nous. Jésus a réparé la brèche dans notre relation avec Dieu. Il a été meurtri et séparé de Dieu à la croix afin de nous réconcilier avec Dieu. La vie parfaite de Jésus et sa mort à notre place constituent le fondement de son amour pour nous. La grâce ne signifie pas que Dieu a choisi d'ignorer le péché. Au contraire! Il a vu le problème du péché et l'a réglé. Le châtiment a été infligé à Jésus afin que nous puissions être un avec Dieu.

Bien que nous ayons rompu notre unité avec Dieu, il nous a donné son amour et sa grâce. Nous pouvons, par conséquent, offrir à notre conjoint le même amour et la même grâce lorsqu'il s'attaque à l'unité de notre union. La puissance de changer notre cœur, nos pensées et nos attitudes est réelle. Tournons-nous vers Jésus et demandons-lui la capacité d'aimer notre conjoint en dépit des blessures qu'il nous inflige. Nous étudierons cette vérité plus en détail au moment d'aborder les questions liées au conflit et au pardon. Pour l'instant, rappelons-nous qu'être une seule chair dans la relation conjugale exige un engagement et de la grâce. Cette dernière représente la solution au non-respect de notre engagement.

Jésus, l'image parfaite de Dieu

Nous avons vu que Jésus, le Fils de Dieu, est l'image parfaite de Dieu, l'expression parfaite de son amour. Dieu nous a créés à son image afin que nous le représentions sur la terre, et ce, pour créer, cultiver et veiller sur la création et sur les autres, comme il le fait. Nous reflétons aujourd'hui une image déformée du Créateur en raison du péché. Jésus représente ce que nous étions censés être en tant que descendants d'Adam et que nous ne sommes plus à cause du péché. L'auteur de l'Épître aux Hébreux décrit Jésus comme « le rayonnement de la gloire de Dieu et l'expression de son être » (Hébreux 1.3). Jésus est l'image parfaite de Dieu, la représentation exacte de ce que nous devions être.

Jésus accomplit la loi en nous et nous sauve en restaurant l'image de Dieu en nous. Il ôte le péché et rétablit notre relation avec Dieu, amorçant ainsi le changement qui nous permet de progresser. Nous devenons ainsi le peuple que nous étions destinés à être et nous ressemblons de plus en plus à Jésus. Dans leur réflexion sur la vie conjugale, Paul et Pierre ne manquent pas de souligner que Jésus est l'image parfaite de Dieu. Nous devons refléter son image dans notre relation de couple, comme dans tous les aspects de notre vie.

Jésus est la réponse

L'idée selon laquelle Jésus est le pivot et la solution à tous les problèmes conjugaux vous étonne peut-être. La Bible établit ce lien d'emblée et sans équivoque parce qu'elle donne toujours la même réponse aux questions qu'elle soulève.

Si un individu offre la même solution à tous les problèmes, nous sommes tentés de le taxer de simpliste ou de superficiel. Les réponses toutes faites ne nous intéressent pas. Mais Jésus n'est pas une réponse stéréotypée. Connaître Jésus et comprendre qu'il est le Sauveur et la solution aux difficultés de la vie ne garantit pas une résolution facile des problèmes. À mesure que nous saisissons la richesse et la diversité de son amour et de sa sagesse, nous nous rendons compte que cette réponse n'a rien de simpliste. L'étude des différents aspects de la vie de couple et de la façon de suivre Jésus, nous plongera dans l'univers de son amour, de sa puissance et de sa richesse.

Permettez-moi d'énoncer un autre exemple où la Bible propose Jésus comme solution à un problème, c'est-à-dire celui de la souffrance. Dans le huitième chapitre de l'Épitre aux Romains, l'apôtre Paul encourage ceux qui souffrent. Il leur assure que les chrétiens ne sont pas seuls à souffrir.

> **DIEU TRAVAILLE POUR NOTRE BIEN, QUELS QUE SOIENT LES DÉFIS AUXQUELS NOUS FAISONS FACE**

Toute la Création souffre en attendant le retour de Christ. En ce jour, il achèvera l'œuvre qu'il a commencée : celle d'éliminer le péché et la souffrance de nos vies et du monde entier. Paul rappelle aux Romains que l'Esprit de Jésus en eux soupire de leur part quand ils prient. Il demande ce dont ils ignorent même avoir besoin.

Il poursuit ainsi au verset 28 : « Nous savons, du reste, que toutes choses coopèrent au bien de ceux qui aiment Dieu, de ceux qui sont appelés selon son dessein ». Savoir que Dieu fera coopérer à notre « bien » les souffrances que nous endurons constitue une bonne nouvelle. Il est bon de nous rappeler que Dieu travaille pour notre bien, quels que soient les défis auxquels nous faisons face dans la vie à deux : les conflits sans fin, un conjoint indifférent, les blessures d'un adultère ou même les mauvais traitements.

Comment déterminer la nature du bien que Dieu promet d'accomplir? La définition de ce terme varie selon les préférences de chacun. Pour ma part, j'aimerais que tous les gens m'aiment et soient satisfaits de moi. Kim préférerait peut-être que les conflits disparaissent et que les relations soient harmonieuses en tout temps. Comment Dieu définit-il le bien?

Le terme *dessein* nous en donne un indice. Quel est le dessein de Dieu? Paul écrit dans le verset suivant : « Car ceux qu'il a connus d'avance, il les a aussi prédestinés à être semblables à l'image de son Fils » (Romains 8.29). Notre espérance dans la souffrance consiste à savoir que Dieu se servira de cette souffrance pour nous façonner davantage à l'image de Jésus. Ne soyez pas troublés par les expressions : « connus d'avance et prédestinés ». Elles signifient que si nous entretenons une relation avec Christ, ce n'est pas un hasard. Il s'agit du plan éternel de Dieu. Raison de plus pour placer notre confiance en son amour pour nous.

Satisfaits de bien peu

La plupart des gens ne se sont pas mariés pour réaliser ce rêve : ressembler davantage à Jésus. Si vous ne trouvez pas cette vision suffisamment motivante, acceptez au moins pour l'instant que la Parole de Dieu l'enseigne sans équivoque. Vous serez ainsi en mesure de vous fixer quelques objectifs personnels. D'abord, prenons le temps de mieux connaître Jésus. En effet, comment trouver la motivation pour nous rapprocher de lui et devenir semblable à lui si nous ne le connaissons pas? Souvenons-nous : nous sommes conviés à vivre en relation avec lui et non simplement à imiter ses actions ou ses idées. Ensuite, soyons assurés que notre amour pour lui grandira à mesure que notre relation se développera. Vous ne vous sentez pas attiré par lui en ce moment? Si Jésus est l'amour incarné, ne voulez-vous pas apprendre à l'aimer? C. S. Lewis a écrit ceci :

> D'ailleurs, si nous considérons les promesses de récompense audacieuses promises dans les Évangiles et leur nature étonnante, il semble que notre Seigneur ne trouve pas que nos désirs soient trop grands, mais trop petits. Nous sommes des créatures aux cœurs partagés, égayées par l'alcool, le sexe et l'ambition alors qu'une joie infinie nous est proposée. Nous ressemblons à un enfant ignorant qui s'entête à faire des pâtés de sable dans un bidonville parce qu'il ne peut imaginer les possibilités offertes par un séjour à la mer. Nous nous contentons de bien peu.

Avez-vous l'impression que Jésus ne fait pas le poids en ce qui a trait à vos rêves et à vos désirs pour votre vie de couple? Vous semble-t-il impossible de vivre sans les voir se réaliser? Vous ne pouvez pas vous résoudre à considérer Jésus comme la récompense suprême, le but ultime du mariage et de tout autre accomplissement? Alors, c'est que vous vous contentez de trop peu. Quels que soient les plaisirs que vous recherchez, ils perdent leur attrait si vous les comparez aux bienfaits que Dieu nous offre en son Fils. Jésus n'est pas un prix de consolation pour les couples malheureux. Il est la récompense par excellence, autant pour les gens mariés que pour les célibataires.

Les transformations dans notre vie de couple s'effectuent d'abord en nous. Commençons par envisager les moments ordinaires de notre relation de couple d'une nouvelle façon. Apprenons à voir ce qui se cache d'extraordinaire derrière les situations qui sont devenues banales. Commençons par Jésus. Si nous ne le connaissons pas, cherchons à le connaître aujourd'hui. Si nous ne lui accordons pas l'importance qui lui est due, prions que Dieu nous aide à le voir et à l'estimer à sa juste valeur : comme Dieu, le Père, l'aime et prend plaisir en lui.

Matière à réflexion

- Comment agissez-vous lorsque vous êtes seul? Êtes-vous différent en compagnie d'autres personnes? Si oui, de quelle manière? Pourquoi êtes-vous différent? Croyez-vous que la vie à deux et les relations nous rendent meilleurs ou pires?

- À votre avis, qu'entend-on par « être transformé à l'image de Jésus »? Selon vous, s'agit-il d'une bonne ou d'une mauvaise chose? Croyez-vous que vous y perdrez votre personnalité?

- Quelle affirmation décrit le mieux votre attitude : « Je veux mettre mon mariage au service des desseins de Dieu » ou « Je veux mettre mon mariage au service de mes propres desseins »? Si vous étiez convaincu que le plus grand bien auquel Dieu aspire pour vous dans la vie de couple est votre ressemblance à Jésus-Christ, votre attitude changerait-elle? Comment?

DEUXIÈME PARTIE

Un amour extraordinaire à travers les multiples facettes de la vie conjugale

Dieu se propose de transformer notre relation conjugale et tous les aspects de notre vie par son amour. Les chapitres de cette section nous apprennent à aimer notre conjoint en toutes circonstances, difficiles ou non.

Le chapitre 6 enseigne comment passer d'un réflexe naturel, la manipulation, à un comportement qui honore notre conjoint. Nous apprendrons à discerner la manifestation de ces attitudes dans les différentes facettes de notre relation de couple et à déceler celle qui régit nos interactions.

Les chapitres 7 à 9 démontrent que l'amour et l'honnêteté vont de pair. Nous verrons pourquoi la franchise semble parfois ardue et risquée. Une honnêteté qui ne détruit pas, mais qui fortifie la relation de couple, requiert de la sagesse et de l'entraînement. Nous découvrirons que les émotions, les désirs et les craintes déforment le message que nous désirons communiquer à notre conjoint. Nous apprendrons également à dire la vérité avec amour.

Les chapitres 10 à 13 traitent d'un sujet difficile : les conflits.

Cette question est abordée dans le but de démontrer que Dieu s'en sert pour fortifier les relations conjugales. Nous apprendrons également à avouer nos torts à notre conjoint et à lui offrir notre pardon.

Le chapitre 14 comporte deux volets. D'abord, notre conception du rôle des époux peut nous causer des difficultés.

Ensuite, c'est l'amour qui nous libère de la confusion culturelle entourant les différences entre les sexes. Nous expliquerons ce que signifie être un « mari » et être une « femme ». Nous tenterons également de déterminer les tâches de chacun.

Enfin, le chapitre 15 enseigne comment cultiver une intimité sexuelle fondée sur l'amour.

6

Une personne ou un objet?
L'honneur ou la manipulation?

Les enseignements à retenir dans ce chapitre :

- Les manifestations d'amour envers notre conjoint sont parfois des actes de manipulation. Nous traitons notre mari ou notre femme comme un objet dont la seule utilité est de nous procurer ce que nous désirons. Si l'autre répond à nos désirs, nous le récompensons. Dans le cas contraire, nous le punissons.
- Aimer notre prochain comme nous-mêmes équivaut à ne pas traiter, évaluer ou juger les gens selon leur capacité à satisfaire nos désirs ou à nous préserver de nos craintes.
- L'honneur est un élément crucial de l'amour. Nous honorons notre conjoint entre autres par ces trois attitudes :

  -en reconnaissant son appartenance à Dieu,

  -en désirant participer à sa progression,

  -en ayant l'humilité d'apprendre de lui.
- Les différents modèles de manipulation nous permettent d'identifier les désirs et les craintes qui nous empêchent d'aimer notre conjoint. Pour obtenir ce que nous voulons ou éviter ce que nous craignons, nous adoptons l'une ou l'autre de ces stratégies : se rapprocher des gens, s'éloigner des gens ou s'opposer aux gens.

L'évaluation de notre attitude

Nous avons vu que la loi de l'amour est accomplie lorsque nous aimons notre prochain comme nous-mêmes. La première étape pour appliquer cette loi à notre relation conjugale consiste à déterminer notre attitude dominante envers l'autre. Lorsque nous regardons notre mari ou notre femme, que voyons-nous : une *personne* ou un *objet*? Cette question peut sembler choquante. Et même si nous considérions l'autre comme un objet, serions-nous prêt à l'admettre? Avant de répondre d'instinct : « une personne », illustrons par un exemple à quel point il est facile de voir les autres comme des objets, mais difficile de s'en apercevoir.

> LES GENS REFLÈTENT L'IMAGE DE DIEU ET MÉRITENT D'ÊTRE HONORÉS POUR LA SIMPLE RAISON QU'ILS EXISTENT POUR SERVIR SES DESSEINS.

Un exemple aléatoire de manipulation

Henri, un homme que je conseille, attend à la caisse d'un supermarché. Devant lui, une femme âgée fouille dans son porte-monnaie.

« Il vous manque soixante-treize cents », l'informe le caissier.

« Je suis certaine que je l'ai quelque part », répond la dame en laissant tomber plusieurs pièces de monnaie sur le comptoir. Elle jette un regard embarrassé en direction de la file derrière elle et cherche dans son sac pour trouver le compte exact.

Quelques instants plus tard, Henri se penche vers la dame, lui tend un dollar et lui dit à voix basse : « Prenez ceci, je vous le donne. » La femme lui lance un regard penaud, lui chuchote un remerciement et paie le caissier sans attendre.

En écoutant Henri raconter son histoire, je me suis demandé s'il avait enfin compris. Je tentais de l'amener à prendre conscience de son attitude envers sa femme, mais j'ignorais s'il voyait où je voulais en venir. Je lui ai donc fait la remarque suivante : « C'est encourageant, Henri! Il semble que tu as vu une occasion d'aimer quelqu'un en posant un geste simple et concret, et tu as agi en conséquence. »

« Pas du tout », a répliqué Henri. « J'ai vu une vieille dame qui m'importunait et le moyen le plus rapide de m'en débarrasser était de lui donner un dollar. »

« Ah! » ai-je répondu, sans trop savoir où cette conversation nous mènerait.

« Cette femme a dû penser que j'avais fait une bonne action à son égard, mais ce n'est pas le cas. Mon geste n'était pas motivé par l'amour. Je voulais simplement que la caisse se libère. »

« Alors, quelle conclusion tires-tu de cette histoire? » lui ai-je demandé.

« Je ne suis qu'un pauvre type égoïste », a-t-il déclaré.

Ce n'était pas une *personne* qu'Henri avait vue devant lui dans la file d'attente du supermarché. Il avait vu un *objet*, un obstacle qui l'empêchait d'atteindre son but. La différence est simple : l'amour commande de traiter les gens avec un honneur et un respect que nous n'accordons pas aux choses. À l'inverse des objets, les individus partagent trois caractéristiques :

1) ils ont une identité et une mission uniques,

2) ils sont libres de faire des choix responsables et

3) ils ont de la valeur.

Une personne n'est pas constituée de ces seules caractéristiques, mais elles sont certes incluses dans le fait d'être humain. En affirmant que Dieu est une personne, nous reconnaissons qu'il les possède également. Dieu a une identité unique et des desseins qui lui sont propres, il fait des choix responsables et il a une valeur infinie.

Tout bien considéré, chaque personne créée à l'image de Dieu lui appartient. Dieu a le dernier mot sur l'identité des individus, leur raison d'être, leurs choix et leur valeur. Les gens reflètent l'image de Dieu et méritent d'être honorés pour la simple raison qu'ils existent pour servir ses desseins. Honorer une personne ne signifie pas approuver toutes ses actions ou même, l'aimer, mais plutôt la voir et la traiter comme quelqu'un qui appartient à Dieu et non à nous.

Un objet est une chose. Il est inapte à faire des choix, il peut être unique ou non, il peut appartenir à quelqu'un ou à personne et il n'a pas forcément de valeur. Nous accordons de l'importance aux objets qui sont utiles dans notre vie de tous les jours. Un objet peut perdre brusquement sa valeur si nous le délaissons ou si nous ne sommes plus en mesure de l'utiliser. Par définition, nous manipulons les objets. Ils existent pour notre bénéfice. Le simple fait de s'en servir n'est pas mauvais en soi, qu'il soit employé avec sagesse ou imprudence.

Lorsque nous nous servons des gens et les traitons comme des objets, nous violons la loi de l'amour, déshonorons l'image de Dieu et brisons nos relations.

La manipulation dans la relation conjugale

Henri n'a pas mis en pratique la loi de l'amour comme je l'espérais, mais il a franchi un pas important dans cette direction. Il a constaté que l'égoïsme et la manipulation se dissimulaient derrière ses marques de gentillesse et d'affection. Il n'est pas devenu d'emblée une personne aimante, mais il a pris conscience de sa capacité à se servir des autres pour obtenir ce qu'il voulait. Désormais, il serait plus difficile pour lui de souligner les gentilles attentions dont il entourait sa femme et d'ignorer ses reproches de ne pas vraiment se soucier d'elle. En réalité, bon nombre des prétendus actes de bonté d'Henri faisaient partie d'une stratégie pour la faire taire, l'écarter de son chemin et l'empêcher de s'interposer entre lui et les choses qu'il affectionnait particulièrement.

Henri n'est pas un monstre et son attitude n'a rien d'exceptionnel. En fait, il nous ressemble beaucoup. Il donne, simplement pour recevoir en retour. Jésus connaît notre tendance à être gentils avec les gens aimables. Nous donnons afin de recevoir en retour et seulement dans ces conditions. Cette pratique est répandue au point où Jésus même affirmait que les païens et les péagers de son temps vivaient ainsi, eux qui semblaient n'avoir aucun sens moral (Matthieu 5.43-48).

Un accord formel dont le but consiste à donner pour recevoir en retour s'appelle un contrat. Si vous en respectez les clauses, je ferai de même. Les contrats sont une pratique répandue. Ils sont rédigés en grande partie pour éviter la manipulation de part et d'autre. Ils servent également à faire respecter les principes de loyauté. Même les païens et les péagers, en ce sens, manifestaient une forme d'amour rudimentaire. Dans nos relations conjugales, nous sommes cependant appelés à un vivre un amour beaucoup plus profond.

Le jour de notre mariage, nous avons presque tous répété une variante de cette promesse : « Je te prends, toi, comme mon époux [ou épouse] légitime… pour le meilleur et pour le pire, dans la richesse ou dans la pauvreté, dans la maladie ou dans la santé, jusqu'à ce que la mort nous sépare. » Cette promesse est une manière poétique de dire : « Mon amour durera toujours, quoi qu'il arrive. » Mais le serment d'amour est rompu si notre objectif consiste à donner pour recevoir en retour. La valeur des vœux du mariage basée sur « quoi qu'il arrive » est remplacée par « tu me donnes *ceci* ou *alors*… » Nos actions ne sont pas motivées par les intérêts de notre conjoint, mais comme un moyen pour parvenir à nos fins et obtenir ce que nous voulons. Au lieu de servir notre conjoint, nous nous servons de lui pour notre propre satisfaction. Nous traitons une personne comme si elle était un objet.

La manipulation par la punition

La manipulation est parfois facile à détecter. La stratégie la plus évidente consiste à punir le mari ou la femme qui n'a pas répondu à nos attentes. Un exemple simple : je voulais que Kim revienne à la maison à temps pour conduire les enfants afin que je puisse préparer mon étude biblique. Mon besoin et mon désir m'aveuglaient complètement. À cet instant, Kim existait uniquement pour que mes activités s'intègrent à mon horaire. J'avais perdu de vue le fait qu'elle est une personne et qu'elle mérite mes soins et ma sollicitude. C'est la raison pour laquelle je ne me suis pas inquiété pour elle. Lorsqu'elle est rentrée, je l'ai punie en m'isolant et en affichant une mine renfrognée et boudeuse. Mon message était clair : « Puisque tu ne m'aimes pas assez pour être disponible quand j'ai besoin de toi, je te rends la monnaie de ta pièce. Je ne suis plus disponible pour toi! » J'ai traité Kim, ni plus ni moins, comme un objet. Je l'ai même menacée de me débarrasser d'elle comme d'un bien irrécupérable.

La manipulation par le favoritisme

À vrai dire, Henri a constaté qu'il existe une forme de manipulation plus subtile et plus attirante : elle consiste à récompenser au lieu de punir. La Bible appelle ce type de manipulation le favoritisme. Il se déguise en amour et il est difficile à reconnaître.

Dans le deuxième chapitre de l'Épitre de Jacques, la Bible décrit le traitement de faveur accordé aux riches dans l'Église. Un homme pauvre doit s'asseoir sur le sol ou se tenir debout afin qu'un homme riche occupe une place de choix. Jacques présente le problème du favoritisme en ces termes : « ... ne faites-vous pas en vous-mêmes une distinction, et n'êtes-vous pas des juges aux pensées mauvaises? » (Jacques 2.4). En faisant preuve de partialité, les leaders de l'Église s'élèvent au-dessus des autres. Ils jugent et évaluent les individus qui sont les plus susceptibles de satisfaire leurs désirs. Dans l'espoir que l'homme riche leur apportera de l'argent et du pouvoir, ils le récompensent selon leur moyen. Dans ce cas, par une place de choix dont ils privent l'homme défavorisé. Les leaders traitent à la fois l'homme riche et l'homme pauvre comme des objets, des choses qui ont de la valeur selon leur utilité. Ils choisissent le riche et rejettent le pauvre.

> L'AMOUR CONJUGAL GRANDIRA S'IL EST FONDÉ SUR L'HONNEUR MUTUEL. NOTRE CONJOINT A DE LA VALEUR PARCE QU'IL EST UNE PERSONNE, PEU IMPORTE S'IL RÉPOND OU NON À NOS EXIGENCES

Jacques souligne que ces juges ne semblent pas se soucier de la loi. En faisant preuve de favoritisme, ils en violent l'essence même, soit l'amour. Jacques écrit ceci : « Sans doute, si vous accomplissez la loi royale, selon l'Écriture : Tu aimeras ton prochain comme toi-même, vous faites bien. Mais si vous vous livrez à des considérations de personnes, vous commettez un péché, vous êtes convaincus de transgression par la loi » (Jacques 2.8-9). Nous ne sommes pas motivés par l'amour lorsque nous nous élevons au-dessus des autres pour les juger et les évaluer.

Henri n'était certes pas un mari difficile ou colérique. Il pouvait, en fait, être chaleureux et charmant. Il organisait des escapades surprises durant les week-ends, offrait des cadeaux dispendieux à sa femme et lui affirmait qu'elle était une épouse merveilleuse. Sa femme a longtemps été sensible à ses marques de gentillesse, mais avec le temps elle s'est sentie manipulée. Il l'entourait souvent d'attention après une violente dispute ou avant l'annonce d'une nouvelle fâcheuse. Elle a peu à peu compris qu'il cherchait à l'acheter. Henri devait se rendre compte qu'en dépit des apparences, ses actions cachaient des motifs égocentriques.

L'amour conjugal grandira s'il est fondé sur l'honneur mutuel. Notre conjoint a de la valeur parce qu'il est une personne, peu importe s'il répond ou non à nos exigences. En accordant notre faveur à l'autre dans le seul but de satisfaire nos désirs, qu'ils soient légitimes ou non, nous devenons des manipulateurs et faisons mourir l'amour au sein de notre relation conjugale.

Aimer notre prochain comme nous-mêmes

Jacques illustre la loi de l'amour de manière à ce que nous comprenions mieux comment « aimer notre prochain comme nous-mêmes ». Ce commandement paraît simple, mais sa signification a fait l'objet de diverses interprétations, surtout au cours des dernières années.

Certains l'ont interprété comme un commandement de nous aimer nous-mêmes autant que les autres. D'autres ont soutenu que l'obligation et la capacité d'aimer sont fondées sur l'amour que nous éprouvons pour nous-mêmes. Une compréhension juste de ce verset est primordiale, car il définit un aspect essentiel de l'adoration envers Dieu.

Selon Jésus, le deuxième grand commandement est une application et une expression du premier, soit d'aimer Dieu de tout son cœur, de toute son âme, de toute sa pensée et de toute sa force. Ce dernier oriente tous les aspects de notre vie vers Dieu. Jésus a fusionné ces deux commandements, car ils sont complémentaires. Nous associons souvent l'amour à une émotion ou nous le confondons avec la satisfaction de nos désirs. L'amour est pourtant une personne : Jésus, le Fils et l'*image* parfaite de Dieu. Il est l'amour que nous voyons, entendons et avec qui nous pouvons entretenir une relation. Nous nous mettons à l'école de l'amour véritable en le suivant et en l'adorant. La Bible nous enseigne que « … nous aimons, parce que lui nous a aimés le premier » (1 Jean 4.19). En affirmant que notre capacité à aimer les autres se fonde sur l'amour envers nous-mêmes, nous ne tenons pas compte de la vérité enseignée par Jésus. C'est-à-dire que le deuxième grand commandement, l'amour à l'égard des autres, dépend du premier, l'amour envers Dieu.

Dans le commandement « tu aimeras ton prochain comme toi-même », que signifie « comme toi-même »? Pourquoi Jésus ne dit-il pas comme il le fait ailleurs dans les Écritures : « Aimez-vous les uns les autres comme Dieu vous aime »? Jésus reprend une citation de l'Ancien Testament, cette fois-ci dans le livre du Lévitique. Au chapitre 19, l'expression « aimer notre prochain » résume les versets précédents dans lesquels sont contenues plusieurs prescriptions sur la façon d'aimer l'autre dans les différentes situations de la vie.

> Vous ne commettrez pas de vol, et vous n'usez ni de tromperie ni de fausseté chacun envers son compatriote… Tu ne réclameras pas injustement la mort de ton prochain. Je suis l'Éternel… Tu ne te vengeras pas, et tu ne garderas pas de rancune envers les fils de ton peuple. *Tu aimeras ton prochain comme toi-même.* Je suis l'Éternel. (Lévitique 19.11, 16 b, 18, italiques ajoutés)

Dans ce contexte, aimer notre prochain comme nous-mêmes signifie : agir envers les autres comme nous aimerions qu'ils agissent à notre égard. Jésus énonce ainsi la règle d'or : « Tout ce que vous voulez que les hommes fassent pour vous, vous aussi, faites-le de même pour eux, car c'est la loi et les prophètes » (Matthieu 7.12).

La règle d'or ressemble au discours que vous avez probablement entendu de vos parents et que vous avez répété à vos enfants : « Tu n'aimes pas que ton ami prenne tes jouets, alors ne prends pas les siens.

Tu n'aimes pas que quelqu'un te raconte un mensonge, alors ne mens pas aux autres ».

L'expression « comme toi-même » nous rappelle également qu'en raison du péché, nous ne *voulons* pas recevoir le même traitement que les autres. Nous ne souhaitons pas, au fond, être égaux, mais supérieurs à eux. Le péché nous convainc de nous soustraire aux règles et il nous en fournit même les justifications rationnelles. C'est exactement ce que la Bible décrit dans le deuxième chapitre de l'Épitre de Jacques.

Comme nous l'avons vu dans un chapitre précédent, l'égocentrisme se manifeste par ce que nous adorons. Le terme idolâtrie est utilisé dans le langage de l'adoration pour décrire la poursuite de nos propres intérêts. Au moyen de l'idolâtrie, je m'élève au-dessus des autres, y compris de Dieu, et je détermine de quelle manière ils pourraient me servir et satisfaire mes besoins.

Dans Jacques 2.8, l'expression « comme toi-même » impose une limite à ne pas franchir. Nous ne devons pas nous considérer meilleur que les autres ou comme possédant plus de droits qu'eux. Ils sont nos égaux et méritent le même respect, le même honneur et les mêmes soins que Dieu leur demande de nous prodiguer. Le deuxième grand commandement peut donc être reformulé à la *négative* : « Ne nous élevons pas, par égoïsme, au-dessus de notre prochain. » Ou en termes plus simples : « Ne manipulons pas les autres. »

Apprendre à honorer notre conjoint

Si la manipulation transgresse la loi de l'amour, l'honneur la cultive. Honorer les gens signifie reconnaître leur valeur et leur importance. La Bible nous exhorte à maintes reprises à témoigner plus d'honneur aux autres qu'à nous-mêmes. Paul écrit à l'Église de Philippes : « ... ne faites rien par rivalité ou par vaine gloire, mais dans l'humilité, estimez les autres supérieurs à vous-mêmes » (Philippiens 2.3). Paul considère que cette attitude est essentielle à l'amour, car Christ lui-même la pratiquait.

Il ajoute quelques versets plus loin :

> Ayez en vous la pensée qui était en Christ-Jésus, lui dont la condition était celle de Dieu, il n'a pas estimé comme une proie à arracher d'être égal avec Dieu, mais il s'est dépouillé lui-même, en prenant la condition d'esclave, en devenant semblable aux hommes. (Philippiens 2.5-7)

Cette attitude, de prime abord, peut sembler donner carte blanche à la violence et à l'exploitation. Vous craignez peut-être de devoir faire les quatre volontés de votre conjoint, s'il perçoit que vous lui manifestez de l'honneur. Mais rappelez-vous : aimer ne signifie pas devenir le valet de l'autre, mais être résolu à agir dans son intérêt supérieur. La vie de Jésus le démontre : cela ne plaît pas toujours aux autres.

L'honneur ou la manipulation

L'honneur reconnaît que l'autre appartient à Dieu et non à moi-même

La manipulation équivaut à considérer les gens comme des objets qui servent à combler nos propres besoins, celui qui honore les gens estime qu'ils appartiennent à Dieu et reflètent son image.

Les porteurs de l'image de Dieu appartiennent d'abord et avant tout à Dieu. Notre identité en tant que serviteur de Dieu précède notre identité à titre de mari ou d'épouse. Dans son Épître aux Romains, Paul reprend les chrétiens sur leurs différends au sujet de questions religieuses, allant de la nourriture jusqu'au choix de la meilleure journée pour rendre un culte à Dieu. Paul déplore notamment leur attitude. Il demande avec insistance : « Qui es-tu, toi qui juges un serviteur d'autrui? » (Romains 14.4a). En d'autres termes, il déclare : « Vous agissez et vous parlez comme si cette personne faisait partie de vos biens! »

L'honneur déclare :	La manipulation déclare :
Tu appartiens à Dieu.	Tu existes pour me servir.
Tu es créé à l'image de Dieu.	Tu es un objet.
Je donne sans rien attendre en retour.	Je donne afin de recevoir ce que j'attends de toi.
Je désire que tu réussisses.	J'ai besoin de toi pour être heureux.
Dieu t'utilise pour me transformer à son image.	Tu es le problème.
Je continuerai à t'aimer même si tes réactions ne sont pas aimables.	Je t'aimerai tant que « tout ira bien », c'est-à-dire aussi long-temps que tu changeras.

Un disciple de Christ admet que Christ est son maître. Tout lui appartient et il règne sur toutes choses. Nos actes d'amour doivent découler de notre service envers Dieu et non de notre servitude envers une personne. De la même façon, nous ne devons pas nous attendre à recevoir l'attention des autres comme s'ils nous appartenaient. Les vœux de mariage incluent la promesse de s'aimer l'un l'autre. Cette responsabilité mutuelle diffère toutefois grandement de l'attitude selon laquelle l'autre est perçu comme quelqu'un ou quelque *chose* qui existe seulement pour nous.

Paul poursuit ainsi sa réflexion :

> Car Christ est mort et il est revenu à la vie pour être le Seigneur des morts et des vivants. Mais toi, pourquoi juges-tu ton frère? Ou toi, pourquoi méprises-tu ton frère? Nous comparaîtrons tous devant le tribunal de Dieu. (Romains 14.9-10)

Bien que les époux s'appartiennent l'un à l'autre au sens strict du terme, cet état ne transcende pas leur appartenance à Dieu. Votre conjoint a une valeur et une raison d'être qui surpassent de beaucoup son rôle de conjoint. Nous nous servons l'un l'autre dans notre vie à deux, mais ce service ne représente qu'un prolongement ou une expression de notre service envers Dieu.

La relation de couple n'a pas été conçue pour remplacer celle que nous devons entretenir avec Dieu. Nous **adorons** Dieu, mais nous **aimons** notre conjoint. Nous nous approprions le rôle de Dieu lorsque nos désirs personnels deviennent la mesure de la valeur de notre conjoint. Nous voulons que l'autre existe pour nous, qu'il nous soit dévoué corps et âme. Nous jugeons l'autre s'il ne répond pas à nos attentes.

> VOTRE CONJOINT A UNE VALEUR ET UNE RAISON D'ÊTRE QUI SURPASSENT DE BEAUCOUP SON RÔLE DE CONJOINT.

La manipulation revendique haut et fort : « Tu m'appartiens, tu n'appartiens qu'à moi ! »

Vous est-il déjà arrivé d'élever votre conjoint sur un piédestal, de l'adorer et de le traiter comme un bien précieux en lui assurant que vous aviez *besoin* de lui ? Certains individus s'irritent en entendant leur femme ou leur mari affirmer de telles paroles. Ce discours provoque parfois chez celui qui le reçoit un sentiment d'oppression et de suffocation. Cette rhétorique ne constitue pas une marque d'amour, mais révèle de l'insécurité et de profondes lacunes. Le sentiment d'être aimé et celui d'être indispensable sont très différents. Nous avons certes besoin des autres puisque nous avons été créés pour cultiver des relations, mais ce besoin diffère du sentiment de désespoir qui affirme : « Sans toi, je ne m'en sortirai pas. »

Carl répète souvent à sa femme à quel point il a besoin d'elle. Chaque fois qu'il prononce ces paroles, la crainte se lit dans les yeux de sa femme. Pourquoi la crainte ? Parce que chaque fois que Carl se sent seul ou anxieux, il se tourne vers elle pour combler son besoin d'affirmation et d'approbation. Si ses efforts pour attirer son attention restent vains, il se met en colère et l'accuse de ne pas l'aimer. Carl affirme : « J'ai besoin de toi.» Or, cela ne signifie pas : « Je veux le meilleur pour toi.» Elle cache plutôt le sentiment suivant : « Je sens que je ne pourrai pas survivre si tu ne me donnes pas ce dont j'ai besoin.» Lorsque nous avons besoin d'une personne comme un individu affamé a besoin d'un repas, cette dernière fait partie de notre menu. Personne ne souhaite se faire dévorer tout cru, même si on lui affirme que c'est par amour. Lorsqu'un individu recherche la sécurité et l'approbation et qu'il constate que sa femme ou son mari est incapable de satisfaire véritablement sa faim, sa colère éclate. Au lieu de reconnaître qu'il exige l'impossible, il punit l'autre parce que ce dernier ou cette dernière ne peut ou ne veut pas combler ce besoin.

L'honneur cherche à valoriser

L'amour ne cherche pas à combler ses besoins par l'intermédiaire du conjoint. Jack Miller définit ainsi le service réciproque dans l'amour : « Il s'agit, en réalité, de travailler à la réussite des autres». Si nous aimons notre conjoint, nous mettons alors tout en œuvre pour qu'il réussisse. Mais en quoi consiste la réussite?

Souvenons-nous : nous avons été créés à l'image de Dieu et notre vie a pour but de gagner en maturité et de ressembler de plus en plus à Dieu. Avons-nous déjà songé au fait que notre conjoint a été créé pour refléter l'image de Dieu sur la terre? Le péché nous empêche souvent de discerner cette vérité chez l'autre. Un des aspects de l'amour conjugal consiste à réaliser que nous avons comme tâche de polir et de faire briller cette image. Si nous sommes conscients que la personne avec qui nous vivons est un reflet de l'image de Dieu et un enfant du Tout-Puissant, il devient difficile de l'utiliser comme un objet pour notre usage personnel. C. S. Lewis a expliqué ainsi la portée incroyable de cette réalité et les obligations qu'elle impose :

> La vie dans une société de dieux et de déesses en puissance est sérieuse. Si seulement vous aviez des yeux pour voir. Qui sait si la personne insignifiante et dépourvue d'intérêt à qui vous parlez deviendra un jour une créature que vous serez fortement tenté

d'adorer. Ou encore, un monstre d'horreur et de corruption tel que vous en voyez dans vos pires cauchemars. Dans une certaine mesure, nous nous influençons les uns les autres à longueur de journée dans l'une ou l'autre de ces directions. Nous devrions vivre nos relations à la lumière de ces possibilités extrêmes, en raison de la fascination et de la prudence qu'elles nous inspirent, soit toutes nos amitiés, tous nos amours, tous nos loisirs et toutes nos affaires publiques. Il n'y a pas de gens ordinaires. Vous n'avez jamais parlé à un simple mortel.

La manipulation rejette la responsabilité sur l'autre

Nos désirs ne manqueront pas d'entrer en conflit avec ceux de notre conjoint. Que faire lorsqu'éclate l'inévitable conflit? Une réaction naturelle et répréhensible consiste à voir l'autre comme un problème, un obstacle entre nous et l'objet de nos désirs.

Dans la cuisine du centre de counseling où je travaille, il y avait un vieux distributeur de boissons gazeuses. J'ignore depuis combien de temps il s'y trouvait. Un après-midi, tout en me désaltérant, j'ai remarqué à quel point il était abîmé.

> DIEU PEUT UTILISER LES COMPORTEMENTS INSENSÉS OU NOBLES DE NOTRE CONJOINT POUR ACCOMPLIR SES DESSEINS BIENVEILLANTS

Il ne pouvait pas être aisément déplacé, car il n'était pas muni de roulettes. Il était impossible qu'on ait pu le faire tomber en le transportant en raison de son poids. Comment pouvait-il avoir été endommagé à ce point? J'ai réalisé que la plupart des bosses et des égratignures ne s'y trouvaient pas par accident. Elles étaient le résultat de la frustration humaine, peut-être même de la mienne. Comment réagissons-nous lorsque nous insérons de la monnaie dans un distributeur automatique et qu'il ne nous rend pas le produit réclamé? Si vous me ressemblez, vous le frappez violemment en espérant qu'il avalera la monnaie ou décoincera le mécanisme qui vous prive de votre soda. En quelques instants, cet agréable distributeur de boissons rafraîchissantes devient un obstacle qui s'interpose entre nous et l'objet de nos désirs. Il passe de solution à source du problème. Notre amour pour le distributeur se transforme immédiatement en haine.

Si nous nous plaignons de notre conjoint et le percevons comme un obstacle entre nous et le bonheur, nous avons développé un esprit manipulateur. Nous sommes centrés sur nos désirs et nous ne le considérons pas comme une personne.

L'honneur apprend des autres

Nous avons l'opportunité de considérer notre conjoint sous un nouvel angle lorsque celui-ci nous irrite, et ce, dans le but de favoriser une réelle croissance. De toute évidence, un des objectifs de Dieu pour la vie de couple consiste à valoriser et à aimer notre conjoint parce qu'il lui appartient. Est-il possible, dans ces conditions, que l'inverse soit également vrai?

En d'autres termes, si la manipulation nous fait voir l'autre comme un instrument entre nos mains, l'honneur nous le dépeint comme un instrument entre les mains de Dieu. Dieu peut utiliser les comportements insensés ou nobles de notre conjoint pour accomplir ses desseins bienveillants. Pour transformer peu à peu les situations ordinaires en moments extraordinaires, nous devons nous arrêter, en dépit de notre irritation, et nous demander : « Qu'est-ce que Dieu cherche à m'enseigner, à *moi*? »

Par exemple, le fameux samedi où je ne parvenais pas à joindre Kim au téléphone, les choses auraient pu se passer autrement. J'aurais pu prendre du recul et laisser Dieu m'enseigner et me faire comprendre la raison de ma frustration au lieu de me concentrer sur le fait que Kim mettait mes plans en péril. Kim était bel et bien en faute, mais j'aurais pu laisser Dieu me dévoiler mon propre cœur et me démontrer son amour et sa sollicitude. La clé, c'est de prier pour avoir une attitude humble et un cœur disposé à apprendre et à recevoir des conseils.

Outre le fait que Dieu se sert des faiblesses et des péchés de notre conjoint pour nous enseigner, nous devrions aussi être disposés à apprendre de leurs forces et de leurs aptitudes. La Bible célèbre le Dieu qui nous a créés différent les uns des autres. Elle utilise l'image du corps humain pour en décrire les différentes parties et leurs fonctions (voir Romains 12.1-8 et 1 Corinthiens 12). Cette image nous montre que nos différences se complètent et nous font progresser ensemble vers la maturité. À travers la vie chrétienne vécue en communauté, nous constatons que Dieu nous a créés et outillés chacun avec une personnalité et des talents uniques. Soyons donc disposés à apprendre des autres.

La manipulation cherche des résultats positifs

Lorsque notre seul but est de changer l'autre et non d'être transformé à son contact, nous évaluons généralement nos actions en fonction de ce qui produira ce changement. Cette manière de calculer chacun de nos gestes équivaut une fois de plus à donner pour recevoir en retour. En aimant notre conjoint comme Dieu le demande, nous n'obtenons pas toujours de récompense immédiate. L'amour nous appelle à poser des actions difficiles qui semblent injustes ou même parfois illogiques. Il nous appelle à définir la réussite en accord avec les objectifs de Dieu et non les nôtres. Dieu évalue l'efficacité d'après ce qui contribue à notre croissance.

Les modèles de manipulation

En avouant notre tendance à manipuler, nous ne faisons que nous reconnaître pécheurs. Il ne s'agit pas de savoir si nous sommes des manipulateurs, mais comment cela se traduit dans notre vie. L'identification des moyens que nous utilisons le plus souvent pour manipuler notre conjoint nous aidera à croître dans l'amour. Il existe plusieurs stratégies ou méthodes typiques de manipulation. En apprenant à les reconnaître, cherchons à identifier celles que nous employons nous-mêmes. Elles mettent en lumière les divers problèmes de notre cœur ou les idoles qui nous poussent à agir.

Se rapprocher des gens

Pour obtenir les choses que nous désirons ou éviter celles que nous redoutons, nous devons puiser dans les ressources des gens autour de nous. Supposons, par exemple, que nous ayons soif d'approbation, d'affection, d'intimité, d'appartenance ou de sécurité. Ces sentiments sont comblés par nos relations. Toutefois, notre entourage ne suffit pas toujours à nous satisfaire. Il faut donc ajouter d'autres personnes à notre cercle. Si nous désirons par-dessus tout être accepté, nous pourrions même avoir recours à l'une ou l'autre de ces stratégies : perfectionner notre sens de l'humour, offrir des cadeaux dispendieux ou offrir notre aide en toutes circonstances. Si, en revanche, nous n'avons pas confiance en nos capacités à gagner la faveur des autres, nous pourrions utiliser des stratégies plus « négatives » comme bouder, nous replier sur nous-mêmes, devenir envahissant ou adopter des mesures plus radicales, allant jusqu'à la mutilation.

S'éloigner des gens

Il est parfois plus facile d'obtenir les choses que nous désirons ou éviter celles que nous redoutons en côtoyant *moins* de personnes. Certains croient qu'un nombre restreint de relations ou un contrôle étroit sur ces dernières assurent la paix, le pouvoir, la perfection, l'ordre et la sécurité. Certaines des stratégies « positives » mentionnées ci-dessus peuvent également s'avérer des moyens de contrôler ou de limiter l'accès à notre univers. Par exemple, un esprit vif peut être une invitation à amorcer une relation ou une manière de repousser ceux que nous voulons garder à distance.

S'opposer aux gens

Nous nous dressons parfois *contre* les autres pour obtenir ce que nous voulons ou pour éviter ce que nous redoutons. Une des façons d'acquérir ou de démontrer de la supériorité, du contrôle, du succès ou du pouvoir envers les gens de notre entourage est de nous opposer à leurs souhaits. Si mes projets réussissent et que les vôtres avortent, je sens que mes plans surpassent les vôtres; je me sens meilleur que vous. Je ressens un plus grand sentiment de réussite lorsque vous échouez. Je prends donc les mesures nécessaires pour m'assurer qu'il en soit ainsi. Les stratégies pour s'opposer aux autres peuvent aller de la mainmise sur des projets de vacances jusqu'à des critiques pointilleuses sur des questions de grammaire.

Certains désirs ou craintes, comme la sécurité ou le contrôle, se retrouvent dans plus d'une stratégie de manipulation. Ils sont inscrits sous la rubrique correspondant à leur modèle habituel. Chaque stratégie cependant peut servir n'importe quel désir ou crainte, selon la manière dont elle est utilisée. Les motivations suggérées ci-dessus pour chaque méthode nous fournissent un point de départ. Elles servent à comprendre les motivations qui sous-tendent nos modèles relationnels ou ceux de notre conjoint.

Les stratégies précitées ne révèlent pas toujours une manipulation malsaine. L'amour se rapproche parfois des autres, mais d'autres fois, il s'en éloigne ou même s'y oppose. En effet, l'amour ne consiste pas seulement à se rapprocher de la personne aimée, mais parfois il est sage de s'en éloigner afin de fuir le mal ou de garder une certaine distance dans le cas d'une relation de violence. L'amour peut même nous appeler à nous élever contre une personne aimée, non pour lui causer du tort, mais pour dénoncer un péché dans sa vie ou protéger d'autres individus. L'amour conjugal exige parfois que nous opposions un refus à notre conjoint, tout comme Dieu le fait pour nous lorsque c'est nécessaire.

Examinons d'abord nos propres attitudes avec honnêteté. Plusieurs couples échouent dans leurs premiers pas vers le changement à cause de leurs mauvaises conceptions de l'amour. Voyons-nous en notre conjoint une personne qui *devrait* être aimée, respectée et honorée? Ou le voyons-nous comme un obstacle à nos désirs ou comme un bouclier qui ne nous protège pas adéquatement de nos craintes? Quels intérêts prévalent dans notre cœur et dans notre esprit lorsque nous pensons à notre conjoint; les siens ou les nôtres?

Matière à réflexion

* Pensez à une occasion, en dehors de votre relation de couple, où vous avez été utilisé par quelqu'un ou traité comme un objet. Comment vous êtes-vous senti? Pourquoi?
* Réfléchissez aux forces et aux aptitudes de votre conjoint. Que pourraient-elles vous apprendre? Comment Dieu pourrait-il les utiliser pour votre croissance? Réfléchissez à certaines frustrations caractéristiques ou à des situations ordinaires de votre vie de couple. Qu'est-ce que Dieu pourrait vouloir vous enseigner par elles? Comment pourraient-elles contribuer à votre maturité?
* Quelle stratégie typique appliquez-vous à vos relations? Avez-vous tendance à vous rapprocher, vous éloigner ou vous opposer aux gens? Réagissez-vous différemment selon la relation en cause? Appliquez-vous un modèle récurrent à votre relation de couple?

7

L'importance de l'honnêteté

Les enseignements à retenir dans ce chapitre :

* Bon nombre de nos problèmes de communication sont causés par un manque d'honnêteté.

* En raison du péché et de la honte, nous cachons souvent nos pensées et nos sentiments, autant à notre conjoint qu'à nous-mêmes. Sachant, au plus profond de nous-mêmes, que le péché a rompu notre relation avec Dieu, nous nous cachons également de lui.

* En Jésus, nous sommes en mesure de regarder la vérité en face, celle que nous cachons à Dieu, à notre conjoint et à nous-mêmes. Jésus étend sa main et purifie les désirs, les craintes, la honte et le péché que nous ne voulons pas voir ou dont nous ignorons même l'existence.

Tourner autour du pot

Carl et Brigitte ont pris rendez-vous pour une entrevue en counseling, car ils ne parvenaient pas à résoudre leur différend. À l'instar de nombreux couples, ils avaient l'impression que leur difficulté à communiquer faisait partie du problème.

« Je crois que nous avons besoin d'aide non seulement pour régler certains problèmes, mais également pour apprendre à communiquer », expliquait Brigitte. « C'est difficile à décrire. Nous ne nous comprenons plus » acquiesçait Carl d'un hochement de tête. Brigitte avait du mal à comprendre : « C'est frustrant. Jusqu'à tout récemment, nous nous entendions très bien, mais ce n'est plus le cas. »

Carl et Brigitte éprouvaient des difficultés financières depuis quelque temps déjà. Brigitte songeait donc à trouver un emploi à temps partiel. Elle était infirmière diplômée, mais avait quitté son poste pour fonder une famille. Maintenant que les enfants fréquentaient l'école et que leur budget était serré, elle estimait que le moment était tout indiqué pour retourner au travail. Carl n'en était pas convaincu.

Dans les quelques minutes qui ont suivi, j'ai été témoin du problème de communication décrit par Brigitte. « Carl, je ne comprends pas pourquoi tu en fais un drame. Je travaillerai à temps partiel et je te promets que je serai à la maison avant que les enfants rentrent de l'école. Je crois sincèrement que tu remarqueras à peine mon absence », a souligné Brigitte avec insistance.

« Je crois que tu n'es pas réaliste », a répondu Carl. « Tu sais pourtant à quel point la profession d'infirmière peut être épuisante. Je ne vois pas comment tu pourrais exercer ce travail sans que notre vie de famille en soit affectée. »

Brigitte a levé les yeux au ciel. « Quel est le problème, Carl ? Tout ce qui importe pour toi, c'est que rien ne vienne perturber tes habitudes. Écoute, nous avons besoin d'argent et j'ai la possibilité d'en gagner. Arrête de faire le bébé ! »

« Pourquoi veux-tu à tout prix sortir de la maison? » a lancé Carl. « On dirait que tu veux te débarrasser de nous au plus vite! Et pourquoi cette soudaine obsession pour l'argent? Pourquoi ne pas laisser aller les choses? Nous finirons bien par surmonter cette période difficile. »

L'HONNÊTETÉ QUI REFLÈTE L'AMOUR DE DIEU NOUS APPELLE À COMMUNIQUER L'INFORMATION JUSTE DE MANIÈRE JUSTE, AFIN DE FAVORISER L'UNITÉ ET LA CROISSANCE.

En quelques instants, leur mine abattue s'est assombrie davantage. Brigitte avait les larmes aux yeux et Carl lui tournait carrément le dos, le regard fixé vers le mur.

Brigitte avait raison. Ils faisaient face à un réel problème de communication. Leur conversation, qui avait rapidement dégénéré en véritable querelle, révélait leur tentative de parler de réalités chères à leur cœur et plus profondes que le travail et l'argent. Qu'est-ce qui incitait Brigitte à croire que Carl agissait en bébé? Pourquoi Carl croyait-il que Brigitte cherchait à les fuir, lui et les enfants? Les réponses à ces questions représentaient des indices qui les mèneraient aux sujets cachés dont ils ne parlaient pas avec franchise et ouverture. Leurs répliques incendiaires prouvaient qu'ils étaient incapables d'affronter les *non-dits*.

L'honnêteté et l'unité

Cette conversation démontre que l'honnêteté est bien plus qu'une communication exempte de mensonges. D'une certaine manière, Carl et Brigitte étaient honnêtes, et même un peu trop. Ils exprimaient à haute voix leurs opinions, sans chercher à se comprendre. Ils se jugeaient mutuellement. Être franc ne signifie pas dire la première chose qui nous vient à l'esprit ou se vider le cœur. L'honnêteté qui reflète l'amour de Dieu nous appelle à communiquer l'information juste de manière juste, afin de favoriser l'unité et la croissance.

L'apôtre Paul l'explique ainsi : « C'est pourquoi, rejetez le mensonge et que chacun de vous parle avec vérité à son prochain; car nous sommes membres les uns des autres » (Éphésiens 4.25). Paul emploie l'image du corps pour expliquer l'importance de l'honnêteté. Rappelons-nous les circonstances entourant la création du mariage dans le livre de la Genèse. Ève a été créée à partir du corps d'Adam. C'est l'image de deux personnes issues d'une seule, puis réunies à nouveau dans le but de former une unité : « C'est pourquoi l'homme quittera son père et sa mère et s'attachera à sa femme, et ils deviendront une seule chair » (Genèse 2.24). L'image du corps sert souvent à décrire le cœur des relations étroites : des individus unis par un lien de confiance qui travaillent ensemble à un but commun, pour le bien commun, en dépit de leurs différences.

La Bible décrit également l'Église, le peuple de Dieu, comme un corps. L'expression « une seule chair » représente aussi bien la vie conjugale que la vie au sein de la communauté chrétienne. Bien que Paul s'adresse aux membres de l'Église de Jésus, ses paroles peuvent s'appliquer aux couples, car ils entretiennent tous les deux des liens intimes.

> **UN CORPS NE PEUT PAS FONCTIONNER SANS HONNÊTETÉ, SANS LE PARTAGE D'INFORMATIONS PERTINENTES.**

Un corps ne peut pas fonctionner sans honnêteté, sans le partage d'informations pertinentes. Kim, ma femme, est physiothérapeute. Au début de sa carrière, elle a travaillé dans un établissement de soins de courte durée. Un grand nombre de ses patients avaient été victimes d'un accident vasculaire cérébral (AVC) ou de traumatismes crâniens. Un AVC cause souvent une rupture de la communication entre le cerveau et une partie du corps. Kim m'a raconté à maintes reprises les efforts acharnés de ses patients pour retrouver l'usage d'un membre et faciliter le rétablissement de la communication, et ce, afin de pouvoir marcher et parler à nouveau. Certains butaient contre le montant des portes, d'autres se heurtaient les bras contre des tables ou trébuchaient : l'information n'était pas transmise à une partie de leur corps. Des patients se plaignaient parfois d'avoir l'impression que leur membre appartenait à quelqu'un d'autre, quelqu'un qui travaillait contre eux. Nous n'attachons pas beaucoup d'importance à la coordination motrice de notre corps. Mais le jour où nous la perdons, notre vie en est bouleversée.

Notre relation de couple semble parfois avoir été victime d'un AVC. Nous ne partageons plus d'information importante. Nous perdons la capacité de coordonner nos vies de manière à avancer ensemble. Nous ignorons dans quel état d'esprit se trouve notre conjoint. Par conséquent, nous trébuchons, tombons à la renverse, ou entrons en collision avec l'autre en tentant de marcher côte à côte sur le sentier de la vie.

Le problème de la dissimulation

Le paradis perdu : le problème, Genèse 3

La Bible affirme que, d'une certaine manière, nous avons tous subi un AVC spirituel. Chaque personne vit une rupture de communication qui rend l'honnêteté difficile, parfois même impossible. Ce problème est présent depuis le commencement.

À l'origine, les relations étaient caractérisées par une ouverture étonnante. Dans le livre de la Genèse, Adam et Ève « étaient tous les deux nus et n'en avaient pas honte » (2.25). Ne négligeons pas la signification de cette déclaration. Ailleurs dans la Bible, la nudité s'accompagne toujours de honte. La nudité physique d'Adam et Ève reflète de façon tangible l'ouverture totale qu'ils vivaient l'un envers l'autre et avec Dieu. Ils n'avaient littéralement rien à cacher, à l'extérieur comme à l'intérieur.

N'ayant jamais connu une vie sans péché, nous en sommes réduits à imaginer leur existence vécue en parfaite sécurité et en toute franchise. Certains ont peut-être eu un aperçu de cette intimité dans leur relation de couple ou avec un ami proche. Cependant, peu importe l'amour ou la confiance partagée avec un conjoint ou un ami, nous préférons garder le secret sur certains aspects de notre vie. Nous avons peut-être dit ou fait quelque chose d'horrible. Des pensées sombres, impures ou amères traversent peut-être notre esprit. Nous avons peut-être subi de grandes souffrances aux mains d'autres personnes. Nous n'aimons pas faire face à certaines réalités de notre vie et nous ne voulons certes pas les exposer aux autres. Avant la chute, Adam et Ève ne connaissaient pas ces sentiments, ils n'avaient rien à cacher. La nudité sans la honte est une image de parfaite ouverture, de franchise et de sécurité.

Tout a pourtant changé de façon brusque et dramatique. Adam et Ève se sont détournés de Dieu, ils ont cru aux mensonges du serpent et leur premier réflexe a été de se cacher. Nous lisons dans le livre de la Genèse : « Les yeux de tous deux s'ouvrirent; ils prirent conscience du fait qu'ils étaient nus. Ils se firent des ceintures avec des feuilles de figuier cousues ensemble » (3.7). Bien entendu, ils se cachaient de Dieu qui les avait avertis de ne pas lui désobéir et de ne pas manger du fruit défendu : « car le jour où tu en mangeras, tu mourras » (Genèse 2.17 b).

Adam et Ève se sont également cachés l'un de l'autre. En raison du péché, il devenait imprudent de se montrer à découvert devant Dieu ou devant l'autre. Souvenons-nous de la nature du péché et de l'idolâtrie qui consiste à s'approprier le rôle de Dieu et à se servir des gens et des choses pour satisfaire nos désirs. Le péché nous incite à traiter les autres comme des objets. Il n'est pas prudent de vivre ouvertement devant quelqu'un qui est prêt à vous réduire au statut d'*objet* existant pour son plaisir. Dans ce cas, il devient impératif de se protéger. Imaginez le choc d'Adam et Ève. Ils sont passés en un instant d'une vie de totale ouverture et de sécurité à une vie de honte et de peur.

Dans Genèse 3, nous ne remarquons pas forcément que la dissimulation s'est aussi produite à *l'intérieur* d'Adam et Ève. Ils n'ont pas simplement tenté de se soustraire aux regards de Dieu, ils se sont menti à eux-mêmes. Ils ont caché et nié la vérité à leur sujet. Nous lisons : « Alors ils entendirent la voix de l'Éternel Dieu qui parcourait le jardin avec la brise du soir. L'homme et sa femme allèrent se cacher devant l'Éternel Dieu, parmi les arbres du jardin » (3.8). Croyaient-ils vraiment pouvoir se cacher de Dieu?

Adam et Ève ne savaient peut-être pas que Dieu sait tout. Peu importe, leurs actions illustrent sans l'ombre d'un doute que le péché nous empêche non seulement de nous connaître l'un l'autre, mais de nous connaître personnellement. Adam et Ève ne supportaient pas de devoir faire face à un Dieu qui voyait leur nudité et connaissait leur culpabilité à fond. Ils refusaient de regarder la vérité en face : ils étaient méchants, pécheurs, inexcusables tout en vivant sous le regard d'un Dieu saint et en colère.

Ne soyons pas trop durs envers eux : qui peut leur adresser le moindre reproche? Qui parmi nous pourrait supporter de voir la profondeur de son péché? Qui désire se voir tel qu'il est vraiment? Qui veut se souvenir de ses pensées et de ses actions répréhensibles des cinq dernières années, des cinq derniers jours ou même des cinq dernières minutes? Nous les connaissons *et* nous savons également que Dieu a tout vu. C'est plus que nous ne pouvons en supporter.

CRÉÉS À L'IMAGE DE DIEU, NOUS N'ÉCHAPPONS JAMAIS COMPLÈTEMENT À LA VÉRITÉ SUR NOUS-MÊMES OU SUR LA PURETÉ, LA SAINTETÉ ET LA COLÈRE DE DIEU.

Nous aimerions nous dérober à cette connaissance, mais elle est incontournable. Créés à l'image de Dieu, nous n'échappons jamais complètement à la vérité sur nous-mêmes ou sur la pureté, la sainteté et la colère de Dieu. Nous avons été créés pour lui ressembler. Au plus profond de notre être, Dieu est inscrit dans les gènes de notre organisme, dans notre ADN spirituel. Le miroir nous renvoie une image et une évocation de la personne de Dieu. Nos pensées, nos sentiments et nos observations rappellent Dieu. Ils le révèlent, d'une manière ou d'une autre.

Les mauvais traitements nous mettent-ils en colère? Dieu réagit de la même manière. La souffrance et la privation nous attristent-elles? Elles attristent Dieu aussi. Aimons-nous les bonnes choses de ce monde? Dieu les a créées. Nous possédons un air de famille en dépit de notre état de pécheur. Cette condition nous remplit cependant de honte, car Dieu n'est jamais loin lorsque nous réfléchissons à qui nous sommes. Tout être humain vit ces deux réalités en même temps : d'une part, il sait qu'il porte en lui l'image de Dieu, même si cette image est ternie. D'autre part, il sait qu'il est pécheur. Bien que très différentes, ces deux réalités sont étroitement liées en chacun de nous.

Une rupture de la chambre intermix

Enfants, mon frère et moi aimions regarder la série télévisée originale *Star Treck* avec le capitaine Kirk, Spock, le docteur McCoy et le reste de l'équipage. *Star Treck* m'a appris que la pire catastrophe pouvant se produire sur un vaisseau spatial est une « rupture de la chambre intermix ». L'*Entreprise* était, semble-t-il, propulsé par un amalgame de matière et d'antimatière. Ces deux substances étaient totalement opposées, mais au contact l'une de l'autre, elles dégageaient une énergie phénoménale. Lorsque les conditions étaient idéales et sous contrôle, la fusion de la matière et de l'antimatière propulsait le vaisseau spatial à travers les galaxies à une vitesse plusieurs fois supérieure à celle de la lumière. Nous anticipions donc un épisode rempli de suspense en entendant Monsieur Scot, l'ingénieur en chef, communiquer avec le pont pour avertir le capitaine Kirk de l'éminence d'une rupture de la chambre intermix. En d'autres termes, la matière et l'antimatière étaient sur le point de ne plus être endiguées et l'*Entreprise* était menacée d'explosion comme une supernova. Heureusement, cette explosion ne s'est jamais produite.

En un sens, un danger semblable nous guette en permanence, soit la rupture de notre chambre intermix spirituelle. Notre ressemblance à l'image de Dieu, la « matière », peut en tout temps entrer en contact conscient avec notre péché, « l'antimatière ». Cette brèche nous amène à vouloir être Dieu au lieu de l'aimer. D'une part, nous avons été formés pour connaître et aimer Dieu. D'autre part, le péché nous incite à nous rebeller contre lui et à l'éviter. Nous vivons donc avec un cœur partagé. Nous désirons parfois nous rapprocher de Dieu avec sincérité, nous rallier à lui, l'aimer et aimer les autres. Puis, l'instant d'après, nous ressentons des sentiments complètement opposés. Des désirs débridés nous envahissent, l'animosité et la colère s'enflamment. Nous brandissons alors intérieurement le poing contre Dieu et les autres.

L'apôtre Paul décrit ainsi cette lutte intérieure :

Car je suis à même de vouloir, mais non pas d'accomplir le bien. Je ne fais pas le bien que je veux, mais je pratique le mal que je ne veux pas. Si je fais ce que je ne veux pas, ce n'est plus moi qui l'accomplis, mais le péché qui habite en moi. (Romains 7.18b-20)

Avez-vous déjà ressenti une telle émotion? Avez-vous déjà éprouvé ce sentiment de folie, comme si vous possédiez deux volontés, l'une qui tend vers le bien et l'autre vers le mal?

Cette dynamique illustre bien nos tentatives de communiquer au sein du couple. D'une part, nous souhaitons être connus et aimés. D'autre part, nous ne voulons pas nous connaître nous-mêmes. Nous savons, en outre, qu'il peut être imprudent de se laisser connaître par un autre pécheur. Nous ignorons s'il est préférable de transmettre ou de taire certaines informations. Nous choisissons les vérités à partager à notre conjoint, dissimulant parfois les plus importantes, celles qui sont enfouies à l'intérieur de nous. Que faire? Comme les victimes d'un AVC, nous avons du mal à communiquer avec les autres. Nous parvenons à peine à communiquer avec nous-mêmes. Au mieux, nous vacillons dans notre vie de couple, sans avoir établi de véritable lien avec notre conjoint.

La solution de Dieu à notre problème d'honnêteté

Couvert par Jésus-Christ

La tension associée à la dualité entre notre état de pécheur et de porteur de l'image de Dieu devient parfois impossible à supporter. Heureusement, la venue de Jésus a tout changé. En Jésus, ces deux éléments qui ne doivent jamais entrer en contact, soit la matière et l'antimatière de la sainteté et du péché, se sont touchés. *Et il ne s'est produit aucune explosion.* Nous n'avons pas été détruits. Dans un spectaculaire retournement de situation, la sainteté de Dieu a aboli et détruit le péché, au lieu de nous éliminer, afin que nous puissions vivre à nouveau une relation intime et paisible avec lui.

Certains ont été scandalisés et offensés par cette rupture de la chambre intermix. Non seulement Jésus a-t-il fait preuve de tolérance envers les pécheurs qui se pressaient autour de lui, mais il est également allé vers eux et les a touchés. Il a rendu visite à des collecteurs d'impôts. Il a invité des prostituées à le suivre. Il a touché et guéri des lépreux, des aveugles et des boiteux, bien que ces gens aient été considérés comme impurs. Jésus, le Saint de Dieu, est allé vers des images de Dieu ternies et rebelles et les a touchées. Il ne les a pas punies, mais les a sauvées. Il n'a pas été contaminé par leur manque de sainteté. Au contraire, sa sainteté a inondé leurs cœurs et ils ont été transformés, ils sont devenus purs. Dieu a résolu le problème non pas en nous détruisant, mais en détruisant le péché.

Nul besoin de nous cacher derrière des feuilles de figuier. Nous n'avons plus à nous couvrir pour éviter d'être confrontés à la vérité. Oui, nous sommes nus et impurs dans le monde créé par le Dieu saint, mais en Jésus, Dieu affirme : « Je vois votre condition, mais ne craignez rien. Je ferai de vous de nouvelles créatures. Ne vous cachez plus. Je couvrirai votre nature pécheresse et votre honte par la perfection de mon Fils. Vivez au grand jour. »

Nous faisons face à un défi : nous sommes vraiment pardonnés et acceptés de Dieu, mais le péché demeure présent dans notre cœur. La tension entre le péché et la sainteté de Dieu n'a pas disparu. La bataille fait rage. Ce n'est pas le signe que Jésus ne nous accepte pas. Le pardon de Dieu et l'adoption dans sa famille ont été accomplis une fois pour toutes, le jour où nous avons avoué notre péché, notre déchéance et notre besoin, et où nous avons placé notre confiance en Jésus. Toutefois, comme nous l'avons vu dans un chapitre précédent le processus de transformation vers l'image parfaite de Dieu, celle de Jésus, dure toute la vie. Or, l'action du péché dans nos cœurs persiste au cours du processus, à la différence que la

> NON SEULEMENT LA VÉRITABLE HONNÊTETÉ VA DE PAIR AVEC UNE BONNE ÉCOUTE ET DES RÉACTIONS PERTINENTES, MAIS ELLE EXIGE ÉGALEMENT DE LA FOI : C'EST UNE QUESTION D'ADORATION.

puissance de l'Esprit de Jésus vit en nous et nous aide à chaque moment, à chaque tentation, selon le besoin. Le péché ne représente plus le cœur de l'identité des enfants de Dieu. Nous sommes fondamentalement différents. Au plus profond de notre être, nous aimons Dieu, au lieu de lui être hostiles. Nous progressons peu à peu vers la maturité, à mesure que l'amour grandit et que la puissance du péché diminue en nous.

L'amour et le pardon de Dieu en Jésus signifient que nous sommes maintenant libres de vivre en toute sécurité devant lui. Ces dons nous permettent de vivre sans nous cacher devant les autres. Nous redonnons à notre conjoint ces précieux dons reçus de Dieu. Nous l'encourageons à vivre avec nous sans se dissimuler et à partager en toute honnêteté ses pensées, bonnes ou mauvaises. Notre conjoint sait que nous ne lui tournerons pas le dos. Nous aspirons tous à être vraiment *connus* et *aimés*.

Connaître notre conjoint peut toutefois s'avérer aussi terrifiant que de se connaître soi-même. Ce type d'honnêteté nécessite une foi égale de la part des deux personnes. Si notre conjoint nous révèle la vérité sur ses pensées et ses émotions profondes, comment recevrons-nous ses confidences? Non seulement la véritable honnêteté va de pair avec une bonne écoute et des réactions pertinentes, mais elle exige également de la foi : c'est une question d'adoration. Si vous et votre conjoint faites preuve d'une plus grande transparence l'un envers l'autre, compterez-vous encore sur vos propres efforts pour vous cacher? ou compterez-vous sur Dieu, son amour et sa protection? La sagesse et la prudence restent de mise dans l'apprentissage de l'honnêteté, car en tant que pécheurs, nous pouvons abuser de la franchise de l'autre. Nous étudierons des façons d'exprimer notre honnêteté dans le prochain chapitre.

La vérité à propos de Carl et Brigitte

De quelle manière Carl et Brigitte doivent-ils par conséquent résoudre leur problème d'honnêteté? En reconnaissant d'abord certaines vérités sur eux-mêmes avant de les partager à l'autre. Ces vérités influencent la conception de leur identité et de leurs relations en général.

Carl vient d'une famille de quatre garçons. Il a eu une enfance difficile. Son père, alcoolique, voyageait beaucoup à cause de son travail. À la maison, il était plutôt solitaire, dormait la plupart du temps, s'irritait souvent contre sa femme et ses enfants et se laissait parfois emporter par une colère démesurée. La mère de Carl faisait de son mieux pour élever seule ses enfants, mais son stress et sa peine n'échappaient à personne. Les garçons devaient souvent se tirer seuls d'affaire. Carl, le plus jeune, était laissé à la merci de ses frères qui le harcelaient de temps à autre. Rien d'étonnant, donc, à ce qu'il tente d'éviter les conflits et désire un foyer différent de celui où il a grandi. Il aspire à des relations et à une vie de couple où règnent la paix et le réconfort. Il devient irrité et anxieux lorsque ses problèmes avec Brigitte ne sont pas résolus dans l'immédiat. Comment et pourquoi ces sentiments sont-ils aussi puissants? Il n'en est pas toujours conscient. Il a honte de ses sentiments, et ses réactions excessives le rendent mal à l'aise.

Brigitte a deux frères cadets. À l'âge de onze ans, sa vie a basculé en raison de la mort soudaine de sa mère. Sa mère avait pris soin de ses enfants avec une grande tendresse et Brigitte a repris ce rôle par la suite. Son père travaillait dur pour subvenir aux besoins de sa famille, tandis que Brigitte assumait bon nombre des responsabilités familiales. Elle s'occupait de la maison et de ses frères. Elle ne se plaignait jamais et trouvait une grande satisfaction à accomplir des tâches utiles et dans lesquelles elle excellait. Après avoir quitté la maison, il lui semblait donc naturel de devenir infirmière. Cette profession ne représente pas un simple emploi à ses yeux. C'est plutôt l'expression de son fort sentiment d'importance et d'appel. Brigitte trouve son identité profonde en prenant soin des autres. Maintenant que ses enfants n'ont plus autant besoin d'attention à la maison, elle est impatiente de répondre à son appel d'aidante naturelle. Brigitte ne comprend pas, toutefois, pourquoi la profession d'infirmière lui importe à ce point. Elle craint de donner l'impression que la femme et la mère en elle désire tout simplement fuir la maison. Elle ignore comment faire face à ces sentiments contradictoires et comment en discuter avec Carl, surtout parce qu'il semble déjà envisager le pire.

Carl et Brigitte doivent réaliser que leur conflit s'étend au-delà des questions financières et professionnelles. Ils combattent et défendent des aspirations, des craintes et des croyances enfouies au plus profond de leur être. Certaines les accompagnent depuis si longtemps, qu'ils en sont à peine conscients. Brigitte assume son rôle d'aidante depuis un long moment et il lui apporte beaucoup de satisfaction. Il ne lui vient donc pas à l'esprit que ce service puisse présenter des lacunes ou devoir être ajusté dans certaines circonstances. Pour sa part, Carl combat de véritables sentiments d'angoisse et de rejet qui lui laissent une impression de faiblesse. Il en est conscient dans une certaine mesure, mais il a choisi de ne pas y penser et surtout, de ne pas les partager à Brigitte. Ils doivent, cependant, affronter les problèmes de leur cœur et les communiquer à l'autre s'ils veulent vivre comme une seule chair.

La voie de l'honnêteté

Relisons ce verset : « C'est pourquoi, rejetez le mensonge et que chacun de vous parle avec vérité à son prochain; car nous sommes membres les uns des autres » (Éphésiens 4.25). L'expression « c'est pourquoi » indique que tout ce qui suit est basé sur ce qui précède. Elle fait référence à l'œuvre de Jésus et au processus de transformation que j'ai déjà expliqué. Jésus nous a libérés de la dissimulation. Une communication honnête actualise cette délivrance.

Dans Éphésiens 4.17 à 24, Paul décrit le processus de transformation à l'image de Christ par les verbes « se revêtir » et « se dépouiller ». Nous nous dépouillons des pensées et des actions malsaines et inutiles qui ont corrompu nos vies avant de connaître Jésus. Nous revêtons les nouvelles vérités et manières de vivre enseignées par Jésus. Ces versets évoquent l'image de quelqu'un qui enlève ses vêtements sales et nauséabonds et revêt de nouveaux vêtements propres et frais.

Paul enseigne de rejeter le mensonge et de parler avec vérité. Ce n'est pas un simple conseil utile sur la communication, mais c'est la conséquence de vivre en relation avec Jésus. Cet enseignement est le fruit de la croissance et de la maturité spirituelle. Il ne sert pas de stratégie pour changer notre conjoint. Il témoigne, au contraire, du changement apporté par notre relation avec Jésus. Sauvés et rachetés par Christ, nous ne vivons plus une vie de honte et de craintes intérieures. Souvenez-vous : Dieu nous connaît et nous aime, nul besoin de cacher notre vraie personnalité. Cette réalité fait la différence entre une communication qui reflète un amour sincère et une communication manipulatrice et centrée sur soi.

L'honnêteté n'est pas seulement un reflet de notre croissance personnelle en Christ. Notre désir de parler avec vérité entretient un lien étroit avec la croissance des autres disciples de Jésus. Dans la première moitié d'Éphésiens 4, Paul explique que Jésus nous a donné tout ce qui est nécessaire pour grandir et croître dans son amour. Il écrit entre autres : « … en disant la vérité avec amour, nous croîtrons à tous égards en celui qui est le chef, Christ » (Éphésiens 4.15). En d'autres termes, se parler l'un l'autre avec vérité permet de s'aider à croître dans l'amour et à parvenir à la maturité chrétienne.

Matière à réflexion

- Quelle évaluation faites-vous de votre honnêteté envers votre conjoint sur une échelle d'un à dix; dans ce cas, le chiffre un représente une honnêteté médiocre et dix, une honnêteté exemplaire?

- De quelle manière vos aspirations, vos craintes ou vos idoles influencent-elles votre façon de parler à votre conjoint et aux autres? Quelles stratégies employez-vous pour défendre, dissimuler ou déguiser ce qui se cache dans votre cœur?

- Quelles vérités avez-vous consciemment évité de voir en vous-même et d'exprimer à votre conjoint? Pouvez-vous commencer à les partager à Jésus?

8

Être honnête envers soi-même

Les enseignements à retenir dans ce chapitre :

- Nos tentatives de communiquer avec notre conjoint sont souvent infructueuses, car au lieu de lui dévoiler nos pensées et nos sentiments, nous lui adressons des reproches que nous croyons fondés.
- Les émotions et l'honnêteté vont de pair. Lorsque nous parvenons à partager nos émotions à notre conjoint, nous exprimons plus efficacement la sincérité de notre amour.
- Méfions-nous de la colère et de la crainte. Ces deux émotions incitent à la dissimulation plutôt qu'à la franchise.
- Les doubles impasses, les détours et les fausses routes sont monnaie courante et constituent des formes subtiles de malhonnêteté. Elles sont à éviter avec soin.

Levons le voile sur nous, non sur notre conjoint

« Quel est le problème, Carl? Tout ce qui importe pour toi, c'est que rien ne vienne perturber tes habitudes. Écoute, nous avons besoin d'argent et j'ai la possibilité d'en gagner. Arrête de faire le bébé! »
« Pourquoi veux-tu à tout prix sortir de la maison? » lui a répondu Carl. « On dirait que tu veux te débarrasser de nous au plus vite! Et pourquoi cette soudaine obsession pour l'argent? Pourquoi ne pas laisser aller les choses? Nous finirons bien par surmonter cette période difficile. »

La conversation entre Carl et Brigitte a dérapé au moment où ils se sont mis sur la défensive et ont cessé d'être à l'écoute de l'autre. Bien sûr, ils ont fait preuve d'une certaine honnêteté. Brigitte était persuadée que Carl réagissait en enfant égoïste. Carl, de son côté, était convaincu que Brigitte ne se souciait pas de lui et voulait simplement fuir la maison. Leur honnêteté respective avait toutefois comme objectif de dénoncer l'autre sans se dévoiler. Ils ont formulé des *accusations* honnêtes sans se *dévoiler* eux-mêmes avec franchise.

> NOTRE CONJOINT A BESOIN D'ENTENDRE UNE VÉRITÉ IMPORTANTE, CELLE QUI EST CACHÉE DANS NOTRE CŒUR ET QUE NOUS SOMMES LES SEULS À POUVOIR LUI DÉVOILER.

Cette erreur est l'une des plus répandues parmi les couples. Les conjoints décrivent aisément les actions, les pensées, les sentiments et les motifs de l'autre, mais passent sous silence ou même cachent les leurs. Ils lèvent le voile sur l'autre, mais se dérobent eux-mêmes aux regards. Notre conjoint a besoin d'entendre une vérité importante, celle qui est cachée dans notre cœur et que nous sommes les seuls à pouvoir lui dévoiler.

Personne ne connaît nos pensées et nos sentiments. Nous sommes les seuls à pouvoir les communiquer à l'autre. Au lieu de nous concentrer sur ses pensées, ses sentiments et ses motifs, concentrons-nous sur les nôtres. Des phrases simples débutant par « je crois… », « je sens… » ou « j'ai l'impression… » permettent d'avancer dans la bonne direction. Ne présentons pas nos observations comme des vérités incontestables, mais comme une manière de penser, de ressentir et d'envisager la situation. Il est étonnant de constater à quel point cette approche transforme les discussions.

Gardons, avant tout, une attitude d'humilité dans tous nos échanges. Notre compréhension est toujours teintée et limitée par notre propre perception des choses. Nous ne voyons jamais le portrait complet, notre vision est restreinte en tout temps. Nous n'entendons jamais le discours au grand complet, il nous en manque toujours des éléments. Souvenons-nous aussi que les désirs et les craintes influencent l'écoute. L'adoration façonne la communication. À la manière d'un filtre, les idoles du cœur retiennent seulement l'information qui concorde à nos attentes. Les idoles renforcent également d'autres messages auxquels nous sommes sensibles. Abordons chaque problème avec humilité. Soyons disposés à recevoir de nouvelles données et à corriger nos erreurs de compréhension, s'il y a lieu. Faisons preuve d'une humilité qui incite à un plus grand partage d'informations ou à l'adoption d'une nouvelle perspective.

L'importance de partager nos émotions

Les émotions nous attirent parfois des ennuis. Dans l'intensité du moment, notre discours se durcit, notre colère s'enflamme ou la peur nous envahit. Les émotions entravent parfois notre obéissance à Dieu et pourtant, elles font partie de notre identité en tant que porteurs de l'image de Dieu. La Bible en présente un large éventail : la joie, la crainte, le chagrin, la colère. Elle décrit également comment Dieu ressent ces mêmes émotions. L'appel à suivre Christ ne consiste pas à les nier et à vivre une vie stoïque. En fait, elles constituent un élément essentiel dans l'expression de l'honnêteté.

Paul écrit dans l'Épître aux Romains : « Que l'amour soit sans hypocrisie » (12.9). En d'autres termes, l'amour ne doit pas être un spectacle ou un simulacre, mais être authentique. Paul poursuit son discours en décrivant l'amour véritable : « ... par honneur, usez de prévenances réciproques... bénissez ceux qui vous persécutent, bénissez et ne maudissez pas » (Romains 12.10, 14), c'est-à-dire : donnez même si vous ne recevez rien en retour. Il écrit également : « Réjouissez-vous avec ceux qui se réjouissent; pleurez avec ceux qui pleurent. Ayez les mêmes sentiments les uns envers les autres » (Romains 12.15-16a). L'amour sincère s'associe aux émotions positives et négatives de l'autre, ses joies et ses peines. L'amour nous appelle à *ressentir*.

Quel lien existe-t-il entre les émotions et l'amour? Jésus-Christ est amour. La Bible décrit Jésus comme un homme qui a exprimé ses émotions. Il s'est mis en colère devant la cruauté des chefs religieux et l'orgueil de ses disciples (Marc 3.1-6; 8.31-33); il a pleuré la mort d'un ami (Jean 11.34-36); il a offert « à grands cris et avec larmes, des prières et des supplications » (Hébreux 5.7) et il était un « homme de douleur et habitué à la souffrance » (Ésaïe 53.3). Cette vérité est importante aux yeux de Dieu : Jésus nous comprend et se soucie de nous.

Jésus n'a pas simplement jeté un bref coup d'œil sur la terre à travers un nuage en disant : « Je sais, c'est difficile de vivre dans un monde déchu avec des gens perdus. » Non, il est venu, il a vécu dans notre monde déchu et il a exprimé sa douleur et sa peine sans équivoque. Du fait que Jésus n'a pas caché ses émotions, sa compassion et son amour sont évidents pour nous. Cela nous incite à lui faire confiance et à nous approcher de lui. La Bible nous y encourage en ces termes :

Car nous n'avons pas un souverain sacrificateur incapable de compatir à nos faiblesses; mais il a été tenté comme nous à tous égards, sans commettre de péchés. Approchons-nous donc avec assurance du trône de la grâce, afin d'obtenir miséricorde et de trouver grâce, en vue d'un secours opportun. (Hébreux 4.15-16)

Voici une illustration pour les maris qui ont du mal à partager leurs émotions avec leur femme. Imaginez que votre équipe favorite participe au championnat. Vous invitez un ami à la maison pour regarder le match, car vous soutenez tous les deux la même équipe. Votre ami lit les chroniques sportives, il connaît non seulement la composition, mais également l'historique et les statistiques de l'équipe. Vous anticipez une soirée palpitante à ses côtés. À votre grande surprise, toutefois, il reste de marbre pendant tout le match. Lorsque votre équipe fait un jeu du tonnerre, vous lancez vos croustilles dans les airs en hurlant de joie. Votre ami se croise simplement les jambes. Lorsqu'il y a une pratique déloyale sur le terrain, vous huez la décision des arbitres. Votre ami se croise les bras et regarde sa montre. Lorsque votre équipe perd dans les dernières secondes du championnat, vous souffrez le martyre. Votre ami commente d'une voix impassible l'impact de la défaite sur les statistiques et sur la carrière de l'entraîneur et des membres de l'équipe.

La plupart des amateurs de sport ne regarderaient plus jamais un match avec un tel individu. Pourquoi? Son apathie démontre un manque d'intérêt flagrant. L'amour pour une équipe se reconnaît par la ferveur à suivre ses matches avec d'autres amateurs, et non par la simple mémorisation de *faits à son sujet*.

Appliquez maintenant cette illustration à votre relation de couple. Il ne suffit pas de dire : « Je t'aime. » Partagez-vous les joies de votre conjointe? Pleurez-vous avec elle? Il faut plus que des faits et des statistiques. Vous participez ensemble au même match : intéressez-vous à ses luttes, ses victoires et ses défaites.

> TEL UN PRIX APPOSÉ SUR UNE ÉTIQUETTE, LES ÉMOTIONS COMMUNIQUENT LA VALEUR DONNÉE À UN OBJET.

Les émotions démontrent la crédibilité de notre engagement personnel. Tel un prix apposé sur une étiquette, les émotions communiquent la valeur donnée à un objet. Nous sommes prêts, par exemple, à dépenser une forte somme d'argent pour obtenir un objet qui est précieux à nos yeux. De même, nous ressentons une émotion profonde à l'égard des choses auxquelles nous accordons une grande valeur. Ainsi, lorsque nous exprimons nos émotions, elles nous révèlent à nous et aux autres l'importance et la valeur attribuée à une chose. L'intensité de nos sentiments révèle l'ordre de nos priorités.

Que communiquent vos émotions? Comme dans l'exemple du sport, l'absence d'émotions n'évoque pas la neutralité, la logique ou l'intelligence, mais l'indifférence. L'indifférence peut s'avérer aussi douloureuse que la colère, le rejet ou la trahison. Le principe est simple : en refusant de prendre part aux émotions de notre conjoint, il ne se sentira probablement pas aimé.

Le refus ou l'incapacité à partager nos émotions nous empêche d'expérimenter la sincérité de l'amour de l'autre à notre égard. Puisque nos émotions révèlent ce qui importe à nos yeux, il faut les partager. Autrement, qu'est-ce qui nous fait croire que notre conjoint nous connaît? Que signifient les mots « je t'aime » de la part de quelqu'un qui ne nous connaît pas vraiment? Si nous disons aimer un inconnu, nous aimons seulement l'image qu'il projette. Le dévoilement d'une image de soi construite avec soin ne permet pas à notre conjoint d'aimer ce que nous sommes vraiment. Dans une certaine mesure, cette manière de vivre produit du chagrin et de la solitude.

Les émotions se vivent et s'expriment de diverses manières selon les antécédents et les traits de caractère uniques de chacun. Au lieu d'insister pour que notre conjoint se plie à notre style ou à nos préférences, démontrons-lui notre amour en nous associant à ses expériences.

Les émotions qui nuisent à l'honnêteté

La colère et la crainte sont deux émotions puissantes. Elles nuisent parfois à l'honnêteté et incitent à se cacher plutôt qu'à se dévoiler à notre conjoint.

La colère

La colère peut être attirante. Elle possède un attrait physique et psychologique puissant. D'un point de vue psychologique, elle insiste en général sur les fautes de l'autre. Elle transmet le message suivant : j'ai été traité injustement, j'ai été blessé ou un bien important à mes yeux est menacé. Elle est attirante, car elle renforce la tendance à se dissimuler. Comme nous l'avons vu avec Carl et Brigitte, la colère nous incite à dénoncer notre conjoint, à lui faire porter le blâme de nos ennuis. Elle nous incline à dévoiler les torts et les manques de l'autre, ce qui a pour conséquence de détourner l'attention de nous.

L'attrait psychologique de la colère est accentué par son attrait physique puissant. Nous la res*sentons* dans notre corps. Une montée d'adrénaline fait augmenter notre pression artérielle, une chaleur nous envahit et nous nous sentons revigorés. L'énergie ainsi libérée prépare à l'action et à la contre-attaque. Il n'est pas étonnant que certains individus développent une dépendance à la colère. Les réactions physiologiques associées au désir profond de s'élever au-dessus des autres portent de durs coups à la relation de couple et peuvent lui infliger un mal considérable.

La colère, toutefois, n'a pas à devenir l'ennemi de la franchise. La colère de Dieu, par exemple, donne lieu à une honnêteté bénéfique, car elle protège et rétablit les relations. Dieu a révélé son amour et sa colère et ces émotions semblent contradictoires. La colère de Dieu est pourtant motivée par son amour. La fureur humaine est parfois destructrice et dangereuse. Elle n'atteint un objectif louable qu'en de rares occasions. Vous avez peut-être déjà vu une mère se précipiter dans la rue pour ramener son enfant en sécurité sur le trottoir et le réprimander avec sévérité. Son irritation est motivée par un amour sincère pour l'enfant. Elle l'incite à instruire le petit sur les dangers de la circulation routière. La colère peut être entachée par des motifs impurs, mais certaines raisons de se fâcher sont bonnes et utiles.

La colère de Dieu est motivée par sa sainteté, certes, mais également par son amour. Elle l'incite à parler et à agir pour sauver ses enfants du danger et renouer sa relation avec eux. Dans sa colère inspirée par l'amour, Dieu s'attaque au vrai problème : le péché. Il nous

> UNE COLÈRE JUSTE COMME CELLE DE DIEU SE RECONNAÎT PAR L'INDIGNATION CONTRE LE PÉCHÉ, EN PARTICULIER LE NÔTRE.

avertit, plaide en notre faveur et nous attire en lieu sûr. Il se sert des conséquences du péché pour nous instruire. Ultimement, il donne son Fils unique qui paie notre dette et subit la punition encourue par nos péchés. La mort de Christ à la croix est à la fois un acte d'amour et un acte de colère. Dans son amour, Dieu s'en prend à notre véritable ennemi, le péché. Il déverse sa colère et son jugement sur lui et inaugure pour nous la voie de la réconciliation.

Or, l'adoration peut transformer notre colère et la rendre semblable à celle de Dieu. L'énergie qu'elle procure sert alors à nous examiner nous-mêmes, et non seulement notre conjoint. Une colère juste comme celle de Dieu se reconnaît par l'indignation contre le péché, en particulier le nôtre. Ce n'est qu'après avoir avoué et délaissé le péché et reçu le pardon de Dieu que nous sommes en mesure de parler à notre conjoint de ses torts avec humilité et amour. Nous traiterons de ce sujet plus en détail dans le chapitre sur le conflit. Pour l'instant, retenons que le vrai problème n'est pas la colère, mais son utilisation à des fins personnelles et non pour servir Dieu et les autres.

La crainte, la honte et les blessures

Contrairement à la colère, la crainte ne possède aucun attrait psychologique ou physique. Sous son emprise, toute mon attention se porte sur des scénarios d'avenir possibles. Elle fait aussi monter l'adrénaline et augmenter la pression artérielle, mais ces sensations ne laissent pas d'impression de puissance. La crainte ne donne aucun sentiment de contrôle, elle incite plutôt à fuir et à se cacher pour se protéger et se couvrir. Elle nous expose, en quelque sorte, au danger. L'honnêteté et la crainte vont souvent de pair en raison de nos actions et de nos cœurs pécheurs. Nous savons que la franchise est essentielle, mais elle nous effraie.

Nos craintes de l'honnêteté sont légitimes. En se confiant l'un à l'autre nos torts et nos blessures, nous donnons à notre conjoint le pouvoir de nous attaquer sur nos points faibles. Si je dis à ma femme : « Ta remarque au sujet de mon gain de poids m'a vraiment blessé », je cours le risque qu'elle se serve de cet aveu aux repas pour me faire des commentaires sarcastiques. Plus mon conjoint a la réputation d'abuser de ma franchise, plus je serai craintif et prudent dans ma façon de pratiquer l'honnêteté. Dans ces conditions, une discussion s'impose sur le mauvais usage des confidences dans le passé et les dommages causés à la relation de couple.

En général, les craintes sont déjà présentes dans les cœurs avant le mariage. Nous redoutons la franchise, car à l'instar d'Adam, nous sommes convaincus depuis notre naissance que si quelqu'un nous connaît vraiment, nous serons rejetés et punis. C'est pourquoi la prédication de l'Évangile s'avère si importante. Dieu nous aime et s'est révélé à nous comme un Sauveur rempli d'amour et de grâce. Ces dons de Dieu nous rendent libres de dévoiler notre vraie nature à notre conjoint. Nous lui offrons aussi l'occasion de nous couvrir de grâce et d'amour et nous agissons de même envers lui. C'est ainsi que l'adoration de Dieu perfectionne notre honnêteté.

Démêler crainte et colère

Il est souvent plus facile d'étaler nos états d'âme que de reconnaître la vérité à notre sujet. L'expérience de la colère ou de la crainte (ou d'une autre émotion) conduit parfois à confondre les deux ou à s'accrocher à l'une et à nier l'autre.

Certaines personnes, par exemple, choisissent la colère au lieu de la peur. Elles préfèrent l'autojustification proactive de la colère à la faiblesse servile de la crainte. Elles évitent donc la peur (ou toute autre émotion les rendant vulnérables) en la transformant en colère. Au lieu de dire à ma femme que je suis blessé parce qu'elle m'a suggéré de perdre du poids, je la fustige : « Je ne peux pas croire que tu m'aies dit une chose pareille! » Je sors ensuite de la pièce en claquant la porte. Je peux même cacher ma blessure plus profondément en lançant une contre-attaque : « Tu crois que je dois perdre du poids. Tu devrais te regarder dans un miroir! » Non seulement j'évite la douleur causée par cette blessure, mais je gonfle mon ego en qualifiant ma femme d'hypocrite.

D'autres ont vécu des expériences traumatisantes avec la colère et ne la valident pas dans leur cœur, encore moins chez l'autre. Ils ont sans doute grandi dans un foyer où dominaient la violence et l'agressivité. Ils en ont constaté les ravages et désirent s'en distancer le plus possible. D'autres n'ont peut-être pas eu de modèles et ne savent pas comment maîtriser ce sentiment. Ils ont peut-être grandi dans un foyer où l'on privilégiait la paix et la tranquillité et où la colère n'avait pas sa place. Ils étaient peut-être rejetés ou punis sévèrement s'ils se fâchaient. Pour ces individus, la colère s'exprime parfois par la crainte ou la tristesse. Puisqu'ils ne connaissent aucun moyen d'exprimer une colère légitime et de réparer des torts, ils en ressentent de l'anxiété. Ils ne parviennent pas à la déceler ou craignent de devenir semblables aux individus violents et colériques qu'ils ont connus.

Quel que soit notre vécu, notre cœur constitue probablement le principal obstacle à la franchise. Nous croyons parfois faire preuve d'honnêteté et d'ouverture en révélant nos émotions, mais elles se dressent comme un écran pour éviter des questions plus profondes. Il est temps de se pencher sur certaines formes courantes de duplicité. Cherchons à y discerner le rôle de nos émotions.

> UNE GRANDE PART DE LA DUPLICITÉ NUISANT À LA COMMUNICATION EST SUBTILE. ELLE EST PRESQUE MÉCONNAISSABLE.

Les formes courantes de duplicité

À l'exception des mensonges flagrants, une grande part de la duplicité nuisant à la communication est subtile. Elle est presque méconnaissable. Trois formes de malhonnêteté compromettent souvent la franchise dans nos échanges : la double impasse, les détours et les fausses routes.

La double impasse

Notre manque de franchise peut mener notre conjoint dans une véritable impasse. Nous combinons la vérité à un message contradictoire dans le but de la dissimuler. Il devient alors quasi impossible à notre conjoint de donner une réponse adéquate. Il est perdant, quel que soit le message auquel il répond. Il se retrouve dans une « double impasse ».

Nous avons tous vu cette parodie de la double impasse à la télévision. Une femme essaie un vêtement et demande à son mari :

« Trouves-tu que je parais grosse dans ce nouveau chemisier? » La réponse est évidente et le miroir ne lui ment pas. Des perles de sueur froide se forment bientôt sur le front du mari. Que peut-il dire? D'une part, sa femme semble vouloir une réponse franche. Oui, elle paraît grosse dans ce vêtement. Mais il sait, par expérience, qu'elle réagit mal à cette opinion, quelle que soit sa manière de la formuler. D'autre part, s'il est malhonnête et lui dit qu'elle a fière allure, elle l'accusera de mentir. À sa façon de s'observer devant le miroir, il est évident qu'elle voit les mêmes bourrelets de graisse que lui. Les messages contradictoires : « je veux une réponse honnête » et « ne me dis pas que je parais grosse » créent une double impasse et sont très embarrassants pour le mari. Il n'est pas étonnant, dans ces conditions, qu'il préfère éviter la chambre à coucher lorsque sa femme s'habille.

Les maris sont tout aussi capables de créer ce genre de double impasse. Le fait de bouder en offre un bel exemple dans ma propre vie. Lorsque je boude, mon regard se teinte de tristesse ou d'irritation. Je ne dis plus un mot et je me replie sur moi-même. Le processus est simple : Kim commet un geste irritant ou blessant. Au lieu de lui en parler en toute franchise, j'arbore une mine sombre et je me referme comme une huître. Si elle me demande ce qui ne va pas, je réponds : « Tout va bien. » Mais le ton de ma voix, l'expression de mon visage et mon langage corporel crient : « Non, ça ne va pas du tout! » Comment peut-elle bien réagir? Si elle se fie à mon attitude et remet en question mes paroles, je m'irrite davantage, car elle ne me croit pas. Si elle s'appuie sur mes paroles sans tenir compte de ma mimique, je boude de plus en plus et la colère bouillonne en moi : « Je le savais! Elle est tout à fait indifférente! Si elle m'aimait, elle me demanderait ce qui me dérange! » Ma duplicité la place dans une situation sans issues.

Prenons garde aux contradictions dans nos échanges. Tentons de discerner si un ton de voix, une expression faciale ou un geste entre en contradiction avec nos paroles. Avons-nous déjà hurlé : « Je ne suis pas fâché! », le visage rouge de colère et les veines du front gonflées? Avons-nous déjà affirmé : « Je suis désolé », sur un ton de voix méprisant et dégoûté, ruinant ainsi par nos paroles mêmes toute tentative de réconciliation. Dans tous ces cas, nous plaçons notre conjoint devant une double impasse. Ce type de message dissimule la vérité et envenime les pires situations.

Les détours

Nous cherchons parfois à atténuer la vérité en communiquant de façon indirecte ou en faisant des allusions. Nos commentaires, s'ils sont compris dans leur véritable sens, ont le potentiel d'offenser notre conjoint. Nous cachons notre message derrière une attitude ou une remarque désinvolte, ce qui nous donne la latitude nécessaire pour nier toute intention blessante.

Une femme souhaite, par exemple, que son mari l'aide davantage aux travaux domestiques. Chaque fois qu'elle lui en parle, toutefois, il s'irrite. Elle cherche donc des occasions de faire passer son message de façon subtile. Elle sait qu'il aime passer du temps en sa compagnie le soir. Elle va donc au lit une ou deux heures plus tôt durant quelques jours et lui explique que les travaux ménagers l'ont épuisée et elle ne peut rester éveillée une minute de plus. Le message sous-entendu est : si tu m'aidais davantage, je serais moins fatiguée et je pourrais passer plus de temps avec toi. Comment le mari doit-il réagir ? Même s'il comprend l'allusion, il lui est difficile de réagir positivement. Sa femme est malhonnête et lui se sent manipulé. S'il s'indigne et s'il répond avec colère : « Je vois où tu veux en venir, tu veux m'amener à participer davantage aux travaux ménagers ! » sa femme peut alors nier qu'elle tente de lui passer un message et ajouter qu'il est trop susceptible et dramatise tout.

Les fausses routes

La vérité est parfois trop brûlante pour être abordée de front. Elle nous remplit de colère et de frustration, mais nous craignons de soulever le véritable problème. Par conséquent, nous en créons un autre.

Par exemple, l'intimité sexuelle est souvent plus importante pour les maris que pour les femmes, mais ils hésitent à leur en parler. Un mari peut se sentir contrarié si les relations sexuelles ne sont pas assez fréquentes ou régulières, ou encore si sa femme ne semble pas démontrer suffisamment d'intérêt. Il lui paraît pourtant risqué d'aborder franchement et sans détour le sujet avec elle. Sa frustration monte et il trouve de plus en plus difficile de la camoufler. Il préfère, cependant, éviter le sujet plutôt que d'avouer à sa femme qu'elle lui manque. Il passe donc sa colère et sa frustration sur tout ce qui s'interpose entre lui et l'affection de sa femme. Toutes les cibles sont bonnes : des enfants qui ont besoin d'aide pour leurs devoirs jusqu'aux longues conversations téléphoniques entre elle et sa mère.

« Je ne comprends pas pourquoi tu dois couver les enfants chaque fois qu'ils font leurs devoirs! Ils doivent apprendre à se tirer d'affaire seuls! Tu ne vas tout de même pas les tenir par la main jusqu'à l'université! »

« Je ne supporte plus que nos soirées passées en famille soient sans cesse interrompues par le téléphone! C'est assez. J'ai décidé que personne ne répond au téléphone après 19 heures! »

Le véritable problème n'est jamais abordé. Le mari peut ressentir un certain soulagement après avoir évacué sa colère, mais sa femme est loin de comprendre ce qui le tracasse vraiment. En outre, elle ne se sent pas du tout romantique après avoir été critiquée de la sorte sur des sujets banals du quotidien.

La source

Le message caché derrière ces trois formes de duplicité vise à protéger le locuteur. Il cherche à demeurer à l'abri, tout en amadouant ou en provoquant ouvertement son conjoint.

Ces stratégies, à la base, relèvent de l'égoïsme et de l'autoprotection. Nous voulons obtenir les résultats désirés sans aimer notre conjoint. Notre duplicité témoigne du refus de croire que Jésus est digne de confiance et nous libère de la dissimulation. Nous nous laissons dominer par la crainte et par la honte, à l'instar d'Adam et Ève. Nous affirmons croire à la vérité : Dieu nous aime et nous pardonne en Christ, mais notre manière de communiquer démontre le contraire. Nous comptons sur nos efforts et tentons de nous forger une sécurité au détriment de notre conjoint et de notre relation de couple.

Matière à réflexion

- De quelle manière exprimez-vous vos émotions? Vous est-il difficile de les expliquer avec des mots? Votre colère cache-t-elle parfois de la crainte, de la honte ou une blessure?
- Repensez à un désaccord récent avec votre conjoint. Quel pourcentage de vos interventions révélait vos propres pensées et sentiments? Quel pourcentage portait sur les actions et les motifs de votre conjoint?
- Quelles stratégies employez-vous le plus souvent pour éviter d'être honnête avec votre conjoint? À quelles occasions avez-vous fait usage d'une double impasse, d'un détour ou d'une fausse route pour éviter d'être honnête?

9

Parler avec vérité à notre conjoint

Les enseignements à retenir dans ce chapitre :

* Une communication honnête ne signifie pas exprimer la première pensée qui nous vient à l'esprit. L'objectif est de toujours dire la vérité avec amour afin d'édifier l'autre.

* Les couples déforment la vérité et enveniment leurs discussions en employant quatre stratégies caractéristiques : l'exagération, les insultes, l'interprétation des pensées de l'autre et l'humiliation.

* La franchise qui consolide une relation comporte trois volets : comprendre véritablement notre conjoint, lui confirmer l'amour de Dieu pour lui et choisir le moment opportun pour entamer une conversation.

* Les comportements et les paroles pernicieuses d'un conjoint peuvent parfois rendre les échanges honnêtes risqués ou dangereux. Il est préférable, dans ces conditions, de partager ses pensées et ses sentiments avec précaution ou même, de demeurer silencieux.

Une vérité inutile

En m'épousant, Kim n'a pas réalisé ce qui l'attendait : elle est devenue, en quelque sorte, anonyme. Son nom de jeune fille, Leith, a été changé pour Smith. Son nouveau nom, Kim Smith, ne se démarque pas vraiment par son originalité. Mariés depuis quelques mois seulement, nous roulions vers le lieu où nous allions passer nos vacances, à environ huit heures de route de la maison. Alors, Kim m'a avoué qu'il lui arrivait parfois de souhaiter avoir gardé son nom de famille, Leith. Son aveu m'a insulté. J'avais toujours été un Smith et j'étais fier de ce nom et de mon héritage. Je ne considérais pas Smith comme un nom commun, mais plutôt comme un nom populaire. En plus de me sentir offusqué, je me demandais si le fait d'être madame Kim Smith comportait d'autres désavantages pour elle. Le nom n'était-il que la pointe de l'iceberg?

Durant plusieurs heures, nous avons discuté du poids relatif à nos deux noms. Nous avons aussi émis l'hypothèse de les unir par un trait d'union et analysé les raisons pour lesquelles, selon la tradition, la femme prend le nom de son mari. Plus le temps passait, plus nous étions sur la défensive et envahis par l'émotion. Vers la fin du voyage, je lui ai dit : « Écoute. Je suis vraiment vexé que tu n'aimes pas mon nom de famille. J'aimerais que tu ne m'en parles plus! » J'ajouterai que depuis ce jour, elle porte le nom de Kim Smith sans soulever d'objection, et c'est tout à son éloge. Nous rions aujourd'hui de cette première querelle mémorable. Elle cachait peut-être autre chose de plus profond, mais ni l'un ni l'autre n'en gardons le souvenir. Nous nous remémorons, toutefois, cet incident comme d'un exemple d'honnêteté peu judicieuse. Près de vingt ans plus tard, je sympathise pleinement avec ma femme pour la perte du nom distingué qu'elle portait. À ce moment-là, cependant, me rappeler la banalité de mon nom n'a été d'aucune utilité. Kim a été honnête, certes, mais son honnêteté n'a servi à rien.

Les discussions malsaines : un langage destructeur

Certaines conversations dites honnêtes ont pu causer des blessures encore plus profondes. Une femme dit à son mari qu'elle regrette de l'avoir épousé. Un mari avoue à sa femme qu'il souhaite ne s'être jamais marié. Peu importe si les époux sont sincères. De telles paroles, même si elles sont vraies, équivalent à mettre le feu aux poudres. Est-ce ce genre d'honnêteté que Dieu recherche, l'honnêteté qui fait exploser la relation de couple? La franchise est-elle toujours la meilleure voie à suivre?

Souvenons-nous des paroles de Paul : « C'est pourquoi, rejetez le mensonge et que chacun de vous parle avec vérité à son prochain; car nous sommes membres les uns des autres » (Éphésiens 4.25). Paul exhorte les chrétiens à se parler avec vérité afin d'accomplir la volonté de Dieu, soit de devenir de plus en plus conformes à l'image de Christ.

Non seulement Dieu s'intéresse-t-il à la vérité, mais il s'intéresse à la vérité dite avec amour (Éphésiens 4.15). Nous avons appris que le mot amour ne se définit pas en fonction des préférences personnelles, mais selon les critères et les desseins de Dieu. Paul décrit ainsi la vérité énoncée avec amour : un partage d'informations permettant d'acquérir de la maturité chrétienne. La vérité utile aux couples est celle qui est motivée et inspirée par l'amour. Elle n'est pas dictée par le désir d'extérioriser ses sentiments ou d'apaiser ses tensions. La Bible, en fait, rappelle qu'il est insensé de parler sans réfléchir, que nous disions la vérité ou non : « L'homme prudent cache sa connaissance, mais le cœur des insensés proclame la folie » (Proverbes 12.23). Ce proverbe ainsi que d'autres (12.18; 17.27; 18.6-7) démontrent la sagesse de celui qui n'exprime pas tout ce qu'il pense ou ressent.

Le sage connaît le poids des mots et il les emploie à bon escient. Parler avec une franchise constructive nous oblige à discerner entre nos pensées ou nos sentiments et la bonne information à communiquer. Par la sagesse, nous connaissons notre conjoint suffisamment bien pour décider du contenu du message, du moment et de la façon de l'exprimer.

Paul décrit ainsi la combinaison vérité-amour : « Qu'il ne sorte de votre bouche aucune parole malsaine, mais s'il y a lieu, quelque bonne parole qui serve à l'édification nécessaire et communique une grâce à ceux qui l'entendent » (Éphésiens 4.29). Une franchise constructive ou une parole *saine* se définit comme étant un message utile donné au bon moment, que ce soit un encouragement, des mots aimables, une réprimande, un avertissement ou même le silence.

Tout comme la tromperie s'insinue dans nos échanges de plusieurs manières, certaines formes d'honnêteté produisent un effet destructeur.

L'exagération : seulement, toujours, jamais

Un conjoint peut parfois avoir un reproche légitime à adresser, mais il l'exagère au point où l'autre peut difficilement l'accepter. Imaginons, par exemple, que nous ayons commis l'erreur de parler avec dureté dans un accès de colère. Au bout d'un moment, le calme est revenu, nous souhaitons demander pardon à notre conjoint, mais à peine avons-nous commencé à parler, qu'il s'écrie : « Bien sûr, ce serait plus facile si tu ne me critiquais pas *sans arrêt*! Tu ne me dis *jamais* rien de gentil! » Comment répondre à de telles attaques? Nous nous questionnerons peut-être ainsi : « Est-ce que je critique *tout le temps*? Mes paroles n'ont-elles vraiment *rien* d'encourageant? J'admets que j'ai eu tort et que j'ai commis des erreurs de ce genre dans le passé, mais de là à n'avoir rien fait de bien, *pas même* une fois. » Nous tenterons sans doute de nous défendre, de chercher des occasions où nous avons, en réalité, encouragé et aidé notre conjoint; ce que ce dernier s'empressera de réfuter. Dans ces conditions, qui a encore envie de demander pardon?

Notre conjoint avait raison de nous dire que nos critiques cinglantes l'ont blessé. Toutefois, la vérité a été déformée par ses insultes exagérées. Elles ne nous aident certes pas à réfléchir à nos attitudes et elles nous placent plutôt sur la défensive.

Observez comment, dans le feu de l'action, quelques mots simples amplifient la vérité et rajoutent à l'injure. Dire à quelqu'un qu'il fait *toujours* ou *seulement* ce qui est mal sans *jamais* agir correctement est une insulte démesurée. Les termes *toujours, jamais,* et *seulement* n'offrent aucune marge de manœuvre. Ils rendent la vérité difficile à accepter et aggravent l'affront plutôt que de le réparer.

La situation aurait été très différente si le conjoint avait d'abord écouté ou avait simplement avoué : « Tu sais, tes accès de colère me mettent dans tous mes états. J'ai parfois l'impression que je te déçois beaucoup plus souvent que je ne te fais plaisir. » Ces paroles auraient pu favoriser une meilleure compréhension de la situation. La demande de pardon n'en aurait été que plus sincère, au lieu d'être sans effet.

Les insultes

« Tu n'es qu'un menteur! » « Tu es vraiment une brute! » « Tu es un monstre! »

Quand la querelle s'envenime, les conjoints échangent des paroles particulièrement cruelles. Ils se crient des insultes. Ils apposent à leur conjoint les étiquettes qui correspondent à leur attitude irritante ou blessante. Au lieu de dire : « Je sens que tu n'as pas été honnête avec moi », ils affirment plutôt : « Tu es un menteur ». Au lieu de lui avouer : « Tes paroles m'ont vraiment blessé », ils lui déclarent : « Tu es une brute. » Dans mon travail de conseiller conjugal, les mots *raté, menteur* et *brute* figurent parmi les insultes les plus fréquentes.

Ces injures blessent énormément, mais savez-vous pourquoi elles causent un si grand tort? Les insultes et les exagérations exercent une même influence et produisent un même effet. (Les insultes sont une forme d'exagération.) À la base, elles réduisent l'identité d'une personne à son comportement répréhensible. Elles communiquent le message suivant : « Ta valeur est proportionnelle au geste que tu viens de commettre. » Tout bien considéré, cette déclaration est très puissante et même, accablante. Lorsque quelqu'un s'attaque à notre identité, à ce que *nous sommes*, il est très difficile de réagir de façon positive.

La connaissance présumée des intentions : envisager le pire

Un matin, Sébastien et Tania ont une violente dispute et se lancent les pires insultes. Le soir même, Sébastien revient à la maison avec une douzaine de roses. Il embrasse Tania avec passion et lui annonce qu'une personne viendra s'occuper des enfants, car il a réservé une table à son restaurant préféré.

Tania le repousse avec colère en déclarant : « Ne pense pas que je n'ai pas deviné ton petit jeu! Tu veux que j'oublie ce que tu m'as dit ce matin et que je fasse comme s'il ne s'était rien passé. Tu crois que tu vas me séduire en me payant un repas au restaurant. Tu vas même me demander de coucher avec toi ce soir! Eh bien, tu peux oublier ça! » Tania se rue hors de la chambre à coucher en claquant la porte derrière elle. Elle réagit, en réalité, comme si elle pouvait interpréter les pensées de Sébastien. Non seulement semble-t-elle connaître ses intentions, mais également ses motivations qu'elle qualifie de dégoûtantes.

Tania a-t-elle raison? Il est vrai que Sébastien a pris l'habitude de lui apporter des cadeaux et de lui préparer des surprises à la suite de leurs querelles. Ses gestes ont certes pour effet de camoufler les conflits au lieu de les régler, mais Sébastien est-il manipulateur pour autant? Ne pense-t-il qu'aux relations sexuelles? Est-il insensible? Tout est possible. Or, Sébastien ne connaît peut-être aucun autre moyen de redresser la situation. Il ignore peut-être comment régler le problème et craint de l'aborder à nouveau. À vrai dire, personne ne le sait. Tania l'ignore aussi et Sébastien lui-même ne sait peut-être pas pourquoi il agit ainsi. Un fait demeure certain : Sébastien et Tania sont plus en colère que jamais et ils sont loin de pouvoir résoudre leur problème.

Chercher à interpréter les pensées de l'autre sert parfois à se protéger soi-même. En envisageant le pire, nous croyons pouvoir nous protéger de mauvaises surprises ou de blessures déjà subies dans le passé. Toutefois, les dommages causés à la relation de couple par cette stratégie surpassent de beaucoup les quelques bénéfices que nous croyons, à tort, pouvoir récolter.

D'abord, croire que nous connaissons les intentions de notre conjoint tend à lui couper l'herbe sous le pied. Il est puni, en quelque sorte, d'avoir même tenté d'accomplir un geste généreux. Bien qu'il nous arrive à tous de manipuler, cela n'empêche pas Dieu d'être à l'œuvre dans notre cœur. Ainsi, le geste de Sébastien pourrait signifier qu'il s'efforce de rétablir le dialogue avec Tania et de réparer les torts causés. Les premiers pas portent bien leur nom : ils sont toujours maladroits et souvent inefficaces.

Ensuite, le fait d'interpréter les pensées s'attaque au cœur même de la communication, c'est-à-dire le besoin de partager de l'information. Si vous connaissez déjà mes pensées et les raisons qui me poussent à agir, pourquoi prendre la peine de vous les expliquer? Et si tous mes efforts ont servi jusqu'à maintenant à vous démontrer que je suis un sombre personnage, pourquoi prendre le risque de parler davantage? Tout ce que je dirai ne fera qu'appuyer les conclusions accablantes que vous avez déjà tirées.

Si la crainte d'être dupé vous habite, dites-le franchement. Si Tania avait réfléchi davantage avant de parler, elle aurait pu répondre ainsi à Sébastien : « Je veux croire que tu fais des efforts pour être gentil, mais je crains d'être blessée encore une fois. Je ne veux pas balayer sous le tapis les événements de ce matin. » Ou encore : « J'aimerais t'accompagner au restaurant ce soir, mais je tiens à poursuivre notre discussion au sujet de notre conflit et je ne suis pas disposée à avoir des rapports intimes avec toi ce soir. Pouvons-nous faire de cette sortie une sorte de trêve pour trouver des façons de mieux communiquer entre nous? »

L'humiliation

Un couple en grand désarroi avait pris rendez-vous pour une consultation en counseling. Dans une tentative désespérée de me rallier à sa cause contre son mari, la femme aveuglée par la colère et l'émotion, s'est écriée : « Vous ne comprenez pas à quel point il est cinglé! Vous ai-je déjà raconté ce qu'il a fait au collège? »

Le mari a tourné brusquement la tête vers sa femme en écarquillant les yeux. J'ai levé les mains en signe de protestation avant qu'elle n'ajoute une seule parole : « Arrêtez-vous! Plus un mot! » Le ton de ma voix était sincère et déterminé, comme si la femme s'apprêtait à tirer sur la goupille d'une grenade et menaçait de la lui lancer. Je ne sais

LA RELATION DE COUPLE SUSCITE DES OCCASIONS DE DONNER ET DE RECEVOIR UN AMOUR SEMBLABLE À CELUI QUI NOUS EST OFFERT PAR DIEU : ÊTRE AIMÉS ET CONNUS EN DÉPIT DE NOS MANQUEMENTS.

toujours pas, à ce jour, ce qu'elle allait dire, mais je sais une chose : ses paroles auraient mis fin au counseling conjugal et peut-être même à leur union. Le rappel du fait en question aurait probablement rendu le mari furieux, sans parler de la profonde humiliation qu'il aurait subie.

L'un des plus grands défis à surmonter dans une relation honnête demeure la honte : ce sentiment d'être inexcusable et repoussant à cause de certaines vérités à notre sujet que nous préférons cacher. La relation de couple suscite des occasions de donner et de recevoir un amour semblable à celui qui nous est offert par Dieu : être aimés et connus en dépit de nos manquements. C'est pourquoi il est si cruel d'utiliser une confidence faite en toute intimité et sécurité et de l'employer comme une arme contre son conjoint dans un moment de colère. En l'humiliant de la sorte, il est atteint dans sa dignité et le lien de confiance est rompu. Qui plus est, l'humiliation attaque de plein fouet l'œuvre de l'Évangile dans la vie de l'autre. Dieu affirme : « Tu es pardonné. » Nous lui disons plutôt : « Tu seras toujours coupable. » L'Évangile nous rassure : « Tu es maintenant purifié. » Nous déclarons : « Tu es encore souillé. » Non seulement une telle humiliation blesse le conjoint, mais elle offense également Dieu.

Les fondements spirituels

Ce type de discours agressif prouve que nous nous sommes éloignés de l'amour de Dieu. L'exagération, les insultes, l'humiliation et la connaissance présumée des intentions de notre conjoint nous laissent croire, même pendant un court instant, que nous devons nous-mêmes assurer notre défense en attaquant l'autre. Ces stratégies reflètent de notre part une attitude craintive qui s'articule par une incapacité à trouver sa sécurité ou sa protection dans l'amour de Dieu. Cet état d'esprit nous amène aussi à douter que l'amour soit plus fort que le mal. Cela équivaut également à déclarer ouvertement : « Dieu, je ferai les choses comme je l'entends au lieu de me confier en toi. »

Dans le feu de l'action, nous cessons de nous voir selon la description donnée par Paul dans Éphésiens 4. Nous oublions ces vérités selon lesquelles nous sommes : enfants de Dieu, membres d'un seul corps, appelés à nous dépouiller de notre vieille nature et à revêtir de nouvelles manières de vivre, tout en étant transformés à l'image de Jésus. Nous parlons, au contraire, comme si nous étions encore tapis derrière les arbres avec Adam et Ève, forcés de nous sortir nous-mêmes de ce mauvais pas et envisageant le pire de la part Dieu et de notre conjoint. Ce langage, en outre, nie que Dieu travaille en lui et proclame : « Tu te fais des illusions! En réalité, tu es plus perdu que jamais! »

Ces façons de parler détruisent et visent un but commun : changer son conjoint en lui révélant à quel point il est pourri. Nous ne lui communiquons pas l'idée qu'à titre d'enfant de Dieu, il ou elle a besoin de croître dans certains domaines, mais nous assimilons son *identité* à ses actions répréhensibles. Il n'est qu'un pécheur sans espoir. Sachez que cette tactique ne fonctionne jamais. Les gens changent rarement, sinon jamais, quand on leur affirme qu'ils sont corrompus au point où même Dieu est incapable de les transformer! En réalité, s'ils ajoutent foi aux exagérations, aux insultes, au dévoilement de leurs pensées secrètes et aux paroles humiliantes dont ils sont l'objet, tout espoir de changement leur paraît simplement illogique. Si, au plus profond de mon être, je *suis* menteur, je suis donc voué à mentir toute ma vie. Je ne possède pas la capacité d'être autre chose. Si je *suis* une brute, je me comporterai toujours comme une brute.

Existe-t-il une alternative?

Les discussions saines

Les discussions saines renforcent l'identité

Mes enfants et moi avons visionné un grand nombre de films de Disney ensemble. L'un d'eux m'a particulièrement marqué au fil des ans : *Le roi Lion*. Vous vous souvenez sans doute de l'intrigue. Le héros de l'histoire est un lionceau nommé Simba, fils du roi Mufasa et héritier du trône. Scar, l'oncle méchant de Simba, tue Mufasa et convainc Simba qu'il est responsable de cette mort. Rempli de remords et de honte, Simba s'enfuit et Scar monte sur le trône. Simba grandit dans la jungle en compagnie de ses deux nouveaux amis : Timon, un phacochère, et Pumba, un suricate. Ils lui enseignent leur philosophie de vie : *hakuna matata*, ce qui signifie « Y'a pas de problème, tout va bien! ».

Simba tente donc d'oublier le passé et vit une vie sans soucis, dans la jungle, avec ses amis.

Pendant ce temps, Scar pille la terre natale de Simba et décime la troupe de lions. Une nuit dans une vision, l'esprit de Mufasa apparaît à Simba. Ses paroles produisent un impact considérable sur le jeune lion :

Mufasa parle le premier : « Simba, tu m'as oublié. »

« Non. Jamais je ne t'oublierai! » répond Simba.

« Tu m'as oublié en oubliant qui tu étais. Regarde en toi, Simba. Tu vaux mieux que ce que tu es devenu. N'oublie pas qui tu es. Tu es mon fils et c'est toi le roi. N'oublie pas qui tu es. »

Simba prend le message à cœur et se hâte de retourner chez lui pour chasser du trône son oncle méchant. Plus de honte ni de crainte. Comment son père a-t-il pu, en quelques mots seulement, transformer Simba du tout au tout et lui donner le courage de se battre? Il lui a rappelé sa véritable identité. Il lui a rappelé qu'il était absurde de se cacher dans la jungle. Simba avait nié la raison d'être de son existence et de sa destinée en adoptant la devise *hakuna matata*.

Comment Simba aurait-il réagi, à votre avis, si Mufasa lui avait dit : « Je ne peux pas croire que tu gaspilles ainsi ta vie. Je me demande même si tu es mon fils. Tu me déçois énormément. Je te tourne le dos, ne te considère plus comme mon fils. Je te renie. » Je crois que Simba serait retourné tête baissée dans la jungle, essayant plus que jamais d'oublier le passé.

> DÈS LE COMMENCEMENT, DIEU A FORMÉ DES PROJETS POUR NOUS. IL A DÉCIDÉ DE NOUS AIMER, DE NOUS ADOPTER DANS SA FAMILLE ET DE NOUS TRANSFORMER À L'IMAGE DE JÉSUS.

Un des traits caractéristiques de Dieu consiste à inviter les gens à changer en leur rappelant leur véritable identité. Une étude détaillée de l'Épître aux Éphésiens, au-delà du chapitre 4, enseigne que tout le texte repose sur le principe suivant : convier les gens à devenir ce qu'ils sont en réalité. En voici les premiers versets :

Béni soit le Dieu et Père de notre Seigneur Jésus-Christ, qui nous a bénis de toute bénédiction spirituelle dans les lieux célestes en Christ. En lui, Dieu nous a élus avant la fondation du monde, pour que nous soyons saints et sans défaut devant lui. Dans son amour, il nous a prédestinés par Jésus-Christ à être adoptés, selon le dessein bienveillant de sa volonté, pour célébrer la gloire de sa grâce qu'il nous a accordée en son bien-aimé. (Éphésiens 1.3-6)

Paul affirme que dès le commencement, Dieu a formé des projets pour nous. Il a décidé de nous aimer, de nous adopter dans sa famille et de nous transformer à l'image de Jésus. Ce projet repose entièrement sur sa grâce. Il est fondé non sur nos vertus morales ou nos aptitudes, mais sur l'amour de Dieu qui a été déversé sur nous grâce à la rédemption inouïe accomplie par Jésus. Paul développe ces concepts tout au long des trois premiers chapitres de l'Épître aux Éphésiens. Parvenu au chapitre quatre, il ne subsiste aucun doute : Dieu nous aime, nous soutient et nous approuve pleinement. Son appel à croître en maturité n'est pas conditionnel à son amour; elle est plutôt une réponse de notre part.

Lorsque vous évoquez un problème avec votre conjoint, suivez l'exemple de Paul. Quelques paroles dites à propos suffisent à réorienter un couple en danger de se perdre. Réfléchissez aux énoncés suivants : ils ont le potentiel de révolutionner les conversations difficiles.

- *« Je sais que Dieu désire quelque chose de mieux pour nous. Essayons de nous calmer et de prier ensemble. »* Ne laissons pas Dieu en dehors de la discussion. Le but n'est pas de paraître spirituel, mais de se rappeler que Dieu a un rôle primordial à jouer dans notre vie de couple et dans la résolution de nos conflits.
- « Nous ne sommes pas seulement *mari et femme, mais frère et sœur en Jésus. Prenons le temps de nous écouter et tâchons de grandir ensemble.* » Récemment, j'ai rencontré un couple en difficulté. La femme a confié qu'elle trouvait un grand réconfort en se rappelant que son mari est non seulement son mari, mais également un enfant de Dieu et son frère.
- *« J'ai toujours aimé de toi le fait que tu* _____. [Complétez la phrase par une vérité qui s'applique à votre conjoint et à la

situation.] *Ne négligeons pas de regarder ce problème en face.* » De quelle manière les forces de chacun peuvent-elles contribuer à notre vie de couple ? Comment parvenir à nous les rappeler et à faire intervenir ces vérités en faveur de la relation ? Les réponses à ces questions nous aident à nous souvenir et à reconnaître que Dieu a accordé à chacun des dons dans le but de nous fortifier et de nous bénir mutuellement.

Des discussions saines fondées sur la compréhension

« Celui qui répond avant d'avoir écouté, voilà bien pour lui stupidité et confusion » (Proverbes 18.13). Toute discussion saine est basée sur une connaissance adéquate de l'autre personne.

La relation conjugale souffre parfois d'un problème de communication parce que les conjoints ne comprennent plus leur état d'âme réciproque. Appuyées sur de fausses hypothèses, nos paroles ratent complètement la cible. Le chapitre 4 d'Éphésiens présente le fondement nécessaire à toute relation de couple chrétien : nous sommes tous membres les uns des autres.

Les maris et les femmes font face aux mêmes tentations *de base*. Paul les dépeint comme se dépouillant tous les deux de leur ancienne manière de vivre, y compris l'incrédulité et l'esclavage aux convoitises et aux craintes du cœur. La vie intérieure de notre conjoint ressemble à la nôtre. Nous vivons tous les deux de la honte, des désirs, des convoitises et des craintes. Nous possédons un même héritage spirituel et une nature pécheresse; laquelle a été reçue en partage d'Adam et Ève. Nous avons tous les deux besoin d'être profondément convaincus que Jésus nous connaît et nous aime. Ces vérités fondamentales représentent l'assise pour comprendre chaque personne vivant sur cette planète.

L'incarnation : explorer l'univers de notre conjoint

Notre conjoint est différent de nous par son histoire, son expérience et ses caractéristiques personnelles. Nous éprouvons tous deux de la honte, mais notre conjoint ne la vit pas ou n'y réagit pas exactement de la même manière que nous. Les désirs qui l'animent et sa manière de les satisfaire diffèrent également. Une connaissance approfondie de la vie d'une personne permet de la valoriser et de la fortifier au moment opportun. Pour connaître aussi bien un individu, il est primordial d'explorer son univers. Dieu ne nous a pas aimés à distance. Il a habité parmi nous. Il a vécu notre vie. Il a affronté notre réalité, en Jésus. L'amour de Dieu s'est incarné. Nous plaçons notre confiance en lui, car puisqu'il a exploré notre monde, il nous a prouvé qu'il nous comprend. Nous devons, de même, explorer l'univers de notre conjoint pour mieux le comprendre et valider l'information reçue. Ces quelques moyens nous aident à entrer dans l'univers de l'autre :

- *Affirmons à notre conjoint notre désir de le comprendre.* Posons des questions franches et attendons-nous à des réponses. Ne le provoquons pas. Ne jouons pas à l'avocat, cherchant à le prendre au piège par ses propres paroles, car il pourrait décider, dans ce cas, d'éluder la question. Soyons disposés à entendre et à apprendre de nouvelles données.
- *Assurons-nous de bien comprendre.* Ne supposons pas avoir compris. Demandons des éclaircissements. Validons l'information en répétant les paroles de notre conjoint dans nos propres mots et observons sa réaction. Poursuivons cette démarche jusqu'à ce qu'il sente que nous avons bien saisi. Il est inutile de passer à la réplique suivante ou de donner notre avis si notre conjoint n'est pas persuadé d'avoir été bien compris.
- *Réagissons avec émotion à ses partages.* Notre conjoint doit sentir que ses confidences nous touchent. Il ne s'agit pas de feindre l'émotion. Soyons simplement honnêtes. Si nous ne parvenons pas à nous faire une opinion, exprimons-le. Si nous avons besoin de temps pour y réfléchir, ne le cachons pas. Notre conjoint doit percevoir que ses intérêts nous tiennent à cœur.

Le moment approprié

Une connaissance et une compréhension adéquates de notre conjoint permettent de trouver le bon moment pour lui parler. Dire la vérité avec amour ne consiste pas seulement à choisir les mots justes, mais également le moment approprié pour les partager. « C'est une joie pour l'homme quand il donne une réponse de sa bouche; et combien est bonne une parole dite à propos! » (Proverbe 15.23). Parler au moment approprié avec les mots appropriés est une source de joie pour les époux.

Le mari, par exemple, doit apprendre qu'il y a un temps pour donner des conseils à sa femme et un temps pour l'écouter. Au début de notre vie à deux, Kim rentrait parfois du travail en évoquant un conflit avec un collègue, un ami ou un patient. Je cherchais aussitôt à le résoudre, l'analyser, lui en fournir l'explication et lui suggérer différents plans d'action. Elle m'a expliqué à plusieurs reprises que lorsqu'elle rentrait à la maison perturbée, elle avait avant tout besoin d'une oreille attentive et non de solutions à ses problèmes. J'ai enfin compris qu'à certains moments, elle n'est pas disposée à recevoir des conseils.

Cet exemple ne constitue pas une leçon sur les différences entre les hommes et les femmes. Chaque individu est unique. Certains cherchent d'abord une solution et réalisent ensuite l'ampleur du problème. Prenons le temps de rechercher la parole de sagesse que notre conjoint a besoin d'entendre au *moment* favorable. Quand a-t-il besoin d'encouragement? De conseils? Quand a-t-il besoin de temps pour y réfléchir seul avant d'en discuter avec nous? En cas de doute, posons-lui la question!

Un temps pour garder le silence

En lisant ces recommandations, certains pensent peut-être : « Peu importe mes paroles ou ma façon de l'aborder, mon conjoint ne m'écoute pas et il reste indifférent. Je risque simplement de m'attirer des ennuis. »

C'est possible. Les principes décrits jusqu'à maintenant s'appliquent à des conjoints qui souhaitent tous les deux améliorer leur situation et ont besoin d'aide pour y parvenir. Certaines relations ne correspondent pas à cette description. La vie de certains couples est loin d'être une aventure caractérisée par l'amour et l'amitié. Elle est plutôt vécue aux côtés d'un ennemi, quelqu'un qui n'y regarde pas deux fois avant de nous blesser.

Une relation peut parfois être destructrice au point où même l'honnêteté prudente et bien intentionnée est dangereuse. Jésus nous met en garde contre l'hypocrisie lorsque nous critiquons une personne. Il nous exhorte à ôter la « poutre » de notre œil avant d'ôter la « paille » de l'œil de l'autre (Matthieu 7.3-5). Il ajoute toutefois dans le verset suivant : « Ne donnez pas ce qui est saint aux chiens et ne jetez pas vos perles devant les pourceaux, de peur qu'ils ne les foulent aux pieds et ne se retournent pour vous déchirer » (Matthieu 7.6).

Tout ce que nous souhaitons d'emblée partager à notre conjoint, soit les secrets de notre cœur, nos préoccupations et le soutien mutuel, représente en réalité des perles, et l'accomplissement des vœux sacrés du mariage. Toutefois, si votre conjoint agit en ennemi, vous devez vous adresser à lui avec une extrême prudence. Vos paroles bienveillantes pourraient se retourner contre vous et donner lieu à d'autres insultes malveillantes ou même à des comportements violents.

Nous lisons dans le livre des Proverbes : « Celui qui corrige le moqueur s'attire le dédain, et celui qui reprend le méchant reçoit un outrage. Ne reprends pas le moqueur, de crainte qu'il ne te haïsse; reprends le sage, et il t'aimera » (9.7-8). Si un conjoint n'est pas disposé à s'examiner avec honnêteté, s'il ridiculise les tentatives d'engager une conversation franche ou a recours à la violence verbale ou physique, il n'est pas sage de continuer à faire preuve de sincérité. Ce type de relation de couple exige du tact et de la sagesse. Un conjoint dans cette situation ne doit pas naviguer seul dans les eaux troubles et dangereuses de la relation, mais avoir recours aux conseils de pasteurs, d'amis et de conseillers dignes de confiance. Il est dangereux de vivre avec un insensé, un moqueur ou un individu méchant. Il vous faut demander conseil, être avare de paroles et en cas de doute, rester silencieux.

Matière à réflexion

- Réfléchissez à une situation où vous avez parlé trop vite et blessé votre conjoint. Quelles sont les paroles qui l'ont blessé?
- L'avez-vous insulté ou humilié? Avez-vous exagéré vos propos ou tenté d'interpréter ses pensées?
- Que lui communiquaient vos paroles, le ton de votre voix ou vos actions?
- Pensez à des moyens de confirmer à votre conjoint que Dieu l'aime. Quel aspect de son caractère reflète la bonté de Dieu? Quel progrès accomplit-il en tant qu'enfant de Dieu? Comment pourriez-vous lui transmettre cette vérité?
- Dans quelles circonstances votre conjoint se sent-il incompris par vous? Si vous l'ignorez, posez-lui la question. Souvenez-vous que même si vous le comprenez, vous ne serez pas forcément d'accord avec lui.

10

Les conflits au service du plan de Dieu

Les enseignements à retenir dans ce chapitre :

- La Bible déclare que les conflits ne sont pas forcément destructeurs. Dieu promet, en réalité, de les utiliser pour mettre en lumière et purifier le péché. Ils favorisent, en outre, la croissance dans l'amour.
- Le premier pas vers une résolution biblique des conflits consiste à s'examiner soi-même avant de poser un regard critique sur notre conjoint. Trois attitudes enveniment les conflits et doivent être confessées : accuser notre conjoint, relever ses fautes avant d'avoir confessé les nôtres et se tenir sur la défensive.
- Les conflits sont souvent alimentés par notre désir d'obtenir quelque chose. La Bible enseigne une démarche constructive pour les régler, soit d'examiner notre cœur et de nous interroger sur l'objet de nos désirs.

Les dangers du conflit

Les conflits figurent parmi les moments les plus sombres et les plus dévastateurs de la vie d'un couple. La Bible en décrit ainsi le danger : « Commencer une querelle, c'est rompre une digue; avant que la dispute se déchaîne, retire-toi » (Proverbes 17.14). Une minuscule fissure apparaît dans un barrage et une goutte d'eau se forme lentement. La fissure s'élargit peu à peu, de manière imperceptible, et la goutte se transforme en un mince filet. Ce dernier devient en peu de temps un jet d'eau qui fuse d'un trou de plus en plus gros. Le barrage entier finit par céder causant un déferlement d'eau et de débris qui détruit tout sur son passage.

Avons-nous l'impression que notre relation conjugale est construite au pied d'un barrage fissuré? Le message est sans équivoque : puisque les conflits font des ravages, il est parfois préférable de les éviter. La sagesse nous conseille de réfléchir au danger potentiel d'un conflit avant de nous y engager.

La paix est l'un des attributs inhérents de Dieu. Le prophète Ésaïe donne à Jésus, le Messie attendu, le titre de « Prince de la paix » (Ésaïe 9.5). La paix est un fruit produit par l'Esprit de Dieu en nous (Galates 5.23). La Bible presse les chrétiens de vivre en paix avec les autres : « Recherchez la paix avec tous » (Hébreux 12.14a).

La paix est l'une des principales caractéristiques du disciple de Jésus. C'est pourquoi les chrétiens considèrent le conflit comme doublement décourageant. Non seulement il entraîne la relation conjugale à la dérive, mais il est également vécu comme un échec spirituel. Le conflit nous donne l'impression d'avoir échoué non seulement dans notre rôle de mari ou de femme, mais également dans notre vie chrétienne.

Le conflit et les desseins bienveillants de Dieu

La Bible enseigne, cependant, que le conflit signale l'œuvre de Dieu dans nos vies. Il n'est ni un mal en soi, ni un constat d'échec, ni un signe d'indifférence de la part de Dieu envers nous ou notre couple. Au contraire! Dieu se sert des conflits pour faire du bien à son peuple en éliminant le péché et en établissant sa véritable paix.

Les paroles étonnantes du Prince de la paix

Écoutons Jésus décrire sa mission :

> Je suis venu jeter un feu sur la terre, et qu'ai-je à désirer, s'il est déjà allumé? Il est un baptême dont je dois être baptisé, et combien je suis pressé qu'il soit accompli! *Pensez-vous que je sois venu donner la paix sur la terre? Non, vous dis-je, mais la division.* Car désormais cinq dans une maison seront divisés, trois contre deux, et deux contre trois; père contre fils et fils contre père, mère contre fille et fille contre mère, belle-mère contre belle-fille et belle-fille contre belle-mère. (Luc 12.49-53, italiques ajoutés)

Comment le Prince de la paix peut-il être investi d'une telle mission? Il est venu apporter la division? La division au sein même des familles! Est-ce que je souhaite vraiment que *ce* Jésus intervienne dans ma relation de couple? Comment concilier les paroles de Jésus et le reste des enseignements bibliques sur le conflit et la paix?

Le conflit : une bénédiction emballée dans une malédiction

Dans les premiers chapitres du livre de la Genèse, nous avons vu qu'à cause du péché la relation conjugale est devenue une version déformée du dessein initial de Dieu. Dieu a créé l'unité, le péché a semé la division. Dieu a créé la sécurité, le péché a amené le danger. Dieu a créé la paix, le péché a provoqué le conflit. La rébellion du premier couple a suscité la division, le danger et les conflits. Par leur désobéissance, Adam et Ève ont tenté de renverser Dieu. Ils ont ouvert les hostilités entre Dieu et l'humanité pécheresse et ce conflit perdure. Au moment où ils ont constaté qu'ils devaient se protéger l'un de l'autre, ils ont également déclenché, à leur insu, une lutte entre conjoints. Souvenons-nous qu'ils se sont couverts et se sont cachés non seulement de Dieu, mais l'un de l'autre. Leur vulnérabilité les exposait à la colère de

Dieu et à leurs péchés réciproques. Les gens se battent et sont en conflit avec Dieu *et* avec leur prochain à cause du péché.

Dieu met Adam et Ève devant le fait accompli, mais ne les détruit pas. Leur action entraîne cependant des conséquences désastreuses. En réponse à leur rébellion, Dieu prononce une suite de malédictions (voir Genèse 3.14-19). Toutefois, même la punition est entremêlée de la bonté de Dieu, de son amour et de ses promesses de rédemption. Non seulement le monde déchu sera restauré, mais il sera meilleur.

Dieu prononce une malédiction sur le serpent : « Je mettrai inimitié entre toi et la femme, entre ta descendance et sa descendance : celle-ci t'écrasera la tête, et tu lui écraseras le talon » (Genèse 3.15). Le conflit amorcé par Adam et Ève se poursuivra et sera caractérisé par l'hostilité, les disputes, la dévastation et les coups. Mais cette malédiction est également mêlée de bénédictions et d'espérance.

Notons d'abord que la malédiction, c'est-à-dire le conflit, s'abat sur Satan et non sur Adam et Ève. Satan a peut-être déclenché la guerre, mais Dieu la gagnera. Le conflit généré par Satan est devenu une malédiction qui finira par le détruire lui, et non pas nous. Notre ennemi mortel a conçu les tentations qui ont pris Adam et Ève au piège et nous mettent à rude épreuve aujourd'hui encore, mais il sera anéanti. Le responsable du découragement, de la souffrance et même des malheurs vécus par les couples disparaîtra. La tentation elle-même ne sera plus. Cette bataille sera décisive : la tête de Satan sera écrasée, le péché détruit et le paradis recréé.

> **LES CONFLITS NE SONT POURTANT PAS UN SIGNE D'ÉCHEC MORAL OU CONJUGAL, MAIS LE MOYEN CHOISI PAR DIEU POUR SECOURIR SON PEUPLE ET DÉTRUIRE LE PÉCHÉ.**

Ce conflit prendra des proportions énormes, durera des années et se transmettra d'une génération à l'autre. C'est une guerre entre la descendance de Satan et celle d'Ève. Non seulement Dieu a épargné Adam et Ève, mais il a également élaboré un plan afin que nous, leur descendance, fassions partie de la solution au problème.

Satan souhaite utiliser les conflits à des fins personnelles, mais Dieu a contrecarré ses projets et s'en est rendu maître. Il a pris les hostilités déclenchées par Satan et les a retournées contre lui. Notons qu'il a « mis l'inimitié » entre la descendance de Satan et celle d'Ève. Nous combattons le péché et nous le détestons. Si Dieu n'avait pas mis l'inimitié entre ces deux descendances, nous serions complètement livrés au péché, des esclaves acceptant de bon gré de servir les desseins malveillants de Satan. Mais Dieu nous a bénis : la haine du mal, ce don de Dieu, est toujours présente au fond de nous. Lorsque nous plaçons notre confiance en Jésus, il nous donne un cœur nouveau, mais la lutte contre notre nature pécheresse n'en est pas terminée pour autant. Ce combat résulte toutefois de la grâce de Dieu et fait partie de son plan pour supprimer l'ennemi.

Personne ne contredira la Bible : les conflits font mal, ils détruisent parfois et on ne devrait pas s'y engager avec insouciance. Ils ne sont pourtant pas un signe d'échec moral ou conjugal, mais le moyen choisi par Dieu pour secourir son peuple et détruire le péché. *Gardons toujours cette vérité présente à notre esprit : Dieu porte secours à son peuple et aux couples, au moyen du conflit.*

Jésus, la descendance promise

Bon nombre de personnes ont combattu Satan dans l'Ancien Testament : Abraham, Moïse et David, pour ne nommer que ceux-là. Ils ne sont, cependant, que les précurseurs du grand Libérateur, Jésus. Dans le chapitre 12 de l'Évangile selon Luc, Jésus s'identifie à *la* descendance promise dans Genèse 3.15 en affirmant qu'il n'est pas venu « donner la paix… mais la division ». Le conflit majeur qui a éclaté au commencement atteint son point culminant en Christ. Christ écrase la tête du serpent à la croix, alors même qu'il est couvert de blessures et que son « talon est écrasé ». À la croix, Jésus est meurtri pour nos péchés, mais c'est Satan qui reçoit le coup fatal. Jésus pardonne nos péchés et nous donne un cœur nouveau : nous pouvons dès lors être adoptés dans la famille de Dieu, croître et acquérir de la maturité, afin de lui ressembler davantage.

Bien que nous devions encore combattre le péché qui habite en nous, nous sommes libres de son emprise. En Jésus, le déroulement de la guerre a pris un tournant décisif. En dépit des apparences, la puissance de Jésus augmente et celle de Satan diminue. En qualité d'enfants de Dieu par les mérites de Jésus-Christ, nous avons la liberté de rejeter le péché et d'obéir à Dieu. Par conséquent, la bataille, pour nous, se livre sur ce terrain. Jésus a porté le coup fatal, certes. Cependant, ce n'est que lorsque nous prenons part à la guerre que nous en vivons les effets dans notre vie et notre relation de couple.

Au chapitre 12 de l'Évangile selon Luc, Jésus déclare que notre rôle n'est pas terminé dans le conflit qui provoque tous ces remous dans les familles. Les Juifs de l'Église primitive ont souvent été châtiés et persécutés parce qu'ils suivaient Jésus : reniés par leur famille, expulsés des synagogues et même emprisonnés ou mis à mort (Actes 8.1-3; 9.1, 13, 21). Jésus ne cache pas à ses disciples que le chemin pour le suivre est étroit et difficile. Le prix à payer peut être élevé, et va même parfois jusqu'à la perte de sa famille. La descendance de Dieu et celle de Satan se retrouvent parfois dans un même foyer et s'y livrent bataille.

Être rejeté par sa famille à cause de sa foi en Jésus ne relève pas seulement des vestiges du passé de l'Église. En effet, c'est une réalité encore très actuelle. Certains parmi nous ont sans doute vécu cette expérience difficile. D'autres la vivent peut-être aujourd'hui aux côtés d'un conjoint non croyant.

Si vous et votre conjoint êtes chrétiens, quel lien existe-t-il entre ces vérités et votre relation de couple? Réfléchissons au principe général contenu dans l'enseignement de Jésus. Sa présence n'apporte pas toujours la paix et la tranquillité dans une maison et Jésus ne s'en défend pas! Il est prêt. Il s'attend même à ce que son règne soit établi au moyen des conflits, y compris ceux qui éclatent au sein des relations intimes. Le mari et la femme ont beau faire partie tous les deux de la descendance de Jésus, le péché est toujours présent dans leur vie et se manifeste dans leur interaction. Il doit être résolu, même si pour y parvenir, le couple doit vivre des conflits difficiles. Jésus ne s'oppose pas aux situations de conflit dans les relations de couple.

Les luttes quotidiennes

Paul conclut son Épître aux Éphésiens en présentant le chrétien comme un guerrier. Il écrit :

> Au reste, fortifiez-vous dans le Seigneur et par sa force souveraine. Revêtez-vous de toutes les armes de Dieu, afin de pouvoir tenir ferme contre les manœuvres du diable. Car nous n'avons pas à lutter contre la chair et le sang, mais contre les principautés, contre les pouvoirs, contre les dominateurs des ténèbres d'ici-bas, contre les esprits du mal dans les lieux célestes. (Éphésiens 6.10-12)

Si nous ne savions pas que ce texte provient de la Bible, il semblerait tout droit sorti du *Seigneur des anneaux*! Réalisons-nous la dimension cosmique de la bataille dans laquelle nous sommes engagés? La Bible l'enseigne sans équivoque : la guerre contre les puissances du mal et des ténèbres fait rage et contrairement à notre croyance, elle ne sévit pas seulement lors de combats héroïques, d'exorcismes, ou de la détention des chrétiens pour leur foi. Comme Jésus le mentionne dans Luc 12, la bataille se déroule dans les relations au quotidien. En effet, la thématique de combat contenue dans l'Épître aux Éphésiens, au chapitre 6, suit immédiatement les enseignements donnés par Paul, aux soldats sur le terrain, concernant les relations de tous les jours (chapitre 4 et 5).

> C'EST DANS LE CONTEXTE DE SA VIE ET DE SES RELATIONS QUOTIDIENNES QUE LE CHRÉTIEN DOIT ÊTRE PRÊT À COMBATTRE ET À SE REVÊTIR DE SON ARMURE COMPLÈTE.

Dans l'Épître aux Éphésiens, Paul exhorte les croyants à revêtir l'armure de Dieu après avoir donné les ordres suivants : maris et femmes, vivez ensemble dans l'amour et le respect (5.22-23). Enfants, obéissez à vos parents et parents, élevez vos enfants avec sagesse (6.1-5). Esclaves et maîtres, agissez entre vous comme des disciples de Christ (6.5-9). C'est dans le contexte de sa vie et de ses relations quotidiennes que le chrétien doit être prêt à combattre et à se revêtir de son armure complète. Où sommes-nous tentés davantage par l'égoïsme, la dureté de cœur ou l'impatience? Le foyer est souvent l'endroit où notre vigilance se relâche. Nous n'y incarnons plus le personnage public : ici, nous n'avons plus personne à impressionner. Les gens de notre maison sont condamnés à nous tolérer, de toute manière! Nous dépendons d'eux, en premier lieu, pour combler nos attentes et les désirs de notre cœur. C'est pourquoi le foyer est l'endroit où l'ennemi trouve maintes occasions de marquer des points. Il attaque dans les domaines de notre vie qui ne sont pas conformes aux principes bibliques, là où nous croyons que tout nous est dû.

Nous suivons Christ dans la mêlée. Satan et le péché de notre cœur sont nos ennemis ultimes. Nos armes sont les armes de la foi. Paul poursuit ainsi :

> Tenez donc ferme : ayez à vos reins la vérité pour ceinture; revêtez la cuirasse de la justice; mettez pour chaussures à vos pieds les bonnes dispositions que donne l'Évangile de paix; prenez, en toutes circonstances, le bouclier de la foi, avec lequel vous pourrez éteindre tous les traits enflammés du Malin; prenez aussi le casque du salut et l'épée de l'Esprit, qui est la Parole de Dieu. (Éphésiens 6.14-17)

Faire la guerre peut signifier entrer en conflit avec notre conjoint. Sachons reconnaître, cependant, qu'il n'est pas l'ennemi à vaincre. Apprenons également à combattre avec les armes de la foi et de l'amour données par Dieu.

La bataille commence en vous

Lors d'un conflit, comment s'attaquer au problème sans attaquer notre conjoint? L'Épître de Jacques répond à cette question de manière étonnante : « D'où viennent les luttes, et d'où viennent les querelles parmi vous, sinon de vos passions, qui guerroient dans vos membres? » (Jacques 4.1).

Les personnes mariées que je rencontre sont pour la plupart persuadées que leur conjoint est la source de leurs problèmes conjugaux. Ainsi, l'invitation à s'examiner d'abord soi-même est révolutionnaire et contraire à notre nature. Une des conséquences de la Chute est notre tendance à rejeter la faute sur les autres et à chercher la cause de nos problèmes en dehors de nous. Du fait que nous reflétons une image déformée de Dieu, que nous sommes des rebelles et des adorateurs iniques, il est juste de chercher la source de nos problèmes au fond de nous. C'est un principe biblique.

Derrière les conflits avec notre conjoint se cache une autre lutte : nos propres désirs se livrent bataille à l'intérieur de nous. Nous avons appris que nos cœurs fabriquent des idoles à partir de nos désirs et de nos craintes secrètes. La soif d'approbation, de contrôle, de bien-être ou de sécurité constitue des désirs naturels qui, en raison du péché, s'opposent parfois à l'amour. Avant de découvrir de quelle manière ces désirs se manifestent dans nos conflits, examinons un autre désir naturel : celui qui consiste à se défendre soi-même.

Une attitude défensive

« Un frère offensé est pire qu'une ville forte, et les querelles sont comme les verrous d'un donjon » (Proverbes 18.19). Cette image rend bien l'impression que j'ai eue parfois en me querellant avec ma femme, soit celle de me frapper la tête contre un mur. Elle refusait de voir les choses de mon point de vue. Est-il étonnant que ma femme ait vécu la même expérience de son côté?

Dans les situations de conflit au quotidien, nous avons tous cherché à défoncer des murs et à forcer des portes verrouillées. Du même coup, nous avons érigé nos propres murs et poussé nos propres verrous. Les tentatives pour débattre de vraies questions et résoudre les conflits semblent vouées à l'échec dès que les cœurs se réfugient dans les forteresses bien gardées d'une attitude défensive.

Il n'est pas difficile de se quereller. La difficulté réside dans le « frère offensé ». Les conflits deviennent des fiefs imprenables lorsque l'un des conjoints s'offusque des paroles ou des actions de l'autre. La plupart des conflits éclatent, bien entendu, parce que l'une des parties est offensée. Le proverbe souligne cependant la relation qui existe entre les murs et les offenses : plus les offenses sont graves et nombreuses, plus les murs érigés autour du cœur meurtri sont élevés. Les conflits contribuent aux desseins bienveillants de Dieu dans la mesure où nous délaissons notre attitude défensive.

L'offense la plus répandue : l'hypocrisie

Nous nous blessons régulièrement l'un l'autre en raison de notre hypocrisie. Jésus explique ainsi la relation entre l'hypocrisie et la défensive :

> Ne jugez pas, afin de ne pas être jugés. C'est du jugement dont vous jugez qu'on vous jugera, de la mesure dont vous mesurez qu'on vous mesurera. Pourquoi vois-tu la paille qui est dans l'œil de ton frère, et ne remarques-tu pas la poutre qui est dans ton œil? Ou comment dis-tu à ton frère : Laisse-moi ôter la paille de ton œil, alors que dans ton œil il y a une poutre? Hypocrite, ôte premièrement la poutre de ton œil, et alors, tu verras comment ôter la paille de l'œil de ton frère. (Matthieu 7.1-5)

Presque tout le monde connaît ce verset de la Bible : « Ne jugez pas, afin de ne pas être jugés. » Il est surtout employé pour interdire de critiquer le comportement des autres. Dans le contexte, toutefois, ce verset signifie exactement le contraire. Il enseigne comment parvenir à se faire entendre de quelqu'un qui a besoin de recevoir une critique et comment éviter l'hypocrisie qui sert bien souvent de pierre angulaire à l'attitude défensive.

Examinons l'image de plus près. Une femme se plaint à son mari qu'il est aveuglé parce qu'il a une paille dans son œil. Au même moment, la poutre qui traverse son propre œil manque de décapiter son mari et fait basculer la table de chevet. Si nous n'étions pas aussi outrés par leur hypocrisie respective, nous trouverions la scène plutôt cocasse. Pourtant, n'avons-nous jamais dit à notre conjoint qu'il péchait contre nous, alors que nous péchions nous-mêmes contre lui? N'avons-nous jamais employé un ton de voix agressif pour lui signifier qu'il nous avait blessés? Ne l'avons-nous pas déjà rejeté parce qu'il nous rejetait? N'avons-nous jamais haussé le ton parce que l'autre criait après nous?

Les paroles de Jésus ne signifient pas que nous n'avons pas le droit de relever la faute de l'autre, à moins de n'avoir jamais péché. Elles signifient qu'il faut d'abord nous occuper de notre propre péché : « … Ôte premièrement la poutre de ton œil, et alors, tu verras comment ôter la paille de l'œil de ton frère ». Par exemple, sommes-nous sur la défensive? Si nous avons mal réagi envers notre conjoint lorsqu'il a tenté de nous dévoiler notre cœur ou si nous avons fait preuve d'orgueil avec l'intention de rejeter la faute sur lui, nous devons admettre nos torts et demander pardon.

L'hypocrisie et l'attitude défensive sont alimentées par une foule de désirs subversifs : le désir d'avoir raison ou d'éviter l'anxiété, la honte ou la culpabilité, le désir de se justifier ou de se sentir supérieur. Durant une querelle avec votre mari ou votre femme, si vous ne pouvez reconnaître les désirs qui « guerroient dans vos membres », considérez d'abord les désirs qui nourrissent l'attitude défensive et l'hypocrisie. La résolution des conflits sera grandement facilitée si nous en préparons ainsi la voie.

Que désirons-nous vraiment?

Selon Jacques, nous traitons tout conflit en nous examinant d'abord nous-mêmes. Il ajoute ensuite : « Vous convoitez et vous ne possédez pas; vous êtes meurtriers et envieux, sans rien pouvoir obtenir; vous avez des querelles et des luttes… » (Jacques 4.2). Des désirs frustrés ou refoulés luttent à l'intérieur de nous. Je me dispute avec ma femme, en général, parce que je n'obtiens pas ce que je veux. Je souhaite qu'elle acquiesce à mon désir de passer une soirée avec moi, mais elle décide d'aller prendre un café avec une amie. Je veux qu'elle accepte de me laisser regarder le match de baseball à la télévision, mais elle veut que je tonde la pelouse, comme promis. Lorsqu'elle refuse d'accéder à mon désir, j'enclenche les hostilités pour obtenir ce que je veux, souvent sans même réfléchir.

Selon la Bible, nous devons nous poser la question suivante en cherchant à évaluer notre part dans une querelle : « Qu'est-ce que je veux? »

Lorsqu'on demande à des époux querelleurs ce qu'ils désirent, ils parviennent rarement à le décrire. N'oublions pas que la question « que désirons-nous? » diffère de « quel est le *sujet* de la querelle? » bien que les deux soient liées. Le sujet de la querelle tourne autour d'un événement, un concours de circonstances qui donne lieu à un conflit. Ce que nous désirons constitue la *vraie raison* pour laquelle nous combattons. Ce sont ces désirs qui provoquent le conflit. La Bible nous exhorte à creuser au fond de notre cœur pour découvrir les problèmes qui y sont enfouis, au-delà des détails entourant les circonstances.

Voici un exemple concret. Une femme se met en colère contre son mari parce qu'il ne l'a pas aidée à mettre les enfants au lit. Son souhait peut se traduire ainsi : « Je *veux* que mon mari m'aide à m'occuper des enfants. » Elle dit vrai. Mais y a-t-il un désir plus profond, non révélé, dont ils devraient discuter? Les désirs se décrivent souvent mieux dans le contexte des relations. Par exemple : j'aimerais que mon mari me considère et me traite autrement. L'heure du coucher peut alors cacher toutes sortes de sentiments. La femme sent que, pour son mari, il n'est pas important de consacrer du temps aux enfants. Elle aimerait qu'il accorde une plus grande importance à sa relation avec eux. Ou elle sent que son mari ne valorise pas et ne respecte pas son rôle de mère. Elle s'attend à ce qu'il démontre de la reconnaissance et du respect pour ce qu'elle fait, même s'il considère que les tâches de la mère ne font pas partie des siennes en tant que père. Il est possible également qu'elle sente au fond que son mari ne tient pas réellement à elle. Elle est sa femme, mais il la considère simplement comme une domestique : une nourrice, une cuisinière, une femme de ménage. L'heure du coucher des enfants cache donc une réalité plus profonde. Elle veut que son mari cesse de la traiter comme une employée et qu'il l'aime pour ce qu'elle est. Si ces questions reflètent vraiment les préoccupations de son cœur, elles affecteront plusieurs aspects de la relation du couple et provoqueront un grand nombre de conflits.

Identifier avec précision les désirs et les sujets qui suscitent une querelle permet souvent de trouver la cause d'autres conflits. Les mêmes sujets créent différentes situations de conflit. Ainsi, le sentiment que son mari la considère comme une aide domestique plutôt qu'une épouse fait éclater un conflit au moment de mettre les enfants au lit. De plus, ce même sentiment crée des frictions au sujet de la lessive, du nettoyage après les repas et d'autres tâches ménagères. Il se manifeste, en outre, dans des circonstances imprévisibles, comme dans la chambre à coucher. L'impression d'être « utilisée » comme une simple servante accentue le sentiment d'être exploitée sexuellement. Les relations ne sont plus un moment d'intimité, mais une tâche de plus à accomplir pour son employeur.

Des conflits en apparence différents peuvent être causés par un même problème sous-jacent, mais inconnu. Des couples me récitent parfois une longue liste de situations conflictuelles que j'appelle « un conflit aux multiples facettes ». Un grand nombre de désaccords peuvent provenir d'une seule difficulté fondamentale et cachée. Soit le couple ignore le problème, soit il est incapable de le résoudre.

À quel moment déterminer « l'objet de nos désirs » correspond-il à ôter la poutre de notre œil? Nous péchons contre Dieu et notre conjoint lorsque nos paroles et nos actions sont motivées par nos désirs plutôt que par notre amour. Souvenons-nous que l'amour consiste à rechercher le bien de l'autre et non pas à obtenir la réalisation de nos désirs. Notre conjoint a peut-être mal agi durant le conflit en étant dur ou en se mettant sur la défensive. Nous avons, toutefois, l'obligation de lui avouer que, poussés par nos désirs, nous avons fait preuve de méchanceté et avons péché contre Dieu afin d'atteindre notre but. La femme, par exemple, pourrait dire : « J'ai constaté une chose : je me suis fâchée contre toi parce que tu ne m'as pas aidée à mettre les enfants au lit, mais ce n'est pas la raison pour laquelle je suis en colère. J'aimerais que nous en discutions ensemble, mais je veux d'abord m'excuser de t'avoir parlé avec dureté. J'ai eu tort et je te prie de me pardonner. »

Nous étudierons plus en détail dans le prochain chapitre ce que signifie confesser nos péchés et demander pardon. Pour l'instant, voici un dernier avertissement : les désirs trompeurs peuvent anéantir tous nos efforts pour manifester de l'humilité. En effet, ôter la poutre de notre œil est louable. Toutefois, n'avouons pas notre faute simplement dans le but de bien paraître, de dérouter notre conjoint ou d'obtenir une occasion efficace de souligner ses manquements. Ces tactiques ne servent qu'à remplacer une poutre par une autre. Prenons le temps de réfléchir avec honnêteté à l'état de notre cœur en méditant, en priant et en notant ce qui nous vient à l'esprit. Souvenons-nous de cette vérité fondamentale : en péchant contre notre prochain, dans ce cas, notre conjoint, nous méprisons la véritable adoration et, par le fait même, nous péchons contre Dieu. Rétablissons notre relation avec Dieu avant de tenter de renouer avec notre conjoint. La miséricorde, l'amour et le pardon de Dieu nous apportent le soutien indispensable pour agir comme Christ.

Matière à réflexion

- Quelle est votre attitude envers le conflit? En quoi cela change-t-il votre attitude de le considérer comme un instrument utilisé par Dieu pour vous venir en aide?
- Quelles sont les fautes que vous relevez le plus souvent chez votre mari ou votre femme et dont vous êtes également coupable?
- Réfléchissez aux récents conflits vécus dans votre couple. Que vouliez-vous vraiment? Quels désirs s'introduisent le plus souvent dans vos relations? Comment vos désirs attisent-ils vos conflits?

11

Progressons dans la résolution de conflit

Les enseignements à retenir dans ce chapitre :

- Nous répétons souvent les mêmes stratégies dans nos conflits. Certaines visent à *apaiser* les querelles, d'autres à les *ignorer*, d'autres encore à les *gagner*. Nos stratégies préférées nous donnent parfois des indices sur les motifs qui aggravent nos conflits.
- Il existe, de même, trois approches bibliques au conflit : céder, attendre et reprendre. Ces stratégies sont des manifestations d'amour.
- Nous devons opter pour la meilleure approche, selon le conflit, en fonction des intérêts de notre conjoint.

Les stratégies habituelles pour traiter un conflit

Ne soyons pas troublés si nous avons du mal à comprendre de quelle manière nos besoins et nos désirs attisent les conflits. Ils sont parfois difficiles à identifier. Heureusement, nos stratégies ou méthodes habituelles pour traiter les conflits aident à reconnaître ces désirs. Voici trois façons distinctes de réagir au conflit.

- *Apaiser : trouver le moyen d'amadouer ou de satisfaire les autres afin de n'avoir aucune raison de se quereller.* Les conjoints qui veulent à tout prix la paix ne livrent pas toujours le fond de leur pensée et acceptent de faire des concessions à leur détriment. Cette stratégie semble, au premier abord, offrir certains avantages. Celui qui la met en pratique paraît décontracté et facile à vivre. Son conjoint et son entourage pensent beaucoup de bien de lui et apprécient sa compagnie. Cependant, ses relations sont difficiles, car il cache continuellement ses opinions et ses sentiments pour ne pas offenser les autres. Ce faisant, il donne une fausse image de lui-même et ne sent pas qu'on le connaît, qu'on le comprend ou qu'on l'aime vraiment. Il vit de la frustration et du mécontentement, car il se voit dans l'obligation de faire ce dont il n'a pas toujours envie. Il se sent accablé d'un lourd fardeau, car il accède à toutes les demandes. Il n'a pas la liberté de parler directement à la personne qui l'a mis en colère. Il rumine donc son irritation en silence ou il en parle à quelqu'un d'autre. Les personnes trop conciliantes cherchent d'ordinaire à mettre fin à leurs relations marquées par des conflits intenses, fréquents et insolubles.
- *Ignorer : prétendre que le problème n'existe pas.* Ces gens esquivent complètement les conversations. Ils évitent de partager leur opinion et s'ils le font, ils refusent de poursuivre le dialogue plus longuement. Au lieu d'accéder aux demandes, ils reportent la prise de décision, s'efforcent de ne pas être acculés au pied du mur ou, sous la pression, sont portés à opposer un refus. Le spectre d'un conflit plane toujours, mais en dernier recours. Cette stratégie semble offrir l'avantage de se soustraire aux frustrations

engendrées par une surcharge d'obligations, mais elle ne fait pas disparaître les problèmes. En d'autres termes, ce n'est pas en fermant les yeux sur les difficultés et les conflits dans votre vie de couple et dans vos autres relations qu'ils se régleront. Au contraire, ils s'aggraveront avec le temps.

* *Gagner : régler les problèmes par la domination.* Le conjoint qui cherche à avoir le dernier mot prend les moyens nécessaires pour que ses intérêts l'emportent. Il s'engage dans le conflit sans crainte ou répugnance apparentes. Certains ont même l'air d'y prendre plaisir. Le gagnant semble passé maître dans l'art de communiquer, de convaincre ou même d'intimider l'autre. Les émotions comme la colère, la peur et la frustration jouent un rôle important dans ses discussions. Non seulement son auditeur doit faire face au flot de ses paroles, mais la charge émotive le presse de s'accorder avec lui. Cette stratégie échappe à la plupart des pièges des deux autres approches. Cependant, elle ne réussit pas toujours, car elle enterre simplement l'affaire. Le gagnant ne parvient pas forcément à convaincre ou à persuader les autres, mais ces derniers cèdent devant la pression émotionnelle, car ils savent qu'ils ne seront pas entendus.

Une de ces descriptions correspond-elle à votre personnalité? Soit l'une d'elles nous représente parfaitement, soit nous nous reconnaissons dans une combinaison des trois. Or, pourquoi telle stratégie nous caractérise-t-elle mieux que les autres? Les conflits se réglaient peut-être de cette manière durant notre enfance. Cette stratégie semble être la plus efficace dans notre relation conjugale. Quelle que soit la réponse, il faut s'examiner pour découvrir toute autre raison cachée.

Notre stratégie préférée exploite-t-elle des désirs et des craintes qui se manifestent dans d'autres aspects de notre relation de couple? Ces trois stratégies sont sensiblement semblables aux trois modèles de manipulation étudiés au chapitre six (voir le tableau ci-après : les stratégies pour gérer les conflits). Notre stratégie préférée reflète-t-elle un modèle d'interaction fondé sur les désirs et les craintes dominantes de notre cœur?

- Notre tendance à apaiser les autres s'inscrit-elle dans un modèle de comportement plus vaste qui consiste à *se rapprocher* des gens? Reflète-t-elle une soif d'approbation et de paix ou la crainte du rejet?
- Notre tendance à ignorer les conflits s'inscrit-elle dans un modèle de comportement plus vaste qui consiste à *s'éloigner* des gens? Reflète-t-elle un désir de paix, de bien-être et de contrôle, un dégoût pour les situations chaotiques ou d'autres craintes?
- Notre tendance à vouloir gagner s'inscrit-elle dans un modèle de comportement plus vaste qui consiste à *s'opposer* aux gens? Reflète-t-elle une soif de réussite, l'envie de se sentir supérieur, la crainte de l'échec, d'être dominé ou contrôlé par d'autres?

Les stratégies pour gérer les conflits

Les stratégies	Apaiser (Se rapprocher)	Ignorer (S'éloigner)	Gagner (S'opposer)
Les désirs	L'approbation, l'intimité, l'appartenance	Le bien-être, la sécurité, la perfection, l'ordre, le contrôle	La réussite, le pouvoir, la domination, l'admiration
Les craintes	Le rejet, l'isolement, la honte	Les ennuis, le chaos, la punition, être dominé	L'échec, l'humiliation, être dominé, la faiblesse

Lorsque la poutre dans notre œil nous empêche de voir la vérité à notre sujet, examinons notre manière de réagir aux conflits : nous y verrons peut-être plus clair.

Les stratégies bibliques pour gérer un conflit

Quelle est donc la stratégie adéquate pour régler un conflit : apaiser, ignorer ou gagner à tout prix? Les trois comportent toutes des inconvénients et se corrompent facilement par les désirs trompeurs et les craintes du cœur. Comment manifester de l'amour dans un conflit? Examinons quelques passages de la Bible afin d'élaborer une stratégie fondée sur l'amour.

Céder

Nous avons vu qu'adopter la position défensive nuit à la résolution de conflits. Jésus nous exhorte à changer d'attitude et à nous examiner d'abord avec soin : « Hypocrite, ôte premièrement la poutre de ton œil, et alors, tu verras comment ôter la paille de l'œil de ton frère » (Matthieu 7.5).

Il se peut qu'au beau milieu d'un affrontement, nous réalisions avoir mal compris notre conjoint ou mal interprété ses paroles. Nous sommes même conscients de l'œuvre du péché dans notre cœur. La bonne attitude, dans ces conditions, consiste à céder, à avouer notre erreur ou à confesser notre péché.

Il vaut mieux, dans certains cas, céder aux désirs ou aux préférences de l'autre, même si nous avons raison. Nous risquons autrement de lui causer du tort. Par exemple, au début de notre vie à deux, j'aimais parfois regarder un bon film d'horreur et vivre des sensations fortes. Le sentiment de peur ne durait jamais très longtemps et bientôt, je n'y pensais plus. Kim n'a jamais aimé ce genre de films, on peut même dire qu'elle les déteste. Que faire, alors, si je veux regarder un film d'horreur un vendredi soir, mais pas elle? Deviennent-ils tabous simplement parce que Kim ne les aime pas? Ne devrait-elle pas en supporter un de temps à autre pour me faire plaisir? En fait, nous n'en regardons jamais ensemble. Je lui ai concédé la victoire à ce sujet avec les années, car j'ai compris que pour elle, ce n'est pas une simple question de goût. Elle en a vu suffisamment pour savoir qu'ils imprègnent dans son esprit des images troublantes. J'aime Kim et je ne veux pas la faire souffrir

> IL VAUT MIEUX, DANS CERTAINS CAS, CÉDER AUX DÉSIRS OU AUX PRÉFÉRENCES DE L'AUTRE, MÊME SI NOUS AVONS RAISON. NOUS RISQUONS AUTREMENT DE LUI CAUSER DU TORT

simplement pour m'accorder ce petit plaisir. Par amour pour elle, j'ai renoncé à mon droit de regarder des films d'horreur, avec ou sans elle.

Nous suivons ainsi la voie de l'amour empruntée par Jésus avant nous. Dieu n'était-il pas en droit de nous rejeter ou même de nous détruire en considérant notre état de pécheur? Il a pourtant renoncé à ses droits et sacrifié la vie de son Fils pour nous réconcilier avec lui. Par amour pour notre conjoint, et pour son bien, nous devons parfois abandonner ce qui nous revient de droit.

Attendre

« C'est une gloire pour l'homme de se tenir loin des disputes, mais tout homme stupide est déchaîné » (Proverbes 20.3). Rappelez-vous : commencer une querelle, c'est rompre une digue (Proverbes 17.14). Évitons donc les disputes, dans la mesure du possible.

La Bible recommande certes d'éviter les conflits ou de les remettre à plus tard, mais elle fonde cette exhortation sur d'autres vérités importantes qui reflètent notamment la manière dont Dieu nous aime. En effet, nous sommes conscients de certains péchés précis dans notre vie, mais nous sommes également coupables d'un grand nombre de fautes dont nous ignorons même l'existence. La sainteté de Dieu nous dépasse et, comme nous vivons dans un monde déchu, les pécheurs que nous sommes ont le cœur endurci face au péché. Mais si Dieu nous reprenait chaque fois que nous péchons, personne ne pourrait le supporter. Dieu attend donc le temps propice pour nous reprendre, c'est-à-dire le moment où sa correction empreinte d'amour nous incitera à croître et à changer. En cherchant à aimer comme Dieu nous aime, il peut être sage de repousser un conflit si notre conjoint n'est pas réceptif aux discussions. Il peut aussi être préférable de passer par-dessus une offense mineure, sachant que notre conjoint ne réagit pas de cette manière en temps normal. Nous devons être sensibles aux circonstances atténuantes ou à la pression qui ont pu l'influencer. Il est sage également de regarder au-delà de la situation présente et de constater que certaines de ses faiblesses, certains de ses péchés, font partie d'un combat à long terme. Soyons patients envers notre conjoint comme Dieu l'est envers nous en ne soulignant pas chacun de ses échecs.

Reprendre

« Tu ne haïras pas ton frère dans ton cœur; tu auras soin de reprendre ton compatriote, mais tu ne te chargeras pas d'un péché à cause de lui. Tu ne te vengeras pas, et tu ne garderas pas de rancune envers les fils de ton peuple. Tu aimeras ton prochain comme toi-même. Je suis l'Éternel » (Lévitique 19.17-18).

Notre véritable ennemi est le péché, pas notre conjoint. C'est la raison pour laquelle nous ne pouvons ignorer le péché. Ce passage met en lumière quelques tentations qui nous guettent lors d'un conflit. Se venger, fermer les yeux, réagir avec colère ou redonner à notre conjoint la monnaie de sa pièce sont des réactions à proscrire. En outre, une offense n'est pas oubliée si nous l'avons enfouie au fond de notre cœur pour mieux la ruminer. Selon la Bible, le moment vient où il faut parler sans détour et avec honnêteté de nos problèmes. Dieu n'hésite pas à nous montrer la mauvaise façon de gérer un conflit. Si nous n'agissons pas avec amour lorsque notre conjoint est empêtré dans le péché, c'est ni plus ni moins comme de la haine. La Bible nous enseigne à nous aimer les uns les autres comme Dieu nous a aimés. Dans les Écritures, Dieu a parlé à ceux qui lui ont causé du tort et l'ont trahi. Au lieu d'ignorer le problème, de s'en détourner ou de nous détruire avec colère, Dieu nous parle plutôt avec franchise autant de notre péché que de son désir de rétablir la relation.

L'amour ne se limite pas à avoir tort ou raison

Les stratégies bibliques ressemblent somme toute aux stratégies étudiées au début de ce chapitre. Céder s'apparente au fait d'apaiser; attendre à celui d'ignorer; et reprendre à celui de gagner.

La Bible présente plus d'une stratégie, car l'approche diffère selon les personnes et les situations. Comment savoir quelle stratégie adopter? Puisque le fondement de l'intervention est l'amour de Dieu, demandons-nous quelle approche favorise davantage l'autre. La réponse à cette question nécessite plus qu'une compréhension technique des différentes approches. Elle demande une bonne connaissance de soi et de notre conjoint.

La connaissance rend orgueilleux, l'amour édifie

L'Église de Corinthe était en proie à une multitude de problèmes qui perturbaient l'assemblée. Les sujets de discorde étaient nombreux : le meilleur leader à suivre (1 Corinthiens 1.10-17), l'immoralité sexuelle (1 Corinthiens 5.1), le divorce (1 Corinthiens 7) et même le maintien de l'ordre durant les cultes (1 Corinthiens 11.20-22; 14.39-40). La lettre de Paul recèle de conseils pratiques. Dans sa sagesse, toutefois, il ne se contente pas d'indiquer une marche à suivre. Il énonce un principe à appliquer pour résoudre n'importe quel problème.

Le principe est résumé dans cette phrase : « La connaissance enorgueillit, mais l'amour édifie » (1 Corinthiens 8.1b). Il nous apprend que dans un conflit, il existe parfois une différence entre faire le bien et avoir raison. En d'autres termes, désirons-nous avoir raison même au risque de blesser l'autre et de manquer d'amour? Paul met deux images en contraste dans ce verset. Certains s'enflent d'orgueil parce qu'ils ont raison tandis que d'autres, par humilité, cherchent à édifier leur prochain, les aidant à croître au moyen de l'amour.

Paul applique ce principe à un problème dans l'Église primitive. Était-il acceptable ou non, pour des chrétiens, de manger de la viande sacrifiée aux idoles? À cette époque, les adeptes des religions païennes vendaient parfois de la viande qui avait servi à des sacrifices rituels. Certains chrétiens n'éprouvaient aucun scrupule à en manger. D'autres estimaient que cette viande était profanée, car elle avait servi à des sacrifices païens. Qui avait raison? Comment résoudre ce conflit? La question de la viande sacrifiée aux idoles semble étrange et peu pertinente de nos jours. Cependant, les stratégies mises de l'avant par Paul pour résoudre ce conflit sont utiles pour les couples encore aujourd'hui.

Paul rappelle aux Corinthiens qu'il est permis de manger de la viande sacrifiée aux idoles, car les idoles ne sont pas de vrais dieux (voir 1 Corinthiens 8.4). Il ajoute ensuite :

> Mangez de tout ce qui se vend au marché, sans vous poser aucune question par motif de conscience; car la terre est au Seigneur, et tout ce qu'elle renferme. Si un non-croyant vous invite et que vous vouliez y aller, mangez de tout ce qu'on vous présentera, sans vous poser aucune question par motif de conscience. (1 Corinthiens 10.25-27)

En d'autres termes, Dieu a créé la viande et elle lui appartient : c'est lui le seul vrai Dieu. Les chrétiens sont donc libres de manger de la viande sacrifiée aux idoles.

Paul restreint toutefois la portée de cette vérité par un principe d'amour important : *quelles seront les répercussions de cette liberté chez les autres?* Quelle est leur réaction en voyant un chrétien manger de la viande sacrifiée à une idole? Paul écrit : « Mais tous n'ont pas cette connaissance. En effet, quelques-uns, retenus encore par l'habitude à l'égard de l'idole, mangent de ces viandes en tant que sacrifiées, et leur conscience qui est faible en est souillée » (1 Corinthiens 8.7). Paul sait que certains chrétiens à Corinthe proviennent d'un milieu païen et ressentent encore de la honte à la pensée de leurs actions passées. D'autres n'ont pas de conviction ferme à ce sujet. Il est mal, en vérité, de manger cette nourriture si, en le faisant, on se sent déloyal envers Dieu.

Pour certains chrétiens, cette viande n'est pas souillée. Mais ils doivent s'abstenir d'en manger si d'autres sont tentés de les imiter et se sentent alors coupables devant Dieu. Paul l'explique de cette manière :

> Prenez garde, toutefois, que votre droit ne devienne une pierre d'achoppement pour les faibles. Car si quelqu'un te voit, toi qui as de la connaissance, assis à table dans un temple d'idoles, sa conscience, à lui qui es faible, ne le portera-t-elle pas à manger des viandes sacrifiées aux idoles? Et ainsi le faible périt par ta connaissance, le frère pour lequel Christ est mort! En péchant de la sorte contre les frères, et en heurtant leur conscience faible, vous péchez contre Christ. C'est pourquoi, si un aliment fait tomber mon frère, jamais plus je ne mangerai de viande, afin de ne pas faire tomber mon frère. (1 Corinthiens 8.9-13)

La question n'est plus : « Qui a raison? », mais plutôt : « Comment aimer mon prochain? » Ceux qui ont la liberté de manger de la viande sacrifiée ne doivent pas s'attendre à ce que les autres adoptent leur conviction et ainsi prouver qu'ils ont raison. Ce n'est pas de l'amour. L'amour exige que l'on se préoccupe de l'impact de nos actions sur les autres.

Un couple que je conseillais éprouvait des difficultés dans leur vie sexuelle. La tension provenait du fait que le mari était, en général, plus entreprenant que sa femme dans la chambre à coucher. La femme se sentait troublée notamment parce que son mari lui demandait de jouer un rôle pendant la relation sexuelle. Il insistait pour qu'elle endosse une identité totalement fictive, incluant costume et accessoires. Ce jeu de rôle rendait la femme mal à l'aise, mais sa réticence irritait et ennuyait le mari. Ils voulaient savoir qui avait raison.

J'ai demandé à la femme de partager à son mari ses sentiments au sujet du jeu de rôle. Elle lui a dit : « Voilà ce qui me dérange le plus : j'ai l'impression que tu préférerais faire l'amour avec quelqu'un d'autre. Pourquoi n'es-tu pas excité simplement parce que nous sommes ensemble? Pourquoi dois-je prétendre être une personne différente? Je t'ai épousé pour être avec toi et non avec un autre homme. L'idée d'assumer un rôle pour que l'amour soit excitant me blesse énormément. »

> BIEN QUE NOUS SOYONS TENTÉS D'ASSOCIER LA PAIX À L'ABSENCE DE CONFLIT, SEULE LA DESTRUCTION DU PÉCHÉ PRODUIT LA VÉRITABLE PAIX.

Nul besoin pour moi d'en entendre davantage pour savoir qui avait raison et qui avait tort. Un verset biblique qui aurait autorisé ou interdit le jeu de rôle pendant les relations sexuelles n'aurait servi à rien, car, de toute évidence, cette pratique blessait la femme et nuisait à la relation. Même si nous avions pu prouver que la Bible donne aux couples mariés la liberté de recourir au jeu de rôle, elle affirme également que nous ne pouvons user de notre liberté si elle nuit aux autres. Nous péchons contre Christ en agissant ainsi. Paul le résume en ces mots : « Tout est permis, mais tout n'est pas utile; tout est permis, mais tout n'édifie pas. Que personne ne cherche son propre intérêt, mais celui d'autrui » (1 Corinthiens 10.23-24).

Un conflit ne se résout pas uniquement en déterminant qui a tort et qui a raison ou par une simple connaissance des faits. Il faut également approfondir notre connaissance de l'autre et de l'amour pour établir une série de mesures qui favoriseront la croissance. L'enseignement de Paul aux Corinthiens nous apprend que pour résoudre un conflit selon les principes bibliques, l'amour est essentiel et non un rapport détaillé des faits qui nous permettent de crier victoire.

En résumé

Jésus, le Prince de la paix, est notre seul espoir de pouvoir un jour vivre en paix. Or, Jésus n'établit pas la paix en ignorant le péché, mais en remportant la victoire sur lui. Bien que nous soyons tentés d'associer la paix à l'absence de conflit, seule la destruction du péché produit la véritable paix. Et le conflit est souvent le seul moyen de déceler et de vaincre le péché en nous.

Les conflits peuvent être pénibles, dangereux et destructeurs. Ne négligeons pas les avertissements bibliques. Prenons également au sérieux l'appel de la Bible à combattre le péché là où il se trouve, soit dans notre cœur et dans nos relations. Les conflits prennent une tout autre tournure lorsque des conjoints connaissent la différence entre s'attaquer l'un l'autre et s'attaquer au péché.

Pour apprendre à gérer les conflits d'une manière constructive et biblique, il ne suffit pas de suivre un processus de trois, cinq ou dix étapes. Nous devons acquérir de la sagesse et agir avec amour. Voici un résumé des thèmes présentés dans les chapitres 10 et 11.

- Considérons le conflit dans son ensemble et ne cédons pas au découragement.
- Soyons conscients des dangers d'adopter la défensive.
- Occupons-nous d'abord de nos propres péchés.
- Appliquons l'approche biblique adaptée à notre connaissance de nous-mêmes, de notre conjoint et de la situation en cause.
- Ne cherchons pas à tout prix qui a tort et qui a raison. Agissons toujours pour édifier l'autre dans l'amour.

Matière à réflexion

• Quelle stratégie employez-vous le plus souvent dans vos conflits : apaiser, ignorer ou gagner? Pourquoi? Votre approche est-elle influencée par des désirs ou des craintes en particulier?

• Quelle est l'approche biblique la plus difficile à mettre en pratique pour vous : céder, attendre ou reprendre? Pourquoi?

• Serait-il nécessaire que, par amour, vous cédiez aux besoins de votre conjoint dans un domaine précis de votre relation.

12

Les fondements du pardon

Les enseignements à retenir dans ce chapitre :

- Le pardon est surnaturel et a pour fondement la rémission de nos péchés en Christ. Ce thème est illustré par un grand nombre d'images et de récits bibliques qui nous aident à comprendre comment pardonner, comme Dieu l'a fait pour nous.
- Pardonner à notre conjoint est une décision. Nous décidons, tout comme Dieu, de libérer l'autre, de nous sacrifier, de faire confiance et de progresser.
- Deux apprentissages sont importants dans ce processus : assumer la responsabilité de nos fautes et les confesser. La confession inclut plusieurs éléments essentiels et plusieurs pièges à éviter.

La définition du pardon

La puissance du pardon est incroyable. Si on le mettait en bouteille, une dose quotidienne suffirait sans doute à sauver un nombre incalculable de relations conjugales. Mais que signifie au juste l'action de pardonner? Quels en sont les « principes actifs »? Comment apprendre à pardonner?

J'ai feuilleté un livre sur le pardon récemment et j'y ai lu cet aveu dans les toutes premières pages : « Nul doute que la recherche scientifique sur le pardon progresse. Cependant, au moment d'écrire ces lignes, les conceptualisations individuelles des chercheurs sur le sujet sont très variées. Aucune définition unanime du pardon n'existe à ce jour. » En d'autres termes, de plus en plus de psychologues étudient la question, mais chacun s'en forge une idée différente. L'ébauche d'une définition a cependant été offerte quelques pages plus loin. « Nous proposons de définir le pardon comme suit : *un changement intra-individuel et prosocial envers un individu perçu comme un agresseur dans une situation contextuelle donnée.* » Je le formulerais ainsi dans mes propres mots : le pardon est quelque chose qui se produit à l'intérieur de nous et améliore nos relations avec une personne qui nous irrite. Bel effort, mais je le savais déjà.

Nous dirons, pour leur défense, qu'aucune phrase unique ne définit avec justesse le pardon, en particulier si on écarte l'enseignement biblique qui s'y rattache. D'une certaine manière, les psychologues se sont donné une tâche impossible. Le pardon est un comportement observable et mis en pratique par des individus, mais en dernière analyse, il est surnaturel. Dieu l'a créé et son amour en constitue le fondement. Au lieu de prendre une définition du concept comme point de départ, laissons la Bible nous en dépeindre un portrait.

Le voile est déchiré et les morts ressuscitent

La Bible présente la mort de Jésus à la croix comme l'image la plus puissante et la plus marquante du pardon et de l'amour de Dieu. Dieu a fait tomber sur lui le châtiment que méritaient nos péchés et Jésus a souffert pour nous, de plein gré, une agonie physique et spirituelle afin de nous libérer. La mort de Jésus a été ponctuée d'événements spectaculaires :

> Jésus poussa de nouveau un cri d'une voix forte et rendit l'esprit. Et voici : le voile du temple se déchira en deux du haut en bas, la terre trembla, les rochers se fendirent, les tombeaux s'ouvrirent, et les corps de plusieurs saints qui étaient décédés ressuscitèrent. (Matthieu 27.50-52)

Le voile du temple s'est déchiré, la terre a tremblé, les pierres qui scellaient les tombeaux se sont fendues et les morts sont ressuscités. Voilà d'autres images puissantes du pardon de Dieu.

La signification du voile déchiré se comprend mieux si nous nous souvenons que le péché entraîne une rupture des relations à tous les niveaux. Il divise les parents et les enfants, les maris et les femmes, les membres de l'Église et les amis. Nous avons même un cœur partagé à cause du péché. Mais la séparation la plus complète se situe entre Dieu et son peuple. Sans Jésus, il est inconcevable qu'un pécheur puisse s'approcher de Dieu et vivre.

> **LORSQUE JÉSUS FUT CRUCIFIÉ ET LE VOILE DU TEMPLE DÉCHIRÉ EN DEUX, LE MESSAGE DE DIEU ÉTAIT SANS ÉQUIVOQUE : SON PEUPLE ÉTAIT PARDONNÉ UNE FOIS POUR TOUTES.**

Dans la loi, Dieu a inscrit et évoqué cette séparation, ainsi que sa détermination à nous sauver. Il s'y trouve un grand nombre de commandements qui décrivent les comportements qui rendent les gens impurs ou inacceptables aux yeux de Dieu, de même que les rituels, les ablutions et les sacrifices requis pour la purification. Cette purification s'effectuait la plupart du temps par un sacrifice animal. Le sang ainsi versé démontrait la gravité du péché et rappelait que le juste salaire du péché, c'est la mort.

Une fois l'an, le souverain sacrificateur faisait l'expiation pour tout Israël. Il se purifiait avec soin, revêtait des habits sacrés et entrait dans le Lieu très saint, le sanctuaire qui abritait l'arche du Témoignage, le trône de Dieu sur la terre (voir Exode 25.10-22). Dans le sanctuaire, séparé du reste du temple par un voile épais, le souverain sacrificateur aspergeait le sang de l'animal sacrifié sur le propitiatoire (Lévitique 16.1-19). Cette expiation annuelle se déroulait selon des instructions précises données par Dieu. Ne pas s'y soumettre entraînait une mort instantanée (Lévitique 16,2).

Imaginons la vie au rythme de ce système de purification rituelle et de sacrifices. Chaque jour est un rappel que le péché exige une effusion de sang et qu'un voile impénétrable nous sépare de Dieu à cause de notre péché. Chacun est pleinement conscient qu'il ne peut voir Dieu face à face et vivre. D'une part, l'espoir subsiste, car Dieu a pourvu à un rite de purification qui lui permet de continuer à habiter au milieu de son peuple. D'autre part, la répétition des sacrifices sanglants et le voile sont un rappel constant que la dette ne sera jamais remboursée au complet. Comme le peuple devait aspirer à ce jour où les péchés seraient pardonnés une fois pour toutes!

Lorsque Jésus fut crucifié et le voile du temple déchiré en deux, le message de Dieu était sans équivoque : son peuple était pardonné une fois pour toutes. Jésus a ôté le péché. Le mur de séparation entre Dieu et son peuple ne tient plus. De même la mort, l'ultime forme de séparation et de châtiment, n'est plus notre destination finale. Tout comme Jésus, les morts, revêtus d'une vie nouvelle, sont sortis de leurs tombeaux. Plus rien ne sépare maintenant Dieu de son peuple. Nous pouvons l'approcher sans crainte :

> Ainsi donc, frères, nous avons l'assurance d'un libre accès au sanctuaire par le sang de Jésus, accès que Jésus a inauguré pour nous comme un chemin nouveau et vivant au travers du voile, c'est-à-dire de sa chair; et nous avons un souverain sacrificateur établi sur la maison de Dieu. Approchons-nous donc d'un cœur sincère, avec une foi pleine et entière, le cœur purifié d'une mauvaise conscience et le corps lavé d'une eau pure. (Hébreux 10.19-22)

Jésus est le sacrifice parfait qui enlève nos transgressions une fois pour toutes. Le voile de séparation et la mort ne sont plus nécessaires. Nous pouvons maintenant entretenir une relation intime avec Dieu et nous approcher de lui sans craindre le rejet ou le jugement.

Apprendre à pardonner comme Dieu

Le pardon consiste essentiellement à accepter l'œuvre de Jésus accomplie pour nous et à l'offrir en retour aux autres en pensées, en paroles et en actions. Le pardon s'inspire de la rémission que Jésus nous accorde : nous décidons de libérer l'autre de la punition du péché. Au lieu de tirer un voile entre lui et nous et de nous rejeter l'un l'autre, nous rejetons le péché et le jugement et nous nous rapprochons l'un de l'autre. Autrement dit, le pardon consiste à décharger l'autre de la punition de son péché afin de rétablir la relation.

Quatre *décisions* fondamentales reflètent le pardon même de Dieu.

• *Dieu a décidé de nous décharger de la punition de notre péché.* Dieu n'hésite pas à pardonner. Il ne s'attarde pas sur nos péchés et il ne les ressasse pas sans cesse. De même, la décision de pardonner à notre conjoint consiste à ne plus tenir compte des fautes qu'il a commises contre nous. Pour demeurer fidèles à cette décision, nous devons éviter de ressasser continuellement ses fautes dans notre esprit.

• *Dieu a décidé de se sacrifier pour pardonner.* Il a voulu payer lui-même la dette de notre péché. Il a accepté d'en porter la souffrance pour rétablir la relation. Il a choisi d'aller vers ceux qui tentaient de lui faire du mal. Il ne cherche donc pas à se venger ou à nous faire payer pour nos péchés. De même, nous décidons de nous rapprocher de notre conjoint sans faire peser sur lui une continuelle menace de vengeance.

• *Dieu a décidé de faire concourir le péché à notre bien.* Non seulement Dieu pardonne-t-il nos péchés, mais il promet d'utiliser nos pires échecs pour notre bien et dans le but d'approfondir notre relation avec lui. Lorsque nous pardonnons à notre conjoint, nous pouvons être assurés que Dieu agira pour notre bien et celui de notre couple.

- *Dieu a décidé de nous donner la latitude nécessaire pour grandir.* Il ne nous a pas pardonné une seule fois, pour nous placer ensuite en probation éternelle : « Attention! Un péché de plus et c'en est fait! » Il sait que notre lutte contre le péché se poursuivra, même s'il nous aide à le surmonter. De même, nous pardonnons à notre conjoint, mais il n'est pas parfait et nous lui donnons la latitude nécessaire pour changer. En outre, notre capacité à pardonner se développe avec le temps.

Ces décisions représentent différents aspects du pardon. Elles ne sont pas des étapes à mettre en application les unes après les autres. Dans une situation donnée, un aspect peut prédominer sur les autres, mais la plupart du temps, nous devons revisiter chacun d'eux régulièrement.

Décider de libérer l'autre

Pardonner signifie renoncer à notre droit de punir l'autre et choisir de nous attacher à lui plutôt qu'à son péché, en nous appuyant sur la puissance de l'amour de Dieu.

Dans le processus du pardon, le premier obstacle à surmonter se trouve à l'intérieur de nous. Nous devons décider de mettre une croix sur la faute et sur le désir de punir l'offenseur. Il faut choisir de se concentrer sur notre conjoint plutôt que sur l'offense. La décision de libérer l'autre doit être réaffirmée chaque jour, chaque heure et même plus souvent selon le cas. Plus l'offense est grave, plus il est difficile de l'abandonner. Toutefois, moins nous la ruminons et attisons notre colère, plus il devient facile de lâcher prise.

Nous confondons souvent pardon et émotions. C'est pourquoi il importe de comprendre que le pardon est une décision. Autrement, il est soumis aux fluctuations de nos émotions. La colère disparaît? Nous croyons avoir pardonné. Elle refait surface? Nous avons l'impression de revenir à la case départ. Au moment où nous croyons que la question est enfin résolue pour de bon, elle ressurgit une fois de plus. Le pardon influence et apaise les émotions, mais il est beaucoup plus qu'un sentiment. Notre décision de pardonner comme Dieu pardonne doit trouver sa source dans l'adoration que nous lui vouons. Le pardon de Dieu n'est pas une déclaration fondée sur des émotions. Il annonce, au contraire, que son peuple est pardonné et gracié de ses péchés comme un juge clôt le dossier d'une poursuite. Le pardon, dans ce sens, est une décision, une proclamation, un verdict prononcé une fois pour toutes.

Que faire si nous continuons à y penser malgré tout? Repenser souvent à un incident peut signifier qu'il suscite encore des questions ou de l'angoisse. Cherchons les problèmes irrésolus ou les questions sans réponse. Avons-nous gardé certaines blessures cachées? Avons-nous l'impression que notre conjoint n'est pas assez sérieux dans sa lutte contre son péché ou qu'il s'y prend d'une mauvaise façon?

Considérons une autre possibilité : existe-t-il un avantage caché à se remémorer l'incident? La colère semble parfois préférable à l'anxiété ou au sentiment d'impuissance. Nous préférons parfois vivre dans le cocon protecteur de la colère plutôt que d'oser accorder la confiance que requiert le pardon. S'accrocher à une faute peut susciter un sentiment de supériorité morale vis-à-vis de notre conjoint et détourner notre attention de notre propre cœur. Si tel est le cas, concentrons-nous sur l'amour et la miséricorde de Dieu et demandons-lui de nous aider à pardonner. Les prières et les encouragements d'amis sages ou d'un conseiller sont précieux dans ces situations.

Pardonner, ce n'est pas oublier, ce n'est pas une forme d'amnésie divine. Dieu ne nous demande pas de vivre comme si nous n'avions pas de passé ou comme si le péché ne nous avait jamais atteints. Au contraire! Nous possédons une espérance et une confiance pour traverser les tempêtes à venir lorsque nous nous rappelons que Dieu nous a délivrés de nos difficultés conjugales dans le passé, qu'il nous a rendus capables d'avouer nos fautes, de pardonner et d'obtenir la victoire. Des récits de pardon et de réconciliation peuvent également servir à fortifier et à encourager d'autres couples. C'est une chose de repenser à un incident avec reconnaissance dans le but de se rappeler l'œuvre de Dieu dans notre vie de couple et c'en est une autre de s'y attarder pour réveiller les blessures et la colère.

Décider de se sacrifier

Le pardon de Dieu a nécessité le sacrifice de son Fils qui a subi la punition pour le péché. Notre pardon nous coûtera également quelques sacrifices d'un tout autre ordre. Notre souffrance n'expie pas le péché de notre conjoint, même si nos sacrifices sont bien réels :

- Nous devons reconnaître avoir été blessés par notre conjoint. Pardonner ne signifie pas fuir ou prétendre qu'il n'est rien arrivé. Faisons face à la douleur causée par la faute et au malaise de la discussion qui s'ensuit. Notre conjoint est ainsi en mesure de comprendre à quel point il nous a blessés. Cela lui donne l'occasion de se détourner du péché et de goûter à la miséricorde et au pardon. Le pardon est un sacrifice dans le sens où nous choisissons la voie la plus difficile. En décidant de régler le problème et de rejeter tout sentiment d'amertume, nous sacrifions un bien-être et un plaisir temporaire. Nous ne reculons pas devant la tâche difficile et parfois douloureuse de faire les premiers pas vers celui ou celle qui nous a blessés.
- Nous devons également abandonner toute idée de vengeance ultérieure. Chaque fois que nous choisissons de ne pas rappeler à notre conjoint les torts considérables qu'il nous a causés, nous vivons une forme de sacrifice. Nous refusons ainsi de lui infliger une douleur semblable à celle que nous avons endurée et nous ne l'acculons pas au besoin de regagner notre amour et notre affection.

Un principe important : nous sacrifions notre droit d'obtenir justice en refusant d'évoquer le sujet dans le but de causer du tort. Cela signifie, par exemple, renoncer aux remarques désobligeantes subtiles et ne pas utiliser sa faute comme une arme lors d'une prochaine querelle. Cette résolution découle de la décision de libérer notre conjoint de la punition. Si nous parvenons à faire taire nos pensées négatives, nous réussirons probablement à ne pas utiliser l'incident contre lui plus tard. Si nous revenons souvent sur le sujet dans le but de blesser, nous devons réaffirmer notre décision de ne pas lui faire payer le prix de la blessure. L'incident douloureux nous revient-il souvent à l'esprit? Si c'est le cas, pour quelle raison?

L'expression importante de ce principe est « dans le but de faire du tort ». Dans le contexte d'un conflit, il peut s'avérer utile de comprendre le lien entre un problème actuel et un problème passé. Trouver un point commun entre les différents problèmes d'un couple peut conduire à une meilleure compréhension des difficultés sous-jacentes. Par exemple, une femme a péché en s'emportant à plusieurs reprises à la suite de divers incidents. Il est souhaitable qu'elle soit mise en garde contre l'escalade de ses flambées de colère. Un mari aimant voudra l'aider à réfléchir et à comprendre les causes de ses récents emportements et à chercher les véritables raisons au-delà des événements. Ce faisant, il exprime de la sagesse et de l'amour et non un refus de pardonner.

Ne parlons pas de l'incident à tout le monde. En parler ainsi signifie probablement que le souvenir douloureux nous hante encore. Pensons-nous souvent à l'incident? Quels sont nos sentiments à l'égard de l'événement? Pour quelle raison?

Le désir d'en parler aux autres peut également cacher la nécessité de discuter à nouveau de l'incident avec notre conjoint sans pouvoir le faire. Nous craignons de le blesser en revenant sur le sujet ou lui-même a peut-être signifié qu'il ne voulait plus en entendre parler. Rappelons-nous et rappelons-lui alors que le pardon est un processus. Nous sommes résolus à pardonner, mais avons besoin d'aide pour faire le tour de la question et en discuter sérieusement afin que le pardon soit sincère.

Décider de croire aux desseins bienveillants de Dieu

Jésus s'est confié en Dieu en sacrifiant sa vie. Il a cru que Dieu réglerait le problème du péché qu'il portait en son corps, sur le bois. Il a cru que le pardon ferait une différence et que son sacrifice n'était pas vain. Il a cru que Dieu le protégerait et le ressusciterait d'entre les morts. Il a cru que Dieu ferait de son peuple de nouvelles créatures et rétablirait la relation brisée.

Nous devons, de même, placer notre confiance en Dieu lorsque nous choisissons de pardonner : croire que Dieu guérira nos blessures et utilisera notre sacrifice pour renouer les liens avec notre conjoint. Croire également que nous ne serons pas bernés, mais que Dieu se sert du pardon pour accomplir son œuvre dans nos vies. Le pardon ne provoque pas forcément de changement chez notre conjoint, mais il nous donne l'assurance d'acquérir de la maturité et d'être préservés de l'amertume. Croyons qu'il représente le moyen par lequel Dieu élimine le voile entre nous et notre conjoint. Croyons que le pardon donne un second souffle à notre relation de couple.

En choisissant de pardonner, nous décidons de faire tout ce qui est en notre pouvoir pour que cet incident ne s'interpose pas entre nous et notre conjoint.

La décision de pardonner représente le point culminant de notre démarche. Nous avons déjà éliminé plusieurs obstacles dans notre vie de couple si nous nous abstenons de ressasser l'incident, si nous choisissons de ne pas nous en servir pour causer du tort à notre conjoint et si nous n'en parlons pas aux autres. Cependant, nous permettons parfois à l'offense de s'interposer entre nous de façon subtile. Prenons un exemple concret. Un mari et sa femme ont résolu un conflit avec succès : désormais, il téléphonera à la maison pour informer sa femme du prolongement de ses heures de travail. Le mari s'est excusé et a reconnu son manque d'égard et son égoïsme. Il n'avait pas pensé aux conséquences de ne pas prévenir des changements d'horaire et s'engage à mieux agir à l'avenir. Deux semaines plus tard, il appelle comme promis à la maison et explique qu'il sera en retard. La sortie au restaurant devra être reportée d'une heure. La femme se met de nouveau en colère. Le mari a respecté sa promesse, mais les émotions se bousculent en elle. Elle a envie de se refermer sur elle-même et d'annuler la sortie. Que se passe-t-il?

> BIEN QUE DIEU NOUS PARDONNE SUR LA BASE DE LA MORT DE JÉSUS À LA CROIX UNE FOIS POUR TOUTES, CE PARDON NOUS EST ACCORDÉ JOUR APRÈS JOUR POUR LE RESTE DE NOTRE VIE.

Les émotions ressenties il y a quelques semaines remontent peut-être à la surface, car la situation donne une impression de déjà-vu. Le mari travaille tard et leurs projets en souffrent. Le contexte est toutefois très différent. La femme peut donc réagir autrement : se rappeler sa décision de pardonner, remercier Dieu que le conflit se soit résolu grâce à son aide, être reconnaissante puisque son mari a tenu parole et se concentrer sur la joie de passer de bons moments avec lui à son retour du travail.

Certaines questions, en revanche, ne sont peut-être pas résolues. Un des problèmes est réglé : le mari appelle maintenant lorsqu'il travaille tard. Pour la femme, toutefois, la difficulté se situe à un niveau plus profond. Non seulement il ne l'avertissait pas de ses retards, mais il était tellement pris par son travail en général qu'elle avait l'impression de ne pas compter vraiment à ses yeux. Il est bien d'en prendre conscience, mais cette question ne doit pas être réglée en même temps que la sortie planifiée pour le soir même. La femme doit profiter de son repas, puis réfléchir et prier pour savoir quand et comment aborder la question des exigences du travail.

Décider de progresser

Peu importe la sincérité de l'aveu et la promesse de changer, notre conjoint péchera sans doute encore contre nous. Rappelons-nous que le changement est un processus. Bien que Dieu nous pardonne sur la base de la mort de Jésus à la croix une fois pour toutes, ce pardon nous est accordé jour après jour pour le reste de notre vie. De la même façon, un des objectifs du pardon est de nous transformer à l'image de Jésus et cette œuvre dure toute la vie.

À mesure que Dieu perfectionne son image en nous, notre capacité à pardonner s'améliore. Par moments, pardonner semble facile et naturel. À d'autres occasions, notre seul désir est de revenir sur notre décision de la veille. Jésus a entrepris une œuvre magnifique en nous, mais nous n'avons pas encore atteint une pleine maturité. Le seul moyen de développer notre capacité à pardonner est de demeurer centrés sur Jésus, de se laisser influencer par lui et d'être disposés à apprendre de lui, comme nous le faisons pour tous les autres aspects de la vie.

Confesser notre péché et demander pardon

« Je sais que je dois apprendre à pardonner, mais je m'attends à recevoir des excuses de la part de mon conjoint. Ai-je raison? »

Seul le pardon offert dans un contexte de confession conduit à une réconciliation complète. (Nous examinerons au chapitre 13 le pardon accordé à un impénitent.) Le mari et la femme devraient participer tous deux au processus de pardon. Selon les situations, ils reconnaissent tour à tour leur péché, le confessent et pardonnent.

> LORSQUE LA RÉCONCILIATION S'APPUIE SUR LA CONFESSION ET LA REPENTANCE ENVERS DIEU, SA PROFONDEUR ET SON AUTHENTICITÉ RENDENT LE PARDON PLUS FACILE ET PLUS NATUREL.

Les principes importants de la confession

Le péché est un ennemi fourbe et traître. Il se fraie un chemin jusque dans nos aveux et peut même aggraver les blessures dont nous espérions la guérison. Ces quelques principes simples sont utiles pour éviter les erreurs les plus répandues et les pièges qui font avorter la confession.

La confession a pour but de rétablir notre relation avec Dieu, et non pas seulement d'exprimer des regrets.

Bon nombre de personnes considèrent que dire « je suis désolé » équivaut à se confesser. Bien qu'il soit important d'exprimer sa peine, elle ne représente qu'une partie de la confession du péché. La confession, dans son sens fondamental, consiste à reconnaître notre rébellion contre Dieu. Nous devons d'abord trouver le pardon auprès de Dieu avant que nos aveux produisent un effet bénéfique sur notre conjoint. Le roi David a écrit :

Car je reconnais mes crimes, et mon péché est constamment devant moi. J'ai péché contre toi, contre toi seul, et j'ai fait le mal à tes yeux, en sorte que tu seras juste dans ta sentence, sans reproche dans ton jugement. (Psaumes 51.5-6)

David a une vision claire de son péché et il sait qu'il a mal agi envers Dieu. « J'ai péché contre toi, contre toi seul » : voilà une déclaration étonnante, si on considère la raison pour laquelle David se repent, c'est-à-dire son adultère avec Bath-Chéba et le meurtre d'Urie, le mari de Bath-Chéba (voir 2 Samuel 11).

David ne méprise pas les victimes humaines de ses crimes, mais il sait qu'au fond, sa faute est une manifestation de haine envers Dieu, une tentative de le détrôner. David admet que ses péchés contre Bath-Chéba et Urie avaient pour cause première son désir pervers d'être son propre dieu. S'attaquant à la source du problème, David demande à Dieu une purification complète et parfaite. La purification et le rétablissement de sa relation avec Dieu l'aideront à mettre tout en œuvre pour réparer les torts causés, perpétuer son règne et faire face aux inévitables conséquences de ses actes.

La réconciliation durable entre un mari et une femme doit découler d'une repentance qui s'attaque au véritable problème. Souvenons-nous que nos problèmes de relation sont liés à notre adoration et le seul moyen de les régler est de rétablir notre relation avec Dieu. Lorsque la réconciliation s'appuie sur la confession et la repentance envers Dieu, sa profondeur et son authenticité rendent le pardon plus facile et plus naturel. Une vraie repentance donne également à celui qui se confesse la force de vivre en dépit de la situation de chaos qui caractérise le processus de pardon et de rétablissement.

La confession ne consiste pas à vider son sac

La confession nous rend parfois mal à l'aise, mais elle procure souvent un soulagement. Avez-vous déjà éprouvé un sentiment de culpabilité obsédant, jour après jour? Une mauvaise conscience est utile si elle nous permet de reconnaître notre péché et de prendre les mesures nécessaires pour le résoudre. Mais si nous déchargeons simplement notre conscience, nous risquons de faire plus de tort que de bien.

C'est le cas, par exemple, des pensées impures. Il est mal d'imaginer et de nourrir des pensées adultères, mais il serait nuisible de les mentionner à notre conjoint *chaque fois* qu'elles nous traversent l'esprit. Nos confessions à répétition lui causeraient plutôt du tort, de l'anxiété et des soucis. Si le problème est sérieux, il vaut mieux en parler à un ami de confiance. Le but de la confession n'est pas de soulager notre conscience, mais de régler le péché. Ne nous lançons pas dans des aveux sans avoir songé aux effets qu'ils produiront sur notre conjoint. Avant de confesser un péché, demandons-nous dans quelle mesure nos actions l'ont déjà perturbé ou si elles risquent de le troubler davantage.

Nous faisons parfois un aveu qui est certes nécessaire, mais dans la hâte de soulager notre conscience, nous précipitons les choses. Nous nous attendons à la compréhension et à la sympathie immédiates, sans nous attarder à l'impact que la confession produira sur notre conjoint. Souvenons-nous : la confession n'est pas une stratégie pour soulager la conscience, mais un acte d'amour utile à la relation de couple.

Ne rejetons pas la faute sur l'autre

Nous sommes prompts à rejeter la faute sur l'autre. Ce réflexe s'introduit même dans nos aveux par les termes : *si*, *mais*, et *peut-être*. Ils transforment subtilement la confession en accusation ou, à tout le moins, ils appellent l'autre à partager la responsabilité de la faute. En voici quelques exemples :

Notre aveu	Sa vraie signification
« Je suis désolé *si* je t'ai blessé. »	Nous ne sommes pas certains d'avoir blessé notre conjoint. C'est sans doute seulement dans sa tête.
« Je sais que je t'ai menti, *mais* tu m'y as forcé en réagissant de façon aussi négative. »	Nous accusons notre conjoint d'être responsable de notre mensonge. Confessons-nous notre faute ou la sienne?
« Je n'aurais *peut-être* pas dû dépenser cet argent sans t'en parler d'abord. »	Si nous ne sommes pas convaincus, la confession est prématurée. Si nous sommes convaincus, le mot *peut-être* est inutile.

Il faut assumer la responsabilité de nos actes, autrement nous ne confessons aucun péché. Nous nous contentons plutôt de reconnaître qu'une autre personne est responsable de notre faute. Par nos paroles, nous nous confessons et nous nous rétractons en même temps.

Soyons précis

La confession d'un péché comprend la description et la cause de la mauvaise action et même le discernement de la lutte spirituelle qui s'y rattache. Un aveu détaillé démontre que nous avons analysé la situation et notre cœur avec soin.

Par exemple, à la suite d'un accès de colère contre notre femme, ne nous contentons pas de lui dire : « Je suis désolé de m'être emporté. » Cherchons plus loin.

Comment s'est manifestée notre irritation au juste? « J'ai élevé la voix contre toi et j'ai claqué la porte. Je sais que ces comportements te font peur. »

Quels sentiments dominaient notre cœur? « Je m'apitoyais sur mon sort et je voulais que tu me plaignes. Je n'ai pas obtenu ce que je désirais, je t'ai donc puni par ma colère. C'était mal et égoïste d'agir ainsi. »

En quoi consistait la lutte spirituelle? « Je sais que Dieu veut que j'apprenne à mieux t'aimer, à m'arrêter et à réfléchir à mes actions. Il me montre qu'il est mal de me centrer sur moi-même et d'oublier que je t'aime. Il m'apprend également que je dois l'aimer davantage. »

Une description aussi précise de ce qui se passe en nous contribue grandement à la transformation de notre cœur et facilite le processus du pardon chez l'autre.

Exprimons un regret sincère

Affirmer que nous sommes désolés n'est pas le seul élément de la confession, je vous l'accorde. Toutefois, il est crucial. Nous devons exprimer à notre conjoint tout notre chagrin de lui avoir causé du tort. Souvenons-nous : une des composantes essentielles de l'amour est la capacité et la volonté de s'identifier à l'univers de l'autre. L'amour sincère nous appelle à nous réjouir avec ceux qui se réjouissent et à pleurer avec ceux qui pleurent (Romains 12.15). Durant le processus de confession, prenons le temps de demander à notre conjoint à quel point notre péché l'a bouleversé et écoutons-le avec attention. L'exposé des blessures que nous lui avons infligées est pénible à entendre, mais il constitue une manifestation incontournable de l'amour. Il nous aide à mieux comprendre notre péché, à nous repentir envers Dieu et à apprécier davantage le pardon de Jésus.

Un plan d'action pour agir autrement

Si nos attitudes et nos actions nous attristent réellement, nous souhaiterons qu'elles soient transformées. En décrivant notre péché et notre désir de changer, soyons disposés à discuter de gestes concrets qui favoriseront les transformations voulues et acceptons les consé-quences de nos actes.

« Les conséquences? Je croyais que le pardon libérait l'autre de la punition de son péché? » Il est vrai qu'en pardonnant, nous ne cherchons plus à punir l'autre pour son péché. Toutefois, la sagesse et l'amour requièrent parfois l'application de conséquences.

Par exemple, si un mari a dépensé de l'argent en secret, sachant qu'il aurait dû en discuter d'abord avec sa femme, il pourrait lui dire : « Je sais que j'ai trahi ta confiance. C'est pourquoi je te donne la permission de contrôler mes dépenses pendant quelque temps. » Ou alors, si un conjoint éprouve des difficultés avec la pornographie en ligne ou avec le jeu, il lui faudra reconnaître son besoin de rendre des comptes à quelqu'un, d'installer un filtre ou toute autre restriction sur son ordinateur.

En acceptant les conséquences de nos actes, nous démontrons humblement notre besoin de limites pour protéger notre conjoint, notre couple et nous-mêmes de toute blessure subséquente. Cette acceptation est l'évidence même d'un cœur véritablement repentant.

Se détourner du péché est un processus. Se repentir, c'est reconnaître avoir mal agi et, bien entendu, vouloir changer. Sans promettre de ne plus jamais récidiver, nous prouvons tout de même la sincérité de notre repentance en adoptant un plan d'action qui nous mènera sur la voie du changement. Ce plan peut être très simple : « La prochaine fois que je serai tenté de m'emporter, je sortirai de la pièce pour me calmer. » Ou de façon encore plus réfléchie : « Je demanderai à Matthieu de prier avec moi à ce sujet et je lui rendrai des comptes. » Informons notre conjoint que non seulement nous *désirons* agir autrement, mais que nous prenons également des moyens concrets pour y parvenir.

Demander pardon

Que la confession soit longue ou brève, elle doit inclure un élément essentiel : une demande claire et explicite de pardon. Une telle demande produit deux effets.

D'abord, notre conjoint sait à quoi s'en tenir. Il manque peut-être d'expérience pour pardonner tout comme nous en manquons pour confesser. Dans ce cas, une demande de pardon claire oriente les conjoints vers des pistes de solution tangibles.

Ensuite, elle nous permet de mettre les choses au clair. Nous ne voulons pas faire semblant que la question est réglée, si elle ne l'est pas. Il importe de savoir si notre aveu a été bien compris ou non, ou s'il tient compte de certaines données importantes aux yeux de notre conjoint. Nous ne voulons pas clore le sujet trop tôt de peur qu'il ne ressurgisse plus tard, aggravé par l'amertume et d'autres complications.

Laissons à l'autre le temps d'assimiler nos aveux. Souvenons-nous que le pardon est un processus. Notre conjoint n'est peut-être pas encore prêt à pardonner ou en mesure de le faire.

Les conflits sont ordinaires, le pardon est extraordinaire

Le pardon est la mise en pratique et le prolongement de ce que Dieu a fait pour nous. Tout comme Dieu a résolu le problème du péché afin qu'il n'affecte plus notre relation avec lui, nous nous efforçons d'apprendre à pardonner pour en finir avec le péché et réparer les torts causés à notre relation de couple. Dieu est l'auteur du pardon, c'est de lui que nous pouvons apprendre à pardonner. Souvenons-nous que la clé du changement durable pour un couple est d'apprendre à voir les situations ordinaires de la vie comme des occasions extraordinaires de mettre en application l'amour de Dieu. Dans les situations de conflit, Dieu nous donne la possibilité de manifester son amour de façon puissante et étonnante. Une volonté d'avouer et de pardonner le péché ne représente rien de moins que la Bonne Nouvelle du pardon de Dieu proclamée à travers notre relation conjugale.

Matière à réflexion

- Souvenez-vous d'une occasion où une personne vous a sincèrement pardonné. Qu'a-t-elle dit ou fait? Quel impact ce pardon a-t-il produit sur vous et sur votre relation? Pensez à une occasion où une personne a refusé de vous pardonner. Quel impact ce refus a-t-il produit sur vous et sur votre relation?
- Quels aspects du pardon trouvez-vous plus faciles ou plus difficiles à appliquer? Expliquez-en les différences.
- Qu'est-ce qui fait dévier vos confessions en général? Pourquoi?

13

Le pardon dans la relation conjugale

Les enseignements à retenir dans ce chapitre :

- Le pardon représente un défi dans n'importe quelle relation, mais en particulier dans la relation de couple. L'intimité de la vie à deux nous rend plus vulnérables aux péchés et aux faiblesses de l'autre.
- Tous les couples rencontrent des obstacles qui entravent le processus de pardon : l'utilisation du pardon pour se débarrasser d'un problème ou brusquer le processus, la crainte de revivre la même situation et la méconnaissance des différences entre pardon et complaisance, entre conséquences et vengeance.
- Il est plus facile de pardonner lorsque nous gardons à l'esprit les trois vérités suivantes. Notre conjoint a été une source de bénédiction pour nous dans le passé. On nous a beaucoup pardonné. Nous sommes sujets aux mêmes tentations et faiblesses que l'autre.
- Si notre conjoint refuse d'assumer la responsabilité de ses actes, nous pouvons néanmoins choisir de ne pas nous replier sur nous-mêmes et de ne pas céder à l'amertume, bien que dans ces conditions, un pardon complet ne puisse être accordé.

Les obstacles au pardon dans la relation conjugale

Peu importe que nous soyons doués dans l'art de pardonner ou que nous menions notre barque avec succès dans les eaux troubles de nos relations, le pardon au sein du couple demeure le plus difficile à pratiquer. En voici la raison : plus nous entretenons un lien intime avec une personne, plus elle a le pouvoir de nous infliger des blessures profondes. Notre conjoint peut être une personne extraordinaire, mais il n'en demeure pas moins un pécheur, une image déformée de Dieu. Lorsque la personne en qui nous avons le plus confiance pèche contre nous, la blessure est plus grave que si elle provenait d'une simple connaissance. Heureusement, l'amour de Dieu est plus profond encore et le pardon qu'il nous accorde en Jésus et nous enseigne à offrir est puissant.

Le pardon comme moyen de se débarrasser d'un problème

Sachant qu'à la suite du pardon, l'incident devrait devenir chose du passé, les conjoints accélèrent parfois le processus de manière à tourner rapidement la page. Soyons honnêtes : même si nous savons que Dieu accomplit de grandes choses au moyen de la réconciliation, elle n'en est pas pour autant agréable.

Le conjoint offensé se hâte parfois d'accorder son pardon, empêchant ainsi l'offenseur de confesser la totalité de sa faute. L'offensé se sent parfois bousculé et pardonne trop vite, ce qui a pour effet de refermer une blessure non guérie.

Que faire si notre conjoint nous pousse à pardonner, alors que des aspects importants de l'incident n'ont pas été abordés? Affirmons-lui notre désir d'accorder un plein pardon et notre souhait qu'il soit le plus bénéfique possible. Expliquons-lui avec douceur et humilité qu'il manque certains éléments à ses aveux. Ou peut-être, avons-nous simplement besoin de temps pour réfléchir et analyser sa confession et les événements qui nous ont conduits à ce point? Assurons-lui que nous ne rejetons pas sa confession, mais que nous la prenons au sérieux et cherchons à y répondre avec sagesse.

Le processus de pardon est grandement facilité si nous prenons le temps de choisir les bons mots qui sauront refléter combien notre péché l'a affecté. Exprimons-lui des regrets sincères. Il est indispensable de l'avoir écouté avec attention nous décrire ses blessures avant de les verbaliser dans nos propres mots. Exprimer des blessures n'est jamais facile, cette démarche demande du temps.

Mettre nos aveux par écrit produit aussi plusieurs effets bénéfiques. L'écriture nous permet de mieux définir notre péché et ses conséquences et elle aide notre conjoint à mieux assimiler nos paroles. Ce geste démontre que nous prenons notre péché au sérieux et notre conjoint peut se référer à nos écrits lorsqu'il doute de notre sincérité. Ne faisons toutefois pas cette démarche à la hâte si sa douleur est intense, car il aurait alors l'impression que nous minimisons la portée de nos fautes.

La crainte que l'histoire se répète

La crainte que l'offenseur reproduise inévitablement le même péché constitue un autre obstacle important au pardon. Si pardonner équivaut à se laisser marcher sur les pieds par un conjoint qui ne se soucie pas des répercussions de ses actions, notre pardon peut paraître inutile et humiliant. Tout en étant conscients de cette réalité, nous savons également que se détourner de nos péchés est un processus. Même quand il s'agit de ceux que nous détestons et regrettons. Nous avons beau chercher à nous corriger, nous risquons quand même de récidiver.

D'ABORD, PLUS LA CONFESSION EST COMPLÈTE, PLUS IL EST FACILE DE CROIRE QUE DIEU POURSUIT SON ŒUVRE DE TRANSFORMATION ET DE CROISSANCE, EN DÉPIT DES RÉCIDIVES.

Quelques mesures simples nous aident à surmonter cet obstacle. D'abord, plus la confession est complète, plus il est facile de croire que Dieu poursuit son œuvre de transformation et de croissance, en dépit des récidives. Par exemple, la plupart des conjoints sont conscients qu'un individu aux prises avec une dépendance commettra des faux pas, même s'il est délivré de sa dépendance. Tant et aussi longtemps que l'offenseur se repent avec sincérité et s'engage à demeurer dans la voie du changement, le conjoint offensé parvient à pardonner et à s'en remettre.

Ensuite, il peut être important de discuter sérieusement des étapes à suivre pour prévenir que l'offense ne se répète, si cette crainte nuit au pardon. Aucun plan n'est infaillible et nous plaçons d'abord notre confiance en l'œuvre de Dieu et non dans notre méthode. La sagesse nous appelle pourtant, dans la mesure du possible, à ériger des barrières pour lutter contre le péché et à élaborer un plan d'action afin de marcher dans les sentiers de la justice. Veillons à ce que le conjoint craintif ait son mot à dire dans l'élaboration du plan et que ses préoccupations soient prises en compte.

La différence entre le pardon, la complaisance, et les conséquences

Nous avons déjà étudié les types de stratégie utilisés le plus fréquemment dans la gestion des conflits, soit apaiser, ignorer et gagner. Nous avons appris qu'elles ressemblent aux actions commandées par l'amour, qui consiste à céder, à attendre et à reprendre. Elles en sont, cependant, fondamentalement différentes. Les stratégies humaines sont souvent influencées par nos désirs et nos craintes, plutôt que par l'amour. De même, certains aspects du pardon s'apparentent à l'amour biblique, mais en réalité, ils ne sont que des moyens détournés de servir nos propres intérêts.

Nous savons, par exemple, que pardonner signifie remettre à notre conjoint la dette de son péché. Nous ne devrions pas lui faire subir quelque souffrance que ce soit pour satisfaire notre désir de vengeance. L'amour, cependant, exige parfois l'instauration de certaines mesures dans le but de protéger les conjoints contre des péchés particulièrement destructeurs comme les comportements violents et les diverses dépendances.

Il est primordial de prendre au sérieux les tentations de pécher et d'appliquer des conséquences. Autrement, un désir sincère de pardonner peut devenir une forme de complaisance qui met en péril notre conjoint et notre couple. Par exemple, un conjoint qui souffre d'une dépendance à la pornographie a besoin de pardon et d'un accès restreint à l'ordinateur familial. Une conséquence, toutefois, se déguise facilement en vengeance. Ainsi, restreindre l'accès à l'ordinateur est une conséquence raisonnable et fondée sur l'amour. Lui interdire l'accès à la chambre à coucher pendant six mois ressemble davantage à une revanche.

Un bon moyen d'éviter les pièges de la complaisance ou de la vengeance consiste à examiner notre cœur afin de déterminer les raisons du retrait ou de l'application d'une conséquence. Nos motifs ne sont jamais entièrement purs, mais l'amour doit être notre principale source de motivation et non la crainte, la colère ou le ressentiment. Pouvons-nous affirmer en toute honnêteté que le geste posé profitera à notre conjoint et à notre relation? Examinons également l'objectif que nous poursuivons en ajoutant ou en retirant une conséquence. Notre conjoint y trouvera-t-il un encouragement à changer? Offre-t-elle une sorte de protection qui favorisera le rétablissement de la relation?

> TOUTEFOIS, À QUEL POINT NOUS NOUS COMPLÉTONS L'UN L'AUTRE, REND PLUS FACILE LE PARDON SI LE PÉCHÉ SE MET DE LA PARTIE. SON EXTROVERSION A FAIT DE MOI UNE MEILLEURE PERSONNE.

L'arrivée des renforts

La crainte, la colère, l'amertume, le désespoir, de même que la torpeur nuisent au pardon. Certaines émotions nous gardent prisonniers des blessures passées et détruisent la puissance de vie inhérente au pardon. En plus de maintenir fermement notre décision de pardonner, d'autres facteurs arrivent en renfort pour donner du poids à notre détermination et affaiblir l'emprise des émotions douloureuses.

Cette personne compte pour moi

À cause de la colère et des blessures, nous diabolisons parfois notre conjoint. Nous le considérons seulement à la lumière des torts qu'il nous a fait subir. Même s'il n'a pas un caractère facile, nous avions probablement de bonnes raisons de l'épouser. Certains traits de sa personnalité nous ont plu ou fascinés au point où nous avons souhaité passer le reste de notre vie avec cette personne. Par conséquent, de bonnes raisons subsistent pour réussir à faire tomber le mur de séparation érigé entre nous. Prenons le temps de réfléchir à ce que nous aimons chez notre conjoint et aussi d'apprécier ses qualités que nous avons peut-être perdues de vue en raison des blessures et de la colère. Rappelons-nous les paroles de Paul :

> Au reste, frères, que tout ce qui est vrai, tout ce qui est honorable, tout ce qui est juste, tout ce qui est pur, tout ce qui est aimable, tout ce qui mérite l'approbation, ce qui est vertueux et digne de louange, soit l'objet de vos pensées. (Philippiens 4.8)

Cette personne a été pour moi une bénédiction

En songeant au fait que notre conjoint a été pour nous une source de bénédictions, nous trouvons d'autres raisons de l'aimer et de l'apprécier davantage. Cette réflexion nous amène au-delà de l'appréciation de ses qualités. Dieu l'a utilisé dans notre vie pour nous aider à grandir, entre autres par les contrariétés. Ses faiblesses et ses péchés ont contribué, par la grâce de Dieu, à développer notre patience, notre compassion et notre capacité à pardonner. Quels changements positifs voyons-nous dans notre vie grâce à sa présence? Quels sujets de reconnaissance pouvons-nous adresser à Dieu pour lui?

Il arrive que l'extroversion de Kim et mon introversion s'affrontent. Nos divergences deviennent alors une source d'irritation. Se rappeler, toutefois, à quel point nous nous complétons l'un l'autre, rend plus facile le pardon si le péché se met de la partie. Son extroversion a fait de moi une meilleure personne. J'ai appris à socialiser davantage, à m'amuser et, par conséquent, à mieux aimer les gens. Je suis allé à bonne école.

On m'a beaucoup pardonné

Dans les sombres moments de souffrance morale, nous cherchons parfois en nous-mêmes l'aide nécessaire pour pardonner, mais nos ressources sont épuisées. D'où vient le pardon lorsque nos propres blessures nous rongent à petit feu ?

Dans Matthieu 18, Jésus enseigne à ses disciples les exigences du pardon et comme nous, ces derniers trouvent le principe quelque peu décourageant. Pierre demande à Jésus combien de fois au juste nous sommes censés pardonner. Il avance le chiffre sept, dans une tentative de se montrer généreux. Jésus lui répond : soixante-dix fois sept fois (Matthieu 18.22). Jésus ne nous appelle pas à comptabiliser chaque pardon puis à nous décharger de toute responsabilité lorsque le compteur atteint 490. Ses paroles signifient plutôt que nous devons pardonner autant de fois qu'il est nécessaire.

Dans le but de convaincre les sceptiques, Jésus raconte une parabole. Un serviteur doit à un roi un montant d'argent considérable, soit dix mille talents ou quelques millions de dollars. Dans un élan de générosité étonnant, le roi remet la dette au serviteur après que ce dernier l'ait supplié de lui faire grâce. Ce même serviteur se rend ensuite chez un de ses compagnons et le somme de lui rembourser sa dette de cent deniers, l'équivalent d'environ quatre mois de salaire. En entendant parler des agissements de son serviteur, le roi devient livide et déclare :

> Méchant serviteur, je t'avais remis en entier ta dette, parce que tu m'en avais supplié; ne devais-tu pas avoir pitié de ton compagnon, comme j'ai eu pitié de toi? Et son maître irrité le livra aux bourreaux jusqu'à ce qu'il ait payé tout ce qu'il devait. (Matthieu 18.32-34)

Notre aptitude à pardonner provient de la valeur que nous accordons au pardon de Dieu et de l'expérience que nous en faisons au quotidien. Si nous n'avons pas encore compris l'ampleur de la dette que Dieu a effacée pour nous, souvenons-nous que notre pardon a nécessité la mort de Jésus, le Fils de Dieu saint et parfait. Il devient plus facile de pardonner aux autres lorsque nous puisons à la fontaine de la joie et de la gratitude du pardon de Dieu envers nous.

Notons que la parabole ne minimise pas la gravité du péché commis contre nous. Jésus ne méprise pas notre souffrance. Cent deniers représentent un montant d'argent important, soit le tiers d'un salaire annuel. Néanmoins, dans le plateau de la balance, aucune somme ne se compare à la dette qui nous a été remise. Accorder le pardon ne signifie pas regarder au-dedans de nous pour trouver la réaction émotionnelle la plus appropriée. Cela signifie plutôt se concentrer sur l'amour et la grâce de Dieu et lui demander la force de transmettre ces dons à notre conjoint.

Bien que rien ne se compare à la dette que Dieu nous a remise, il est utile de s'arrêter et de réfléchir aux nombreuses fois où notre conjoint a choisi de nous pardonner ou d'oublier nos fautes. Le pardon est plus facile à donner lorsque nous nous rappelons la mesure du pardon qui nous a été accordé.

Nos ressemblances sont plus nombreuses que nos différences

Le péché nous incite à nous élever au-dessus de notre conjoint. Nous évaluons en général les gens sur la base de leur potentiel et de leur capacité à combler nos objectifs personnels. Or, il arrive que nous trouvions un certain réconfort à la pensée d'être meilleurs qu'eux : « Mon conjoint m'a blessé, c'est certain, mais au moins je peux me consoler en me disant que je suis meilleur que lui. Après tout, je ne pourrais jamais lui faire ce qu'il m'a fait. » Cette attitude nous attire dans un piège et il est facile d'y tomber lorsque nous avons été blessés. Elle procure un réconfort passager, mais anéantit toute tentative de pardon.

Dans son sermon sur la montagne (Matthieu 5-7), Jésus enseigne à ses disciples et aux foules que la vie dans son royaume exige une compréhension approfondie de la loi. Elle doit pénétrer jusque dans notre cœur toujours prompt à juger. Son enseignement porte sur divers commandements comme l'interdiction de tuer, de commettre l'adultère et de mentir. Il martèle encore et encore le même message : nous sommes tous pécheurs du point de vue de la loi. Nous n'avons donc aucun droit de nous élever au-dessus de qui que ce soit pour le juger.

Si nous nous sentons supérieurs au meurtrier, Jésus nous rappelle que nous commettons un meurtre dans notre cœur chaque fois que nous nous nourrissons de la colère :

> Vous avez entendu qu'il a été dit aux anciens : Tu ne commettras pas de meurtre, celui qui commet un meurtre sera passible du jugement. Mais moi, je vous dis : Quiconque se met en colère contre son frère sera passible du jugement. (Matthieu 5.21-22)

Si nous nous sentons supérieurs à la personne adultère, Jésus nous rappelle que nous sommes adultères dans notre cœur à cause de la convoitise :

> Vous avez entendu qu'il a été dit : Tu ne commettras pas d'adultère. Mais moi, je vous dis : Quiconque regarde une femme pour la convoiter a déjà commis un adultère avec elle dans son cœur. (Matthieu 5.27-28)

Au fond, les ressemblances de nos cœurs sont plus nombreuses que nos différences. La loi ne nous donne aucune raison de nous sentir supérieurs aux autres. Au contraire! Elle nous montre que nous avons tous besoin du pardon de Dieu. La gravité des actions diffère, bien entendu, mais en comparant notre cœur à celui de notre offenseur, tout sujet de vantardise est exclu.

Notre conjoint nous a-t-il menti? Souvenons-nous toutes les fois où nous avons manqué de transparence. Nous a-t-il parlé avec dureté? Pensons aux paroles dures que nous avons prononcées ou qui nous ont traversé l'esprit. Notre conjoint souffre-t-il de dépendance? Pensons à nos désirs inassouvis, à ce qui nous est indispensable ou qui nous sert d'échappatoire dans la souffrance. Que nous ayons ou non posé un geste semblable à celui de notre conjoint, sachons que dans notre cœur nous avons désiré et servi les mêmes idoles.

Dieu est à l'œuvre

« Celui qui garde l'instruction prend le chemin de la vie, mais celui qui oublie la réprimande s'égare » (Proverbes 10.17). Ce proverbe signifie que si je reçois la correction de Dieu, confesse mon péché et demande pardon, je fais du bien à mon âme et à quiconque en est témoin. Dieu peut utiliser toutes choses, même mes fautes, pour le bien.

Confesser son péché équivaut à répandre l'Évangile. Nous proclamons que les échecs ne sont pas irréversibles et que nous pouvons être secourus et guéris de notre déchéance. Nul besoin alors de cacher à l'autre notre péché.

L'inverse est également vrai. Le refus de confesser et de pardonner est un signe d'impuissance et de désespoir. Il laisse croire que le seul espoir de vaincre le péché est de se couvrir comme Adam et Ève : une tactique complètement inefficace. Il déclare que le péché finira peut-être par être oublié avec le temps, si nous travaillons dur pour que l'autre personne se sente de nouveau à l'aise avec nous. Cependant, les péchés ne seront jamais complètement pardonnés.

Le péché et l'échec nous accompagneront tout au long de notre existence et de notre vie conjugale. Prenons courage, car la confession et le pardon annoncent l'amour de Dieu et donnent la vie à notre conjoint et à notre entourage.

Que faire si notre conjoint n'exprime aucun regret ?

Si notre conjoint refuse d'admettre ses torts envers nous, il n'est pas sage de prendre certains des engagements inhérents au pardon.

Par exemple, nous ne pouvons promettre de ne plus revenir sur le sujet. En réalité, nous devrons probablement reparler du problème avec humilité et prudence afin de le résoudre.

Nous devrons peut-être en discuter avec d'autres dans le but d'obtenir de l'aide pour sauver notre relation de couple.

Cependant, prions à ce sujet et choisissons d'en parler pour rétablir la relation et non pour la détruire, que ce soit avec notre conjoint, un conseiller ou un ami.

Évitons de ressasser le problème, afin de ne pas éprouver d'amertume. Ne permettons pas aux sentiments douloureux d'ériger un mur entre nous et notre conjoint. Nous serons ainsi mieux disposés à accepter une demande de pardon lorsqu'elle se présentera. En outre, notre ouverture envers notre conjoint adoucira peut-être son cœur.

Il devient difficile de demeurer aimant et de garder une attitude positive envers notre conjoint lorsque les offenses se multiplient. En plus d'éviter l'amertume, il est bon de songer à appliquer des conséquences pour empêcher que la faute ne se reproduise.

Jésus a trouvé les mots justes pour encourager ceux qui vivent une situation semblable :

> Et s'il [ton frère] pèche contre toi sept fois dans un jour, et que sept fois il revienne à toi, en disant : Je me repens, tu lui pardonneras. Les apôtres dirent au Seigneur : Augmente-nous la foi. Et le Seigneur dit : Si vous aviez de la foi comme un grain de moutarde, vous diriez à ce mûrier : Déracine-toi, et plante-toi dans la mer; et il vous obéirait. (Luc 17.4-6)

La douleur ressentie à cause du péché commis contre nous semble parfois aussi résistante que les racines d'un arbre, en particulier si l'offenseur refuse de se repentir. Jésus nous encourage en affirmant que même une toute petite foi est plus puissante que l'amertume fermement ancrée dans le cœur. Personne n'a à subir les tourments de l'amertume. Elle peut être déracinée et plantée dans la mer, par la foi.

Ces paroles n'ont rien d'une formule magique. Elles nous rappellent simplement de garder nos regards fixés sur Jésus. Il est notre guide et notre aide dans notre lutte contre l'amertume. Jésus offre son amour aux impénitents sans se lasser, et il les invite à se repentir.

Ce chapitre, plus que tous les autres peut-être, nous appelle à garder l'adoration présente à notre esprit. Nos efforts pour pardonner n'atteindront jamais leur véritable but si nous oublions que Dieu, notre Sauveur, est la source de tout pardon. La Bible en enseigne les rudiments, mais son fondement se trouve en Dieu lui-même et dans la puissance de l'Évangile. En mettant le pardon en pratique, souvenons-nous que ses diverses expressions découlent de l'émerveillement et de la joie de nous savoir pardonnés par Dieu.

Matière à réflexion

- À votre avis, qu'est-ce qui rend le pardon difficile dans une relation de couple? De quelle manière contribuez-vous à rendre le pardon difficile pour votre conjoint?

- Prenez quelques minutes et écrivez au moins cinq caractéristiques que vous appréciez et aimez particulièrement chez votre conjoint. Gardez cette liste à portée de la main et lisez-la régulièrement. Lorsque vous avez l'impression que votre conjoint vous a causé du tort, relisez votre liste. Remerciez Dieu pour lui ou elle avant et après lui avoir parlé de l'offense.

- Dressez une liste de quelques transformations que Dieu a opérées en vous depuis que vous êtes marié à cette personne. Relisez régulièrement les deux listes.

14

Comprendre notre rôle

Les enseignements à retenir dans ce chapitre :

- Des différends à propos des rôles conjugaux révèlent plus qu'une mauvaise compréhension des enseignements bibliques à cet égard. Ils reflètent également nos propres théories sur les différences entre les hommes et les femmes. Certains péchés intérieurs méconnus dictent aussi notre compréhension de ces rôles.

- La confusion entourant l'autorité et la soumission découle souvent d'une mauvaise conception du pouvoir. Jésus a enseigné que ceux qui exercent l'autorité doivent se sacrifier pour les autres et non rechercher leur gloire et leur satisfaction personnelles.

- Les rôles conjugaux servent à exprimer toutes les facettes de l'amour et doivent viser cet objectif. Il est important de reconnaître les différentes formes de manipulation qui se glissent dans notre manière d'exercer nos rôles.

- Nous devons connaître notre conjoint afin de pouvoir lui témoigner de l'amour dans le rôle qu'il exerce et apprécier ses talents et ses aptitudes à leur juste valeur. Connaître les particularités du sexe masculin ou féminin ne suffit pas.

Ce chapitre est-il pour moi?

Si les rôles conjugaux ne causent pas ou très peu de problèmes à notre relation de couple, vaut-il la peine que je m'y attarde? Dans ce monde en constante évolution, les difficultés surviennent à l'improviste et nous obligent à réfléchir encore plus profondément aux motifs derrière nos actions. Dieu suscite ces défis dans les situations ordinaires de la vie afin de nous garder profondément attachés à son amour extraordinaire.

> DIEU SUSCITE CES DÉFIS DANS LES SITUATIONS ORDINAIRES DE LA VIE AFIN DE NOUS GARDER PROFONDÉMENT ATTACHÉS À SON AMOUR EXTRAORDINAIRE.

« Père au foyer »

Je me souviendrai toujours de la première année de vie de mon fils Gresham. Qui peut oublier ses premières expériences en tant que parents? Tenir son enfant dans ses bras pour la première fois. L'endormir sur sa poitrine. Être témoin de son premier sourire.

Pour ma part, en dépit de toutes ces joies, ma première année comme « père au foyer » avec Gresham a été éprouvante. Au séminaire, il est fréquent que l'un des conjoints travaille pendant que l'autre termine ses études. Une fois mon diplôme obtenu, j'étais impatient de remplir mon rôle de soutien de famille afin que Kim reste autant que possible à la maison. Jeune diplômé fraîchement sorti de l'école, je ne travaillais que quelques heures par semaine en counseling. Avec l'arrivée du bébé, l'achat d'une nouvelle maison et des perspectives d'emploi à temps plein incertaines, le changement de responsabilités semblait risqué. J'ai donc été nommé, pour l'heure, la nourrice officielle : je changeais les couches, faisais faire les rots et les siestes. En d'autres termes, j'étais le gardien « à tout faire ».

Au début, j'ai pris beaucoup de plaisir à mon nouveau rôle. Combien de pères, en effet, ont le privilège d'influencer de façon significative la première année de vie de leur fils ? Après quelques mois, cependant, à mesure que les perspectives d'emploi diminuaient, je me suis senti de plus en plus démoralisé. J'avais reçu des félicitations pour ma flexibilité et mon assurance, mais l'effet de ces éloges s'estompait. J'ai commencé à me remettre en question. J'avais surtout l'impression de ne pas faire ce qu'un mari et père est *censé* faire, soit pourvoir aux besoins financiers de sa famille. Je trouvais tout à fait acceptable d'être resté à la maison avec Gresham pendant un mois ou deux, mais je ne voyais pas d'issue à l'horizon. En outre, quand j'allumais le téléviseur en donnant à Gresham sa purée de petits pois et sa compote de pommes, la culture ne faisait que renforcer mon sentiment. En regardant *Hawaii 5-0* en rediffusion le midi, j'ai remarqué que les messages publicitaires durant le jour touchaient trois domaines : les écoles techniques (le camionnage, l'entretien d'appareils de chauffage et de climatisation, etc.), les avocats spécialisés en préjudice corporel et les produits d'hygiène féminine. Le message était clair : si vous regardez la télévision à cette heure de la journée, vous êtes soit sans emploi, soit victime d'un accident préjudiciable ou vous êtes une femme. Ce qui m'était apparu comme une nouvelle expérience intéressante pendant les premiers mois ressemblait maintenant davantage à un exil loin du monde des maris responsables.

J'en suis venu à me demander si j'étais vraiment fait pour m'occuper de Gresham. Au point de vue logistique, tout allait bien. J'avais compris comment le nourrir, l'habiller, le baigner et le mettre au lit, mais ces tâches ne me passionnaient pas autant qu'elles auraient dû le faire, à mon avis. Trop souvent, je me forçais à répéter les mêmes gestes machinaux. Je me posais la question : Kim vivrait-elle une expérience tout à fait différente parce qu'elle est une femme ? Dans ce cas, Gresham était peut-être privé de quelque chose d'important. Je me suis demandé si les femmes avaient un don naturel pour prendre soin des autres, tandis que les hommes étaient davantage axés sur les objectifs à atteindre et créés pour relever des défis à l'extérieur de la maison. Mes gènes masculins m'empêchaient peut-être d'accomplir une tâche efficace comme père au foyer.

En réalité, j'étais aux prises avec des questions plus profondes que le fait d'être un mari, un père ou même un homme. Je combattais des sentiments d'échec et de doutes à l'égard de Dieu. Je luttais avec Dieu. Si je m'étais trompé? Si je n'étais pas fait pour être conseiller? Si je ne parvenais pas à subvenir aux besoins de ma famille en dépit de mon éducation qui m'avait coûté tant d'argent et de temps? Si, à l'approche de la trentaine, j'avais fait un mauvais choix de carrière? Les doutes et l'angoisse m'étreignaient. À la base, je doutais de Dieu et mon sentiment d'incompétence m'accablait. Cette lutte intérieure, beaucoup plus que les publicités à la télévision, influençait ma manière de considérer mon rôle de principal gardien de mon fils.

Heureusement, Kim m'a soutenu et encouragé durant toute cette période comme « père au foyer ». Mais je peux facilement imaginer la vie à la maison avec une femme aussi troublée que moi par cette répartition inattendue des rôles parentaux. Que serait-il arrivé si chaque jour Kim était revenue frustrée et amère du travail du fait de ne pouvoir rester à la maison avec Gresham? Si, en plus de ma propre culpabilité et de mes craintes, Kim avait passé sa frustration en m'accusant de manquer de motivation et en me harcelant sans cesse concernant ma recherche d'emploi? Je peux supposer que des querelles épouvantables auraient éclaté et aggravé la situation.

Tirons les choses au clair

En abordant la question du conflit, nous avons vu l'importance de nous attaquer aux problèmes cachés et profonds plutôt que de se quereller à propos des événements et des circonstances apparentes. Ce principe est essentiel à la résolution des conflits au sujet des rôles conjugaux. Les quelques observations suivantes ont beau être étroitement liées, elles doivent être étudiées séparément lorsque nous réfléchissons à notre fonction dans le couple.

- *Les différences entre le rôle du mari et celui de la femme sont en général source de confusion.* Kim et moi devions décider s'il était sage ou même acceptable que le mari soit la principale personne à s'occuper des enfants et la femme, le principal soutien de famille. Certains affirment que cette situation n'est ni sage ni acceptable. D'autres seront offusqués que j'ose soulever la question puisque pour eux, la distinction n'existe même pas. Qu'enseigne la Bible à ce sujet?

- *Autre source de confusion : les différences entre les hommes et les femmes influencent notre manière de concevoir les rôles conjugaux.* Certaines fonctions devraient-elles être assignées au mari plutôt qu'à la femme en raison de leur sexe respectif? Par exemple, est-ce que j'étais inapte à m'occuper de mon fils parce que je suis un homme? Dans quelle mesure notre compréhension est-elle façonnée par notre culture et notre expérience personnelle? Ma conception des hommes et des femmes m'empêche-t-elle de me voir, de voir ma femme et nos rôles de manière adéquate? M'empêchent-elles d'aimer avec sagesse?

- *Mes luttes personnelles interviennent dans ma définition des rôles conjugaux.* Mon angoisse à l'idée de rester à la maison avec Gresham était principalement causée par mes craintes et mes doutes. Si je n'avais pas été conscient de mes luttes spirituelles et de l'influence qu'elles exerçaient sur mes réflexions, le doute et la crainte auraient pu m'inciter à prendre des décisions égoïstes et insensées ou même à désespérer.

Retenons bien que ces points sont distincts, mais qu'ils s'influencent et s'éclairent réciproquement. Par exemple, un mari qui déclare : « Mon père n'a jamais toléré que ma mère le critique et je n'accepterai aucune critique venant de ma femme! » pourrait réfléchir au fait que son père ne supportait aucun reproche de la part de qui que ce soit. Sa manière de percevoir le rôle du mari était peut-être davantage inspirée par son insécurité personnelle que par une vérité générale au sujet des maris, des hommes et des femmes. Veillons à interpréter ces rôles à la lumière de la sagesse et de l'amour de Christ. Ne nous laissons pas influencer par les objections de notre propre cœur et nos théories personnelles et culturelles sur les sexes.

En lisant ce chapitre, gardons à l'esprit le but de ce livre : nous permettre de transformer les frustrations ordinaires de la relation conjugale en des occasions de voir l'œuvre extraordinaire de Dieu.

Nous verrons que les rôles que Dieu nous a donnés sont des manières d'exprimer l'amour. Le mari et la femme partagent le même appel à s'aimer l'un l'autre comme Christ nous aime. Nous verrons également que les désirs, les craintes, les péchés et les idoles de notre cœur se manifestent pour compromettre ces objectifs, mais que l'adoration nous garde sur la bonne voie.

L'autorité et la soumission

En lisant les passages du Nouveau Testament qui traitent du couple marié (Éphésiens 5.22-33; Colossiens 3.18-19 et 1 Pierre 3.1-7), nous constatons que les concepts d'autorité et de soumission sont importants. Chaque passage enseigne à la femme mariée de se *soumettre* à son mari, et au mari d'agir en tant que *chef* de sa femme. La signification exacte de ces termes fait sans contredit l'objet d'un débat, à cause de leur interprétation historique selon laquelle le mari exerce un rôle d'autorité sur sa femme.

Discuter des rôles conjugaux, et en particulier de l'autorité, semble presque déplacé dans une culture où ce sujet suscite la méfiance dans toutes les sphères de la société. La Bible le prend toutefois au sérieux et il importe de faire de même pour développer une vision biblique de la relation conjugale.

Si l'idée que l'autorité a sa place dans la relation de couple nous agace, réfléchissons à l'impact de cette réalité sur la vie en général. L'autorité fait partie intégrante de la plupart des relations et des institutions. Elle touche les parents et les enfants, les employés et les employeurs, les gouvernements et les peuples. Étant donné son importance, il est utile à tous de comprendre que Dieu s'attend à ce que l'exercice du pouvoir soit une expression de l'amour, quelle que soit la relation en cause. Réalisons-nous que dans presque tous les aspects de la vie, nous exerçons une autorité sur d'autres personnes ou nous sommes soumis à l'autorité de certains autres, et ce, quel que soit notre sexe?

Vous ne savez pas ce que vous demandez

À l'époque de Jésus comme de nos jours, l'objectif et la place de l'autorité a toujours constitué un sujet délicat. Le passage suivant montre que les disciples de Jésus ont dû accepter de revoir leur conception traditionnelle du pouvoir :

> Les deux fils de Zébédée, Jacques et Jean, s'approchèrent de Jésus et lui dirent : Maître, nous désirons que tu fasses pour nous ce que nous te demanderons. Il leur dit : Que désirez-vous que je fasse pour vous? Donne-nous, lui dirent-ils, d'être assis l'un à ta droite et l'autre à ta gauche dans ta gloire. Jésus leur dit : Vous ne savez pas ce que vous demandez. Pouvez-vous boire la coupe que je vais boire, ou être baptisés du baptême dont je vais être baptisé? (Marc 10.35-38)

À l'instar de la majorité des gens de leur culture, les disciples attendaient un Messie qui établirait son royaume et renverserait l'oppresseur romain. Ils anticipaient un règne messianique semblable à celui des rois et des leaders de ce monde, qui offrait en prime la puissance même du feu de Dieu. Jacques et Jean souhaitaient être les deux députés vedettes du nouveau royaume et occuper des postes prestigieux à titre de bras droit (et de bras gauche) du leader. Ils espéraient ainsi obtenir la gloire et le pouvoir. Avant de les pointer du doigt, reconnaissons que nous leur ressemblons beaucoup. La question de l'autorité est fortement influencée par notre passé. Nous avons été victimes d'individus qui ont abusé de leur autorité, mais au fond, nous sommes semblables à eux. Les disciples avaient été soumis contre leur gré à la domination romaine et à de riches oppresseurs. Ils s'étaient joints à Jésus pour aider les pauvres et les opprimés, mais au fond, ils n'étaient guère différents

EN TANT QUE DISCIPLE DE JÉSUS, NOTRE MANIÈRE D'EXERCER L'AUTORITÉ DOIT ÊTRE SEMBLABLE À CELLE DE NOTRE MAÎTRE : RADICALE, ÉTONNANTE ET COMPLÈTEMENT ORIENTÉE VERS LE BIEN DES AUTRES.

de ceux qu'ils méprisaient. À vrai dire, ils cherchaient à assouvir leur soif de pouvoir et de profit.

La réponse de Jésus est étonnante. Il ne nie pas son rôle, son autorité ou son pouvoir. Il explique plutôt aux disciples qu'il donne à ces termes une signification radicalement différente. Il leur rappelle que son rôle consiste à mourir en sacrifice pour son peuple et non à être dorloté et servi. Les images du baptême et de la coupe sont des symboles de l'Ancien Testament qui représentent respectivement la purification et la colère de Dieu. Jésus leur rappelle ensuite ce qu'il leur avait déjà annoncé à maintes reprises : il allait mourir pour leurs péchés, subir le châtiment qu'ils méritaient afin qu'ils reçoivent le pardon et ressuscitent d'entre les morts (voir Marc 10.31-32).

Jésus poursuit en déclarant :

> Vous savez que ceux qu'on regarde comme les chefs des nations les tyrannisent, et que les grands abusent de leur pouvoir sur elles. Il n'en est pas de même parmi vous. Mais quiconque veut être grand parmi vous, sera votre serviteur; et quiconque veut être le premier parmi vous, sera l'esclave de tous. Car le Fils de l'homme est venu, non pour être servi, mais pour servir et donner sa vie en rançon pour beaucoup. (Marc 10.42-45)

L'autorité de Jésus ressemble si peu à ce que nous connaissons par expérience que nous avons du mal à la reconnaître. La personne en autorité jouit normalement d'une foule d'avantages : un grand bureau, une place de stationnement désignée, des cartes d'abonnement et toutes sortes d'autres privilèges. Jésus exerce son pouvoir en prenant la position d'un serviteur : il se met au même niveau que les gens, il s'adapte à leurs conditions de vie, il se prive pour eux et prend ses décisions en fonction de leur bien. Pour que l'autorité soit conforme à l'objectif de Dieu dans nos relations, elle doit être comprise selon le fondement posé par Jésus : elle s'exerce en faveur de ceux qui y sont soumis, elle est une expression d'amour. En tant que disciple de Jésus, notre manière d'exercer l'autorité doit être semblable à celle de notre Maître : radicale, étonnante et complètement orientée vers le bien des autres.

L'amour est le fondement de tous les rôles

Jésus enseigne clairement que l'autorité doit toujours s'exercer avec amour. Or, notre définition des rôles conjugaux et du pouvoir ne s'inspire pas forcément d'une vision biblique de l'amour. Dès que nous commençons à discuter des rôles du mari et de la femme, nous excluons certaines des composantes essentielles de l'amour.

Je demande parfois à des couples que je conseille d'imaginer l'amour comme un grand cercle de responsabilités que nous partageons en tant que disciples de Christ. Nous mettons nos idées en commun et remplissons ce grand cercle avec des concepts comme *la gentillesse, la patience, le pardon, l'encouragement, l'honnêteté, l'ouverture, la remise en question et la réprimande*. Ces termes décrivent nos responsabilités dans toute relation fondée sur l'amour.

Deux petits cercles sont dessinés dans le grand cercle symbolisant l'amour. Ils représentent le rôle du mari et celui de la femme. Nous les remplissons après une séance de remue-méninge. La plupart du temps, le cercle du mari se remplit par des fonctions liées au pouvoir et au contrôle : prendre les décisions, s'occuper des finances et punir les enfants. Le cercle de la femme contient des éléments associés aux soins et à l'entretien : le ménage, les repas et les devoirs des enfants. Lorsque nous pensons aux rôles précis du mari et de la femme, nous avons tendance à ne plus tenir compte des éléments contenus dans le cercle de l'amour. Nous nous concentrons plutôt sur des tâches concrètes, distinctes et uniques qui mettent en évidence les notions culturelles de l'autorité. Nous donnons ainsi l'impression que notre responsabilité générale qui consiste à aimer est fondamentalement différente de nos obligations en tant que maris et femmes.

La Bible le souligne pourtant clairement : les rôles du mari et de la femme ne se définissent pas *en faisant abstraction* de leur responsabilité d'aimer. Au contraire, ils représentent des manières tangibles d'exprimer l'amour. Ainsi, notre vision de l'autorité et de la soumission doit s'inscrire *au cœur de* l'obligation plus vaste d'aimer.

Nous devrions donc nous attendre à ce qu'un couple, par amour, partage un grand nombre de responsabilités au lieu que chacun remplisse des fonctions distinctes. La promesse d'aimer notre conjoint ne signifie pas que nous renonçons aux réprimandes, aux paroles de sagesse, aux suggestions, aux encouragements et à la douceur. Nous promettons, au contraire, de démontrer un amour dévoué, de donner à notre conjoint le meilleur de notre amour. Nous promettons que l'amour sera au centre de nos préoccupations, qu'il sera constant et permanent, et durera jusqu'à ce que la mort nous sépare. Par exemple, la responsabilité du mari qui consiste à être doux ou encourageant ne s'envole pas le jour où il épouse sa femme. Cette obligation se précise plutôt et s'intensifie. Le jour où elle promet d'aimer son mari, la femme ne délaisse pas son devoir d'avertir, de réprimander et d'être honnête. Au contraire, en se mariant, ces responsabilités prennent une tournure particulière.

Pourquoi tant insister sur l'autorité?

Les passages du Nouveau Testament traitant de la vie conjugale s'articulent autour du principe de l'autorité et de la soumission, ce qui donne facilement l'impression que l'autorité constitue l'élément essentiel de la relation de couple. Bien que les auteurs du Nouveau Testament aient souligné son importance au sein du couple et des autres relations, ils n'ont jamais soutenu que cette notion se trouve au cœur de nos relations. Il est essentiel d'insister sur la place de l'autorité pour souligner l'égalité fondamentale dont jouissent tous les enfants de Dieu et pour reconnaître également que le juste exercice de l'autorité constitue un aspect important de l'amour.

À l'époque de l'Église primitive, les fonctions étaient définies avec précision et déterminaient le statut et la valeur d'une personne. Rien n'a vraiment changé aujourd'hui. On accorde à la personne en autorité plus d'avantages, plus d'opportunités et plus de valeur qu'à un subordonné qui profite de peu ou même d'aucun de ces bénéfices. De tout temps, le pouvoir a été exercé dans le but d'accroître et de préserver ses privilèges.

L'exemple et l'enseignement de Jésus nous ont appris que tous les enfants de Dieu ont une même position et une valeur égale. Paul l'a expliqué ainsi dans son Épître aux Galates :

Car vous êtes *tous* fils de Dieu par la foi en Christ-Jésus... Il n'y a plus ni Juif ni Grec, il n'y a plus ni esclave ni libre, il n'y a plus ni homme ni femme, car vous tous, vous êtes un en Christ-Jésus. (Galates 3.26-28, italiques ajoutés)

En qualité d'enfants de Dieu, tous les chrétiens bénéficient d'une même position spirituelle. Cette égalité fondamentale doit être reconnue dans toutes les coutumes et institutions. Les chrétiens ne doivent plus se considérer les uns les autres sur la base de la situation qu'ils occupent et du pouvoir qu'ils exercent dans ce monde.

Cette nouvelle vision des choses s'applique autant aux maris qu'aux femmes. Pierre exhorte les maris à réaliser que leur femme est « cohéritière de la grâce de la vie » (1 Pierre 3.7). Il les avertit de ne pas considérer leur femme comme un objet qui existe uniquement pour leur bon plaisir, mais comme une enfant de Dieu. Elle appartient à Dieu et prend part aux mêmes bénédictions par son union à Jésus. Nous avons également vu que Paul demande aux maris de considérer leur femme comme membre de Christ et de veiller à sa croissance spirituelle (Éphésiens 5.25-27).

L'autorité est un des aspects élémentaires de l'amour. La venue de Christ ne l'a pas supprimée, mais lui a redonné sa valeur initiale. Nous en reconnaissons l'utilité dans la plupart des autres sphères de la société. Vu la nature de notre monde déchu et les dangers potentiels des relations humaines, elle semble même plus nécessaire que jamais. La Bible admet qu'un individu peut abuser de son autorité, mais Dieu exerce son propre pouvoir afin d'accomplir son œuvre au milieu et à travers notre déchéance.

Le don d'autorité

Dieu investit certaines personnes d'autorité afin de s'assurer qu'un responsable veille sur les autres dans les diverses sphères relationnelles. Les tâches qui exigent un soin ou une aptitude particulière sont confiées au plus compétent dans le domaine, par exemple, gagner un salaire ou éduquer les enfants. Mais l'individu en autorité assume une responsabilité supplémentaire. Il s'assure que les besoins sont comblés dans *toutes* les sphères de son pouvoir. Même si les autres abandonnent, il ne peut s'en laver les mains : il doit plutôt entreprendre les actions nécessaires.

On peut donc se poser la question : « Les maris et les pères devraient-ils simplement mener leur femme et leurs enfants à la baguette à longueur de journée? L'autorité semble s'exercer tout en douceur parmi les couples heureux que je connais. »

Réfléchissons à notre rôle de parents. Nous exerçons une autorité de tous les instants auprès d'enfants en bas âge. Ils sont incapables de prendre des décisions et de se comporter sagement. Nous passons la journée à répéter les mêmes consignes : « Ne touche pas! » « Papa a dit non! » « Je sais que tu ne veux pas faire une sieste, mais tu as besoin de repos. » Ce rôle d'autorité ne nous gêne pas, car nous savons qu'il contribue au bien-être et à la sécurité de nos enfants. À mesure qu'ils grandissent, toutefois, nous leur laissons plus de liberté afin qu'ils prennent leurs propres décisions, deviennent plus sages et apprennent à dépendre de Christ et non de nous.

Dans la relation conjugale, l'autorité devrait se vivre pratiquement sans accroc entre deux chrétiens matures. Paul introduit le sujet de cette façon :

> Mais soyez remplis de l'Esprit : entretenez-vous par des psaumes, des hymnes et des cantiques spirituels; chantez et célébrez le Seigneur de tout votre cœur; rendez toujours grâces pour tout à Dieu le Père, au nom de notre Seigneur Jésus-Christ; soumettez-vous les uns aux autres dans la crainte de Christ. (Éphésiens 5.18b-21)

Notre vie à deux, dirigée par l'Esprit de Jésus, devrait ressembler à une symphonie. Nos paroles et nos actions deviennent des cantiques de louange à Dieu et des encouragements mutuels. Une des partitions de cette symphonie inclut la disposition à se soumettre l'un à l'autre dans une relation bâtie sur le principe de l'autorité. Notre musique s'apparente beaucoup plus à une danse qu'à une marche militaire où une personne détermine la cadence de sa baguette et où tous les autres s'y conforment. C'est le mari qui mène la danse conjugale toutefois, en écoutant la musique de Christ. Puisque sa femme entend la même musique, ils sont en mesure de garder le rythme et de se déplacer en synchronisme. S'ils se marchent sur les pieds de temps à autre, ils n'ont qu'à revoir la chorégraphie ou à consulter au besoin un professionnel.

Le rôle du mari

> Maris, aimez chacun votre femme, comme le Christ a aimé l'Église et s'est livré lui-même pour elle, afin de la sanctifier après l'avoir purifiée par l'eau et la parole, pour faire paraître devant lui cette Église glorieuse, sans tache, ni ride, ni rien de semblable, mais sainte et sans défaut. De même, les maris doivent aimer leur femme comme leur propre corps. Celui qui aime sa femme s'aime lui-même. Jamais personne, en effet, n'a haï sa propre chair; mais il la nourrit et en prend soin, comme le Christ le fait pour l'Église, parce que nous sommes membres de son corps... Du reste, que chacun de vous aime sa femme comme lui-même... (Éphésiens 5.25-30, 33)

Le mot *amour* est employé sept fois dans ce passage. Le mari a l'obligation fondamentale d'aimer. Tous les chrétiens doivent faire preuve d'amour, mais au sein de la relation de couple, le mari porte une responsabilité unique et fait également face à une tentation unique. Non seulement doit-il lui-même aimer, mais il doit aussi veiller à ce que chaque membre de la famille aime de mieux en mieux et de plus en plus. Le mari doit agir de manière à combler tout manque d'amour, en particulier envers sa femme. De même, il est confronté à une tentation unique. Il se rend coupable s'il choisit d'user de son autorité pour servir ses intérêts au lieu de servir sa femme et sa famille.

Valoriser sa femme et l'aider à acquérir de la maturité spirituelle

L'amour du mari envers sa femme a un objectif précis : sa sainteté. Le mari aide sa femme à devenir de plus en conforme à l'image de Christ, à croître en sainteté, en amour et en sagesse. Tant que notre but est d'aimer, Dieu nous donne la latitude nécessaire et une grande liberté pour régler les détails de notre vie à deux. Quel que soit le problème rencontré, une seule question doit dicter l'attitude du mari : « Que dois-je faire en ce moment pour aimer ma femme comme Christ, de manière à ce qu'elle soit transformée davantage à son image? »

Servir sa femme par un amour sacrificiel

Le coût de la sainteté est élevé. L'amour de Jésus pour nous lui a causé des souffrances et des douleurs et lui a finalement coûté sa vie. Le mari est appelé à aimer de façon similaire en connaissant et en imitant l'exemple de l'amour de Jésus pour l'Église. Il doit être prêt à se sacrifier, à placer les besoins de sa femme au-dessus des siens. En tant que mari,

> VEILLER SUR LES AUTRES CONSISTE, ENTRE AUTRES, À LEUR DONNER LA POSSIBILITÉ D'EXERCER LEUR FOI EN PRENANT DES DÉCISIONS, MÊME DE MAUVAISES DÉCISIONS PARFOIS.

qu'est-ce que j'accepte de perdre pour aider ma femme à grandir? À quoi suis-je prêt à renoncer pour répondre aux exigences de l'amour?

En songeant à l'amour sacrificiel, nous imaginons parfois des martyrs brûlés sur le bûcher. Rares sont les maris qui auront l'occasion d'empêcher que leur femme soit blessée par balle ou renversée par une voiture. Normalement, l'amour sacrificiel s'exprime plutôt par les gestes simples du quotidien : remplir le lave-vaisselle, mettre les enfants au lit, s'occuper de la lessive ou tout simplement prendre un instant pour prier avec elle au sujet d'une chose qui la préoccupe.

Peu de temps après la naissance de Gresham, John Bettler m'a intercepté à l'entrée du centre de counseling pour prendre des nouvelles de Kim et moi. Il m'a demandé précisément si nous parvenions à dormir. J'ai répondu d'un air détaché : « Je dors très bien, mais je crois que Kim est fatiguée, car elle doit allaiter Gresham au milieu de la nuit. Je veux bien faire tout ce que je peux pour l'aider, mais je ne peux pas allaiter à sa place. » John m'a alors repris avec une pointe d'humour : « Pourquoi ne pas te lever avec elle simplement pour lui tenir compagnie? » L'idée ne m'avait même pas effleuré l'esprit. L'amour ne choisit pas la facilité. Il cherche plutôt à combler le besoin du moment, même si en l'occurrence nous perdons quelques heures de sommeil!

Notre autorité ne doit pas freiner la croissance de notre femme

Certains maris sont tentés d'user de leur autorité pour dominer et ils insistent pour prendre toutes les décisions. Ce faisant, le mari empêche sa femme de croître en sagesse et il se prive de son discernement. Cette attitude est également un obstacle au développement de sa relation avec Christ. Veiller sur les autres consiste, entre autres, à leur donner la possibilité d'exercer leur foi en prenant des décisions, même de mauvaises décisions parfois. Dieu a appelé le mari à protéger sa femme, mais il ne doit pas se servir de cet appel comme d'une excuse pour contrôler ses moindres faits et gestes. Il est essentiel que notre femme vive des expériences qui l'obligent à placer sa foi en Dieu, à acquérir de la sagesse et le sens des responsabilités. Un désir de dominer révèle parfois un manque de confiance en Dieu plutôt que « l'attitude rebelle » de l'autre.

Si notre femme se plaint que nous sommes dominateurs, saisissons l'occasion pour examiner notre cœur. La domination dissimule parfois des désirs et des craintes idolâtres. Par exemple, notre désir de contrôle est-il en réalité un moyen de lutter contre la peur? Craignons-nous que notre femme nous rejette ou nous quitte si nous ne surveillons pas ses moindres mouvements? Notre microgestion provient-elle d'un sentiment d'insécurité? Craignons-nous que tout s'écroule si nous relâchons notre emprise? Ou alors, notre désir de contrôler découle-t-il de notre soif de pouvoir ou d'avantages personnels? Dans la mesure où nous usons de notre autorité pour calmer nos peurs ou combler nos désirs, nous renversons l'autorité de Jésus et prenons sa place sur le trône.

Connaissons notre femme

Nous ne pouvons aimer notre femme avec sagesse si nous ne connaissons pas son univers. Nous devons nous efforcer de connaître ses espoirs, ses rêves, ses craintes, ses désirs, ses forces et ses faiblesses. Nous n'aurons jamais la certitude d'agir dans son intérêt et elle ne pourra pas se fier à nos conseils si nous ne prenons pas le temps de l'écouter avec attention et de comprendre ses préoccupations. Une communication efficace et patiente au sein du couple favorise l'unité et rend inutile la prise de décisions unilatérales.

Un jour, Kim est rentrée littéralement furieuse du travail. Elle s'est exclamée : « Si tu appelles mon employeur et lui remets ma démission à ma place, je ferai tout ce que tu veux pour le reste de ta vie! » Pour moi qui aime tant plaire aux autres, c'était l'occasion rêvée de jouer les héros auprès de ma femme. Un simple appel et le chevalier servant sauvait sa demoiselle du vilain monde du travail. Mais démissionner de son emploi servait-il les intérêts de *Kim*? Sachant qu'elle aimait la bonne entente et détestait les conflits, je doutais que la fuite soit la volonté du Seigneur. Pendant les jours qui ont suivi, nous avons discuté de nos tentations, nous avons prié et demandé au Seigneur de nous donner sa sagesse. Nous en sommes venus à la conclusion que, dans l'immédiat, il existait des moyens d'affronter ses frustrations et d'incarner Christ au travail. Nous repensons souvent à cet événement avec reconnaissance. Son emploi est devenu le moyen idéal d'exercer ses talents, de témoigner de l'amour de Dieu et de pourvoir aux besoins financiers de notre famille, tout en profitant d'un horaire flexible qui lui permet d'être avec les enfants à la maison.

Le rôle de la femme

> Femmes, soyez soumises chacune à votre mari, comme au Seigneur; car le mari est le chef de la femme, comme Christ est le chef de l'Église, qui est son corps et dont il est le Sauveur; comme l'Église se soumet au Christ, que les femmes se soumettent en tout chacune à son mari. (Éphésiens 5.22-24)

Une compréhension de l'autorité biblique conduit à une juste vision de la soumission au sein du couple marié. Comme le mari, la femme porte une responsabilité unique et fait face à une tentation unique. Ils partagent tous deux l'obligation d'aimer, mais la femme exprime son amour envers son mari en acceptant son autorité et en respectant son rôle. La soumission donne lieu à de nombreuses tentations. La plus commune consiste à rejeter ou à miner l'autorité. Paul exhorte la femme à accepter et à respecter l'autorité de son mari pour démontrer qu'elle se confie et se soumet à Christ, tout comme l'Église. Dieu demande à la femme d'accorder à son mari la latitude nécessaire pour qu'il lui démontre son amour et prenne soin d'elle, tout en croyant que Dieu veille sur elle lorsque son mari la déçoit.

La soumission est vécue différemment selon les couples, mais le principe de base reste le même : l'amour. Lorsque vous éprouvez des difficultés dans votre relation avec votre mari, revenez à ce principe. Dans le contexte du rôle que Dieu vous a donné au sein du couple, posez-vous la question suivante : « De quelle manière puis-je exprimer de l'amour à mon mari? » Rappelez-vous que les exigences de l'amour s'appliquent autant à vous qu'à lui. L'appel à « aimer notre prochain » vous concerne autant que lui. Vous êtes appelée à aimer votre mari et à l'encourager à devenir de plus en plus semblable à l'image de Christ. L'amour possède les caractéristiques suivantes : la douceur, la patience et la maîtrise de soi. L'amour encourage toujours et réprimande au besoin. Bref, vos rôles sont essentiellement identiques.

L'amour au cœur de nos responsabilités

Veillons à ce que notre compréhension de la soumission n'exclue pas certains éléments importants de l'amour. Par exemple, certains couples ont l'impression qu'il ne convient pas à une femme de reprendre son mari. Ils considèrent ce geste comme un manque de respect et de soumission. Nous avons pourtant vu que la Bible considère la réprimande comme faisant partie des responsabilités essentielles de l'amour. L'appel à aimer son mari est au moins égal à celui d'aimer son « prochain ». Par conséquent, reprendre son mari avec respect équivaut à l'aimer.

Une mauvaise compréhension de la soumission peut également nuire à la communication. Certains considèrent que la soumission est synonyme de silence ou d'absence d'échanges significatifs. La femme garde pour elle ses questions, ses inquiétudes ou ses émotions négatives. Cette attitude ne cadre pas avec la description biblique de la communication dans les relations intimes. David le psalmiste a écrit :

> Jusques à quand, Éternel! m'oublieras-tu sans cesse? Jusques à quand me cacheras-tu ta face? Jusques à quand aurai-je des soucis dans mon âme, et chaque jour du chagrin dans mon cœur? Jusques

à quand mon ennemi s'élèvera-t-il contre moi? Regarde, réponds-moi, Éternel, mon Dieu! Éclaire mes yeux, afin que je ne m'endorme pas dans la mort. (Psaumes 13.2-4)

Il est étonnant de constater que David puisse être aussi honnête avec Dieu sans lui manquer de respect. David témoigne pourtant d'une soumission pieuse. Il est capable d'être franc tout en honorant Dieu. Il déclare en réalité : « Seigneur, je sais que tu es parfaitement bon, mais j'ai du mal à comprendre pourquoi tu ne fais pas les choses autrement. Aide-moi! »

Une communication honnête et pieuse caractérise les couples qui reflètent l'amour de Dieu et sa relation avec son peuple.

Le respect est une forme d'amour

Dans une relation d'autorité, le respect envers la personne qui l'exerce est un des éléments essentiels de l'amour. Tout en exhortant la femme à se soumettre à son mari, Paul la convie également à lui témoigner du respect.

> RAPPELEZ-VOUS QUE VOTRE SAUVEUR A PLACÉ SA CONFIANCE EN DIEU ET IL PEUT VOUS AIDER À LUI FAIRE CONFIANCE.

Il résume ainsi son propos : « Du reste, que chacun de vous aime sa femme comme lui-même, et que la femme respecte son mari » (Éphésiens 5.33).

Décidez d'agir avec amour même dans les moments de déception. Souvenez-vous que l'amour s'exprime, exhorte, reprend et refuse de s'associer au mal. La Bible ne prône pas une vie silencieuse et effacée. *Si vous ou vos enfants êtes victimes de mauvais traitements verbaux, physiques ou sexuels, aimez votre mari en refusant de subir les effets de son péché.* Pour ce faire, vous aurez besoin d'aide. Adressez-vous à des gens de confiance afin de recevoir l'assistance nécessaire, soit un membre de la famille, un ami ou un pasteur.

Agissez avec amour même dans les déceptions

Au lieu de vous détourner de votre mari dans les moments de déception, tournez-vous vers lui avec des paroles aimables, des encouragements et même des prières. À cause de ses faiblesses, vous serez tentée de vous plaindre ou de vous complaire dans l'orgueil ou le sentiment de supériorité. Non seulement ces réactions révèlent-elles un manque de respect envers votre mari, mais également envers Dieu. Rappelez-vous que votre Sauveur a placé sa confiance en Dieu et il peut vous aider à lui faire confiance.

Les échecs typiques

Dans nos relations avec les gens, nous manifestons toujours l'une ou l'autre de ces attitudes : se rapprocher, s'éloigner ou s'opposer. L'amour nous pousse tantôt d'un côté, tantôt d'un autre. Cependant, si nous privilégions une seule et même ligne de conduite, il est possible que ce ne soit plus l'amour qui dicte nos actions. Nous servons sans doute des désirs et des craintes qui sont devenus des idoles.

Les idoles influencent parfois notre manière de remplir notre rôle dans le couple. Prenons, par exemple, un mari dont le cœur est dominé par des désirs et des craintes qui l'incitent à se rapprocher des autres. Il cède aux caprices ou aux désirs de sa femme tout en étant persuadé qu'il sert comme Christ. De même, une femme peut croire qu'elle est soumise à son mari en répondant à tous ses souhaits, mais en réalité, elle comble son désir d'approbation ou elle vit dans la crainte de ses accès de colère.

Les idoles nous portent également parfois à nous éloigner des gens. Un mari peut n'intervenir qu'en de rares occasions dans la relation conjugale, opposant son veto seulement lorsqu'une affaire le dérange ou le trouble. De même, une femme peut se cacher derrière l'autorité de son mari. Elle ne livre aucun combat et se protège de la vie en évitant de prendre part à l'expérience que vit tout disciple de Christ : les conversations difficiles, les conflits et les prises de décision.

Enfin, les idoles nous poussent parfois à nous opposer à l'autre. Un mari qui a soif de pouvoir et de domination ou qui craint le rejet et l'échec devient un tyran cruel et exigeant et gère chaque aspect de la vie de la famille. En raison de sa méfiance et de son désir de tout contrôler, une femme peut devenir critique et scruter à la loupe l'autorité de son mari, évaluant ses moindres décisions.

Souvenons-nous que chaque aspect de la relation de couple exprime une forme d'adoration. Elle reflète soit notre amour pour Dieu ou pour autre chose. Les désaccords au sujet des rôles conjugaux ou des différences entre les hommes et les femmes cachent souvent d'autres problèmes enfouis dans notre cœur.

Qui fait quoi au juste?

Il n'existe pas de description de tâches commune et identique pour tous les couples. Il n'est nulle part écrit que le mari a l'obligation de sortir les ordures ou que la femme doit changer les couches du bébé. Selon la Bible, Dieu fait beaucoup mieux que nous fournir une liste d'occupations prédéterminées. Il donne au couple quelques principes de base qui l'aideront à définir le rôle de chacun selon le plan divin, quelle que soit sa situation de vie.

Ne reproduisons pas le modèle de nos parents

Dieu nous demande de discerner et de respecter les dons et les aptitudes qu'il a donnés au mari et à sa femme. Les couples imitent souvent leur parent dans leur manière de vivre leur relation conjugale. Si notre père s'est toujours occupé des finances, nous pensons peut-être que cette tâche revient au mari. Si notre mère a toujours repassé les vêtements, nous avons l'impression que ce travail convient mieux à la femme. La Bible enseigne cependant que Dieu a donné à son peuple des talents variés et sa manière de les distribuer nous étonne parfois.

Nos dons sont uniques et viennent de Dieu

N'interprétons pas les Écritures à la lumière de nos traditions familiales ou de la culture. Ne donnons pas à ces dernières le mandat de dicter notre vie à deux. Ces simples questions aident souvent à définir le rôle du mari et de la femme : « Quel talent Dieu m'a-t-il donné? Quel talent a-t-il donné à mon conjoint? » Si un mari a du mal à calculer le budget tandis que sa femme fait des mathématiques les yeux fermés, il est préférable qu'elle s'occupe des finances. Si un mari est capable d'amener les enfants à voir leurs péchés et à chercher en Dieu leur secours, il est le mieux placé pour intervenir dans cet aspect de leur vie spirituelle.

Aucun don n'est inférieur ou supérieur aux autres

Les chrétiens à Corinthe ne parvenaient pas à comprendre comment mettre à profit leurs dons en exerçant leurs différentes fonctions. Paul leur a donc offert de précieux conseils à ce sujet. D'abord, puisque Dieu accorde les dons selon son bon vouloir, conformons-nous à sa volonté (1 Corinthiens 12.4-11). Ensuite, soyons conscients des dangers que représentent la crainte et l'orgueil (1 Corinthiens 12.14-31). Personne ne doit considérer ses dons et son rôle comme inférieurs ou moins importants que ceux des autres. Personne ne doit non plus les juger supérieurs ou plus importants. « Un seul et même Esprit opère toutes ces choses, les distribuant à chacun en particulier comme il veut » (1 Corinthiens 12.11).

L'importance de la flexibilité

Durant la Seconde Guerre mondiale, des milliers d'Américains ont pris les armes et traversé l'océan pour aller au combat. Pendant ce temps, des milliers de femmes ont enfilé des vêtements de travail, retroussé leurs manches et pris d'assaut les usines pour y fabriquer des armes et du matériel de guerre destinés à leurs maris et à leurs fils sur le champ de bataille. Les maris et les femmes se sont vus contraints de changer de rôle par nécessité. Nous devons parfois modifier nos projets de couple en raison de circonstances incontrôlables. Les contraintes de la vie nous obligent, par moments, à redéfinir nos repères. Je le sais, je l'ai vécu. De petits ajustements sont également nécessaires au quotidien. Ne devenons pas attachés aux spécificités de notre rôle au point où nous refusons de participer aux tâches de notre conjoint lorsque c'est nécessaire.

Une connaissance générale des hommes
et des femmes ne suffit pas

Il serait faux de prétendre que nous n'avons pas forgé notre propre opinion sur les sexes. Les femmes parlent plus que les hommes. Elles sont plus émotives. Les hommes sont plus logiques que les femmes. Ces phrases évoquent quelques-uns des stéréotypes véhiculés par notre culture. Je ne possède pas les qualifications requises pour attester ou non de leur véracité. Et s'ils sont vrais, dans quelle mesure sont-ils le produit d'une influence culturelle ou de la biologie? De plus en plus de gens semblent toutefois reconnaître que le sexe influe sur le comportement et que ce dernier comprend une composante physiologique.

Il importe peu de savoir si ces faits sont établis par la science, s'ils sont le fruit de nos observations ou simplement des conclusions acceptées par la société en général. La question importante consiste à savoir quelle influence ces faits exercent sur notre amour ou notre manque d'amour envers notre conjoint.

J'ai déjà discuté du dilemme auquel j'ai dû faire face à titre de père au foyer. Certaines recherches laissent entendre qu'à cause de leur physiologie, les femmes seraient effectivement plus disposées que les hommes à veiller au bien-être des autres. Si cette information est vraie, comment devrions-nous l'appliquer à la relation conjugale? Gardons à l'esprit ces quelques principes importants :

- Une vérité générale appliquée à un groupe de personnes n'est pas nécessairement vraie pour chaque individu du groupe. En déclarant, par exemple, que les femmes ont tendance à veiller au bien-être des autres de façon naturelle, nous n'apprenons rien de précis sur notre femme. Si je dis que les hommes sont en général plus grands que les femmes, cela ne signifie pas que tous les maris sont plus grands que leur femme. De même, certains hommes sont plus volubiles, affectueux et émotifs que leur conjointe. Cette proposition sur la nature dévouée des femmes ne m'apprend rien non plus sur ma capacité à m'occuper de mon fils à la maison.
- On peut facilement tordre le sens des faits et les utiliser à mauvais escient pour défendre son propre point de vue. Par exemple, un

homme citera ces recherches pour affirmer qu'il doit être le soutien de famille et qu'à ce titre, il ne peut changer les couches du bébé, prendre ses enfants dans ses bras ou leur préparer un goûter. Or, ce même homme sursauterait à l'idée qu'une avocate féministe experte en droit familial invoque ces mêmes études et arguments pour restreindre la garde des enfants et les droits de visite d'un père lors d'une procédure de divorce.

- La Bible ébranle sans hésiter notre vision conciliante des caractéristiques hommes et femmes. Par exemple, elle exhorte à maintes reprises les chrétiens à être doux : « Que votre douceur soit connue de tous les hommes » (Philippiens 4.5). Bon nombre d'individus dans notre culture considèrent la douceur comme une caractéristique féminine. La Bible, pourtant, demande à tous les chrétiens, hommes et femmes, de développer ce trait de caractère. En outre, les femmes et les hommes doivent « être forts ». Nous avons vu que Paul nous encourage tous à nous « fortifier dans le Seigneur » et à revêtir « toutes les armes de Dieu ». De la même manière, plusieurs classent la force parmi les caractéristiques masculines et ils ne peuvent s'imaginer une femme chrétienne en guerrière.

Bref, une connaissance générale des sexes ne fournit qu'une vague idée de nos forces et de celles de notre conjoint. Il est insensé de lui appliquer ces notions générales, en particulier si nous ne reconnaissons pas que les péchés de notre cœur entrent en ligne de compte. En outre, ces concepts n'annulent ni l'obligation d'être transformé par l'Évangile ni la puissance pour accomplir cette transformation. La Bible nous a déjà révélé la vérité la plus profonde qui soit : nous sommes des porteurs de l'image de Dieu, des adorateurs et des pécheurs et notre plus grand besoin consiste à entretenir une relation avec Christ.

L'objectif de la relation conjugale est d'aimer notre conjoint, non le sexe féminin ou masculin. Ne mêlons pas les enseignements de nos parents et de la culture avec les principes bibliques. Ne passons pas à côté de l'évidence : nous avons tous été créés pour devenir de plus en plus semblables à Christ.

N'oublions pas notre appel commun

Enfin, reconnaissons que nos rôles conjugaux, quelle que soit la définition que nous leur donnons, doivent refléter le caractère de Christ.
Lorsque nous travaillons à définir les détails concrets de nos fonctions,
il est facile d'en perdre la vision globale. L'apôtre Pierre nous invite à
différencier les rôles de la femme et du mari, mais remarquons également que ses instructions à chacun d'eux commencent par la même
expression : « *Vous de même*, femmes, soyez soumises chacune à votre
mari... *Vous de même*, maris, vivez chacun avec votre femme en reconnaissant que les femmes sont des êtres plus faibles... » (1 Pierre 3.1, 7,
italiques ajoutés).

L'expression « vous de même » fait référence au service de Christ
que Pierre décrit avec précision dans le deuxième chapitre de sa première épître. Jésus est à la fois le Chef de son peuple et celui qui se
soumet à l'autorité.

Son rôle de Chef et de Serviteur a valu à Jésus de grandes épreuves,
mais il a cru que Dieu était à l'œuvre même dans les moments les plus
difficiles. Au lieu de s'en prendre aux péchés des autres, Jésus a déployé
toute la force de son amour, de sa miséricorde et de sa patience. Quel
que soit notre rôle, soit comme dirigeant, subalterne ou les deux, nous
sommes appelés à compter sur Jésus. Il est notre exemple et le seul qui
nous rend capables de répondre à notre appel ultime : vivre une vie
caractérisée par l'amour et la grâce.

Paul a écrit à ceux qui se querellaient au sujet de leur rôle dans
l'Église :

> Quand je parlerais les langues des hommes et des anges, si je n'ai
> pas l'amour, je suis du bronze qui résonne ou une cymbale qui reten-
> tit... quand j'aurais même toute la foi jusqu'à transporter des mon-
> tagnes, si je n'ai pas l'amour, je ne suis rien. (1 Corinthiens 13.1-2)

Même un excellent travail est sans valeur s'il est effectué sans
amour, peu importe notre rôle ou l'importance que nous lui accordons.
Quelle que soit la définition que nous donnons aux rôles du mari et de la

femme, ils ne sont en fait que différentes manières d'exprimer notre amour. Lorsque nous en discutons ensemble, n'oublions pas ces questions cruciales : est-ce que j'aime mon conjoint en exerçant ce rôle? Est-ce que je remplis ma fonction de manière à l'avantager? Dieu appelle le mari et la femme à agir par amour pour le bénéfice de l'autre.

Matière à réflexion

• Croyez-vous que la Bible enseigne que le mari doit être le chef à l'intérieur du couple? Partagez-vous la même vision à ce sujet, votre conjoint et vous?

• Dressez la liste des responsabilités et des rôles assumés par chacun de vous. Décrivez de quelle manière ils servent à exprimer l'amour de Dieu dans votre couple ou votre famille.

• Quels désirs et quelles craintes viennent le plus souvent faire obstacle à vos échanges ou à la résolution de vos conflits? Dans quelle mesure ces péchés du cœur déforment-ils votre manière de voir les rôles conjugaux?

• Dressez la liste de vos talents et de vos aptitudes et de ceux de votre conjoint. De quelle manière les mettez-vous au service de votre couple? Certains de ces dons sont-ils sous-utilisés parce qu'ils ne cadrent pas avec votre vision des rôles appropriés à l'homme et à la femme?

15

L'intimité et la sexualité

Les enseignements à retenir dans ce chapitre :

- Les difficultés liées à l'intimité et à la sexualité sont parfois difficiles à résoudre parce qu'elles se présentent à nous de manière imprévisible et mystérieuse.
- Tout comme Christ est au cœur de notre conception de la relation conjugale, il est de même indispensable à notre vision de l'intimité et de la sexualité. L'intimité du couple est basée sur la compréhension de la sécurité que Jésus nous offre.
- La sexualité est une forme d'intimité particulière. Elle devrait découler des mêmes principes fondamentaux qui nous unissent à Dieu.
- La relation intime que nous entretenons avec Dieu nous sert de modèle pour apprendre à nous accepter l'un l'autre et à dévoiler notre cœur.

Un mystère frustrant

René et Christine

En proie à un grand désarroi, René et Christine ont pris rendez-vous pour une consultation. Ils étaient mariés depuis dix mois, mais n'avaient eu de relations sexuelles qu'à quelques occasions seulement. La plupart du temps, les performances sexuelles de René étaient médiocres et lorsqu'il parvenait à vaincre son impuissance, le geste semblait forcé et machinal.

Les yeux remplis de larmes, Christine a expliqué : « Je ne comprends pas! Nous avons eu beaucoup de mal à nous contenir pendant les fréquentations et maintenant que nous sommes mariés, il ne se passe rien! Quelque chose ne tourne pas rond! » L'attitude de Christine changeait de jour en jour, parfois de minute en minute. Elle se montrait tantôt chaleureuse et compréhensive, tantôt irritée et exigeante, mais de toute évidence, elle se sentait de plus en plus déprimée et désespérée.

René était déconcerté et désorienté. Il affirmait que Christine l'attirait énormément et jurait n'être intéressé par personne d'autre. Il avait consulté plusieurs médecins qui l'avaient examiné, mais tout semblait normal.

Ils avaient même songé à se séparer durant quelque temps afin d'échapper à la douleur et à l'embarras et pour remettre les choses en perspective.

Quelle était la solution à un si grand mystère?

Nous n'y comprenons rien et refusons d'en parler

Plusieurs raisons empêchent une résolution facile des problèmes de sexualité et d'intimité. Chose certaine, l'intimité s'apparente davantage à une expérience qu'à un choix ou un comportement. Il est difficile de *planifier* un moment d'intimité, il se présente à nous ou n'arrive jamais. Comment maîtriser ou influencer un phénomène aussi imprévisible? La plupart du temps, l'intimité nous surprend. Un soir, par exemple, nous nous retrouvons assis par terre avec notre conjoint à regarder de vieilles photos. Nous évoquons des souvenirs et tombons amoureux comme au premier jour. Un autre soir, nous demandons à la voisine de garder les enfants et réservons une table à notre restaurant préféré, mais un silence gênant s'installe, nous n'avons rien à nous dire.

La sexualité est particulièrement mystérieuse. Un conjoint veut avoir des relations sexuelles plus fréquentes, un autre est plus aventureux et un autre encore préfère de longs préliminaires. Personne n'a *choisi* ces prédispositions. Représentent-elles des problèmes à résoudre? Qui peut dire qu'une préférence est bonne, mais qu'une autre est mauvaise?

> DIEU VIT EN RELATION : IL EXISTE EN TROIS PERSONNES QUI N'EN FORMENT QU'UNE. IL EST L'ESSENCE ET LA DÉFINITION MÊME DE L'AMOUR.

Ou si le problème devient plus sérieux, comme dans le cas de René et Christine, que faire si l'un des conjoints perd tout intérêt pour la sexualité?

Comme si cela ne suffisait pas, nous n'avons pas l'habitude de discuter de sexualité. Et si nous abordons le sujet, nous rions ou nous sourions bêtement, sans parler de la gêne et de la honte. La sexualité nous faire rire, elle nous fait pleurer et elle nous rend muet.

Tout comme la relation conjugale, l'intimité et la sexualité renferment une part de mystère et de beauté. Le but de ce chapitre n'est pas de dissiper le mystère et la « magie » entourant l'intimité. Il vise plutôt à mettre en lumière des principes utiles qui nous orienteront et nous redonneront espoir lorsque nous faisons face à des difficultés dans ce domaine. Même les problèmes d'intimité et de sexualité les plus banals peuvent se transformer en occasions de se rapprocher de Dieu et d'enrichir notre relation de couple.

L'intimité est constituée d'au moins deux éléments cruciaux : la connaissance et la sécurité. Elle va de pair avec le sentiment d'être connu, compris, accepté, aimé et en sûreté. Une perte d'intimité signifie alors, en général, que l'un des conjoints, ou les deux, ne se sent plus compris ou en sécurité. Il est normal, dans ces conditions, qu'une soirée à regarder de vieilles photos fasse remonter à la surface les expériences vécues ensemble ainsi que le sentiment de sécurité associé à un grand nombre d'années de mariage. D'autre part, aucune sortie spéciale ou aucun repas au restaurant n'éliminera les obstacles à la communion intime. Il est impossible de nous sentir proches si nous vivons en étranger depuis un certain temps et avons perdu l'assurance d'être aimés et connus. La même réalité s'applique si nous avons des raisons de croire qu'en nous rapprochant, nous serons rejetés.

La sexualité est une affaire d'intimité

La sexualité est une composante ou une forme particulière d'intimité que Dieu a réservée à la relation humaine la plus étroite qui soit : le mariage. Tout comme Christ est au cœur de notre conception de la relation conjugale, il est de même indispensable à notre compréhension de la sexualité.

Au chapitre 5, nous avons vu que Dieu entend faire du couple marié des porteurs de son image. Dieu vit en relation : il existe en trois personnes qui n'en forment qu'une. Il est l'essence et la définition même de l'amour. Nous avons déjà noté que la relation de Jésus avec l'Église nous sert de modèle pour comprendre la relation conjugale (Éphésiens 5). Ce même modèle fournit une image puissante pour comprendre la vraie nature de la sexualité.

- *La sexualité est une représentation unique de la relation conjugale.* Selon la Bible, Dieu a conçu la sexualité pour les porteurs de son image unis par les liens du mariage. La relation conjugale décrite par les termes « une seule chair » dans Genèse 2 offre l'image d'un lien profond, à la fois spirituel, psychologique et physique. Adam et Ève ont été créés pour devenir un, à tous les niveaux. Le mariage et la sexualité ont été conçus pour aller de pair.
- *La relation conjugale est une représentation unique de Christ et de l'Église.* Elle a été créée pour que nous reflétions pleinement l'image de Dieu dans le monde. Pour y parvenir, nous devons vivre des relations caractérisées par l'engagement et l'amour. Jésus *est*

l'image de Dieu et nous devons imiter le modèle qu'il nous offre dans sa relation l'Église. La relation conjugale reflète tout particulièrement et de façon unique le lien que Jésus entretient avec nous. Il dure toute la vie et il est fondé sur une promesse d'amour et de grâce qui favorise l'unité.

- *La sexualité est une représentation unique de Christ et de l'Église.* Si la relation conjugale est une représentation unique de l'amour de Christ pour l'Église, et si la sexualité est une représentation unique de l'amour conjugal, il s'ensuit que la sexualité au sein d'un couple marié est une image de l'amour de Christ pour l'Église.

Bien que cette idée semble radicale, la Bible décrit souvent la relation de Dieu avec son peuple en employant le langage et l'imagerie de l'intimité conjugale (voir Jérémie 2.1-2; Ézéchiel 16.8-14; Apocalypse 19.7-9).

Cette conception de la sexualité confirme d'abord et avant tout qu'elle va de pair avec l'intimité. La sexualité est un rapprochement physique et tangible qui devrait refléter et consolider un lien intérieur. En d'autres termes, notre relation avec Jésus comporte différents aspects qui unissent notre cœur au sien. Bien que nous ne soyons pas unis à Jésus physiquement ou sexuellement, notre intimité avec lui constitue le fondement de l'union sexuelle vécue par le couple. Au fond, la joie d'être un seul cœur « à l'intérieur » a pour conséquence la joie d'être uni physiquement, de devenir une seule chair. Le fait que Dieu ait conçu la sexualité pour qu'elle soit une expression de l'intimité comporte plusieurs implications importantes.

Nous ne pouvons considérer la sexualité comme une simple fonction biologique. Nous ne sommes pas comme les animaux qui ont des relations sexuelles au gré de leurs pulsions physiologiques. La sexualité est autant une expérience physique qu'une expression du cœur. En d'autres termes, les mystères de la sexualité touchent davantage le cœur que le corps.

La qualité de l'intimité relationnelle dicte celle de l'intimité sexuelle. Lorsque le lien « intérieur » est défaillant entre deux personnes, il est peu probable que leur rapport « extérieur » soit bon. Les problèmes d'intimité sexuelle sont souvent causés par un manque de profondeur dans d'autres aspects de la relation conjugale. La femme cherche souvent à faire comprendre à son mari que le plaisir sexuel commence dans la cuisine (*Sex begins in the kitchen*, livre en anglais par Kevin Leman). Autrement dit, une relation sexuelle agréable ne se vit pas seulement dans la chambre à coucher, mais se bâtit sur le fondement d'échanges empreints d'amour et d'affection dans toutes les pièces de la maison. Un mari impatient et coléreux dans la salle de séjour sera probablement un amant impatient et irritable. Une femme qui a du mal à exprimer ses besoins et ses désirs dans la salle à manger ne parviendra probablement pas à les verbaliser dans la chambre à coucher.

Christ nous apprend à partager une plus grande intimité dans la chambre à coucher. Christ cultive notre confiance en lui et notre intimité avec lui. Il nous enseigne ainsi comment acquérir ces deux attitudes envers notre conjoint. Bien entendu, il ne s'agit pas simplement d'imiter Jésus : nous devons avant tout l'adorer.

Christ nous enseigne l'intimité

Quels mots caractérisent la relation que Jésus entretient avec nous? Les couples répondent à peu près ce qui suit quand je leur pose cette question : *la fidélité, la sécurité, le sacrifice, l'acceptation, l'unité, l'honneur, le service et l'honnêteté.*

La plupart des gens s'entendraient pour dire que ces qualités sont le fondement solide d'une relation de couple idéale. Nous voulons tous nous sentir en sécurité, acceptés, honorés et être aimés au prix de sacrifices, même lorsque nous ne sommes pas aimables. Or, réalisons-nous à quel point ces qualités sont importantes pour l'intimité sexuelle autant qu'elles le sont pour l'intimité en général?

Réfléchissons à l'aspect « technique » de la relation sexuelle. En se déshabillant, le mari et la femme s'autorisent l'un l'autre à se voir comme peu de gens, sinon personne, ne les ont vus au cours de leur vie adulte. Ils ne peuvent littéralement se cacher nulle part, se protéger des regards critiques ou des gestes violents. Les moqueries ou les remarques désobligeantes auraient alors un effet dévastateur. Nous voulons être aimés, acceptés et appréciés physiquement. Puis, vient le toucher. D'un accord mutuel, nous laissons l'autre caresser les parties de notre corps les plus sensibles. Le mari entre en sa femme, il accède à la partie la plus secrète de son corps. Nous donnons à l'autre le pouvoir de nous bénir par l'affection et le plaisir qu'il nous procure ou de nous causer un tort quasi irréparable. Réalisons-nous mieux l'importance de la sécurité et de l'acceptation?

Qu'en est-il du service ou du sacrifice? Les hommes et les femmes réagissent aux stimulations sexuelles à un rythme différent. De façon générale, les hommes atteignent l'orgasme plus rapidement que les femmes. Il est donc facile pour un homme d'être égoïste et de laisser sa femme insatisfaite et frustrée, avec le sentiment de n'être qu'un objet. Un mari doit faire preuve de maîtrise de soi s'il veut agir comme un serviteur et être une bénédiction pour sa femme.

Qu'en est-il de l'honnêteté et de la communication? Le mari et la femme manifestent des préférences personnelles sur la manière dont ils veulent être touchés. Sans une communication adéquate, verbale et non verbale, comment savoir si nous donnons du plaisir à notre conjoint? Comment notre conjoint connaîtra-t-il la bonne manière de nous aimer si nous demeurons silencieux?

> NOUS VOULONS TOUS NOUS SENTIR EN SÉCURITÉ, ACCEPTÉS, HONORÉS ET ÊTRE AIMÉS AU PRIX DE SACRIFICES, MÊME LORSQUE NOUS NE SOMMES PAS AIMABLES.

Les caractéristiques de l'intimité profonde entre deux personnes ont presque toujours un équivalent important dans le domaine de l'intimité physique. Les manifestations extérieures émanent essentiellement de l'intérieur.

Revenons à René et Christine

En apprenant à connaître René et Christine, j'ai réalisé que leur problème d'intimité était lié à d'autres difficultés dans leur vie de couple. Peu après leur mariage, René avait commencé un nouvel emploi et il travaillait souvent douze heures par jour, six ou même sept jours par semaine. Cette situation lui laissait peu de temps pour se rapprocher de sa femme, en particulier pour parler cœur à cœur avec elle.

Ils avaient amorcé leur vie à deux sans avoir réglé certaines difficultés relationnelles. René détestait les conflits et cherchait à les éviter à tout prix. À cela s'ajoutait une soif idolâtre de réussite. Dans sa relation avec Christine, René fuyait les conflits en se plongeant corps et âme dans le travail ce qui, bien entendu, accentuait chez Christine le sentiment de rejet et de douleur.

Pour sa part, Christine avait vécu des relations décevantes avec les hommes toute sa vie, que ce soit dans sa famille, avec ses amis ou ses amours. Compte tenu de l'obsession de René pour le travail et de sa tendance à fuir, elle sentait ressurgir en elle l'amertume et la déception déjà présentes dans son cœur depuis longtemps.

Heureusement, René et Christine avaient la foi, une foi qui leur a permis de mettre au jour et d'analyser ensemble ces différentes dynamiques. Ils ont demandé au Seigneur la guérison de leurs blessures passées et ils ont appris de nouveaux modèles de résolution de conflit et de communication basés sur l'amour. Ils ont entrepris, grâce à l'aide reçue, une nouvelle aventure d'intimité sexuelle de plus en plus satisfaisante.

Améliorer la sécurité et la compréhension

La sécurité et la compréhension sont des composantes cruciales de l'intimité, mais il faut travailler dur pour les développer. Puisque ces deux éléments font partie intégrante de notre relation avec Dieu, nous trouverons des moyens concrets de les mettre en pratique dans notre couple si nous réfléchissons à la manière dont Dieu les applique à nous en Christ.

Se confier

Au chapitre 7, nous avons vu que la Bible nous exhorte à être honnêtes l'un envers l'autre parce que nous sommes membres d'un même corps. Nous avons appris que la communication crée l'unité. Cette vérité s'applique également à l'intimité. Si nous mettons en pratique ces principes de communication, nous sommes déjà sur la bonne voie pour améliorer notre intimité conjugale, puisque plus nous nous connaissons, plus nous devenons intimes. L'intimité se développe au cours de conversations sérieuses sur des faits que notre conjoint ignore peut-être et aussi par des échanges banals sur des sujets qui nous sont déjà familiers.

Prenons l'exemple de notre relation avec Dieu. Nos liens mutuels se resserrent à mesure que nous lui confions ce qu'il sait déjà de nous. Plus notre relation avec Dieu évolue, plus il se révèle à nous et plus il nous demande, en retour, de lui ouvrir notre cœur. De toute évidence, Dieu doit se révéler, car autrement, il nous serait impossible de le connaître. Il semble cependant curieux que Dieu nous demande de lui parler de nous. Après tout, il connaît absolument tout de nous, il nous connaît mieux que nous-mêmes! Dans les Psaumes, David est émerveillé de constater à quel point Dieu le connaît :

> Éternel! Tu me sondes et tu me connais, tu sais quand je m'assieds et quand je me lève, tu comprends de loin ma pensée; tu sais quand je marche et quand je me couche, et tu pénètres toutes mes voies. Car la parole n'est pas sur ma langue, que déjà, Éternel! Tu la connais entièrement. (Psaumes 139.1-4)

Pourquoi parler à Dieu s'il sait ce que nous dirons avant même que nous ouvrions la bouche? Dieu nous demande de prier et non de radoter une liste interminable de besoins et de désirs afin que la communication de nos pensées et de nos soucis les plus profonds soit empreinte de ferveur. La Bible l'exprime ainsi : « Confiez-vous en lui en tout temps, peuple, épanchez vos cœurs en sa présence! Dieu est notre refuge » (Psaumes 62.9, italiques ajoutés). Plusieurs Psaumes témoignent de cris du cœur sincères exprimés par le peuple envers Dieu : joie, angoisses, craintes, terreur, colère et désarroi. Bien qu'ils datent de plusieurs siècles, ils n'ont pas été oubliés. L'écho de leurs émotions retentit encore aujourd'hui lorsque nous nous assemblons. Mais la question demeure : pourquoi prier si Dieu n'apprend jamais rien de nouveau ou s'il ne recueille aucune information nouvelle par les Psaumes ou nos supplications?

Je me souviens de la première année d'école de mon fils. Après une demi-journée à la maternelle, il descendait de l'autobus et entrait dans la maison, accueilli par sa mère. Ils se retrouvaient ainsi tous deux à la cuisine pour un compte-rendu de sa journée. Kim lui servait un verre de jus et quelques biscuits secs et lui posait les questions d'usage : « Alors, qu'as-tu fait aujourd'hui? De quoi ton professeur a-t-il parlé? Est-ce qu'il t'a raconté une histoire? T'es-tu bien amusé? Qu'as-tu appris? » Au fil des jours, les réponses de Gresham ne variaient pas beaucoup plus que les questions. Il participait aux activités que la plupart des enfants pratiquent à l'école maternelle : peindre avec les doigts, apprendre une nouvelle lettre, un nouveau mot, coller des haricots secs sur du papier construction illustrant le chiffre du jour et le tout se répétait le lendemain. Les réponses de Gresham ne m'étonnaient pas tellement, mais j'étais stupéfait par la réaction de Kim. Elle montrait toujours le même enthousiasme, ses questions étaient toujours sincères et par moments, elle versait même une larme lorsqu'il lui montrait son dernier chef-d'œuvre : un bonhomme allumette dessiné au crayon de cire. D'une certaine manière, Kim n'apprenait rien de nouveau de la part de Gresham. Elle connaissait l'alphabet, les couleurs et les formes depuis longtemps. Et pourtant, Kim et Gresham développaient une relation, ils devenaient de plus en plus proches.

Que se passait-il pendant ces causeries sur l'école maternelle?

La réponse se trouve dans le Psaume 62.9 : « Confiez-vous en lui… épanchez vos cœurs en sa présence… Dieu est notre refuge. » Lorsque nous nous adressons à Dieu, nous ne lui annonçons jamais rien de nouveau, mais nous lui confions ce qui importe à nos yeux. Nous découvrons alors qu'il s'en préoccupe et qu'il y prend même un grand plaisir.

Dans une relation de couple, en particulier après l'arrivée des enfants, nos échanges se concentrent souvent sur les besoins logistiques du moment. Qui ira chercher les enfants après leur entraînement? Nicholas a-t-il obtenu une meilleure note en mathématiques? Combien coûtent les nouvelles lunettes d'Élise? Notre cœur et notre relation se retrouvent parfois submergés par les exigences de la vie quotidienne. Nous devenons gérants du foyer plutôt qu'amis et amants. En étudiant l'importance de l'honnêteté, nous avons vu que pour connaître véritablement notre conjoint et développer l'intimité, il est crucial de connaître ses pensées et ses sentiments au quotidien.

L'intimité, toutefois, ne se développe pas vraiment autour de faits nouveaux, mais par la sollicitude et l'intérêt que nous démontrons envers les mêmes histoires maintes fois entendues. Nous devons nous souvenir qu'il les répète parce qu'elles sont importantes à ses yeux. Par conséquent, avant de lever les yeux au ciel et de rappeler à notre conjoint qu'il nous a raconté la même histoire la veille, souvenons-nous qu'il nous confie une partie de sa vie qui compte pour lui (à moins qu'il soit simplement distrait). Réjouissons-nous puisqu'il nous confie ce qui est cher à son cœur.

L'acceptation

Dans le chapitre sur l'honnêteté, nous avons appris qu'il est imprudent de se montrer ouvert et vulnérable devant un pécheur. Nous trouvons le courage de nous dévoiler à l'autre lorsque notre couple a pour fondement l'amour et les desseins de Dieu.

Nous cherchons parfois à assurer une certaine sécurité à notre intimité en tentant de changer notre conjoint afin qu'il nous ressemble davantage. Les enfants adoptent d'instinct cette pratique. Ils forment des clans basés sur les goûts musicaux, l'habillement, les notes à l'école ou le quartier, et ils excluent ceux qui ne correspondent pas à leurs critères. Ce manque de maturité se répercute parfois jusqu'à l'âge adulte et même au sein de la relation conjugale. Les particularités qui nous avaient d'abord attirés ou même fascinés chez l'autre peuvent devenir irritantes ou menaçantes à la longue. C'est ainsi que nous le critiquons, nous le jugeons et tentons de le manipuler afin qu'il se conforme de plus en plus à nos désirs.

Au chapitre 6, nous avons examiné les attitudes qui honorent par opposition aux comportements manipulatoires. Nous avons appris que l'honneur se fonde sur la notion suivante : notre conjoint ne nous appartient pas. Ultimement, il appartient à Dieu. Paul nous exhorte à le considérer comme « le serviteur d'autrui » (Romains 14.4).

Paul décrit cette façon de voir l'autre comme étant également de l'acceptation. Il écrit : « Faites-vous mutuellement bon accueil, comme Christ vous a accueillis, pour la gloire de Dieu » (Romains 15.7). Un mari et sa femme peuvent être de fidèles disciples de Christ et pourtant, agir et penser de manière complètement différente. Par exemple, Kim est extrovertie. Elle recherche en général la compagnie d'autres personnes. Pour ma part, je suis plutôt introverti. J'aime les gens, bien entendu, mais ma capacité à socialiser est beaucoup plus limitée que la sienne. J'ai plus souvent besoin de me retrouver seul pour me ressourcer. Si nous nous sentions menacés par nos diversités, nous pourrions rabaisser la personnalité de l'autre et la qualifier de moins spirituelle. Je l'accuserais d'avoir besoin des gens plus qu'elle n'a besoin de Dieu et elle répliquerait que je me soustrais à l'obligation d'aimer mon prochain. Tout bien considéré, toutefois, nos différences individuelles constituent une force dans certaines situations et une faiblesse dans d'autres. Lorsque nous apprenons à accepter et même apprécier nos divergences, nous nous aidons mutuellement à grandir. Je suis beaucoup plus ouvert qu'avant et Kim a appris l'importance de ralentir un peu le rythme.

Mais qu'en est-il du péché? Devrions-nous tolérer que notre conjoint pèche contre nous? En étudiant les enseignements bibliques sur le conflit et le pardon, nous avons appris que l'amour nous contraint à exposer et à pardonner le péché dans la vie de notre conjoint, et ce, avec compassion, sagesse et grâce. Ne perdons pas de vue, toutefois, que la bataille contre nos faiblesses et le péché se poursuivra jusqu'au retour de Christ, moment où il complètera son œuvre en nous. Personne ne peut vivre une vie parfaite et sans péché dans ce monde. Nous avons tous besoin de la grâce et de la miséricorde de Dieu tous les jours et même, chaque instant de chaque jour. Vivons notre vie de couple dans cette perspective. Nous ne pouvons pas et nous ne devons pas relever chaque péché ou chaque contrariété. La vie devient insupportable lorsqu'un conjoint épie les moindres gestes de l'autre dans le but de les critiquer.

Un sens et un but communs

C. S. Lewis a déjà écrit : « L'amitié doit avoir une raison d'être, ne fût-ce à la rigueur qu'une passion commune pour les souris blanches ou les dominos… Il est impossible pour ceux qui ne vont nulle part d'avoir un compagnon de voyage. » Cette vérité s'applique également à l'intimité : elle doit avoir une raison d'être. Nous ne créons pas l'intimité parce que nous avons soif d'intimité, pas plus qu'une amitié naît d'un enthousiasme pour l'amitié.

Au début de nos fréquentations, Kim et moi faisions des sorties au restaurant, au cinéma, au concert, etc., comme tous les jeunes couples. Mais notre relation a franchi une nouvelle étape lorsque nous nous sommes trouvé des intérêts communs. Par exemple, nous partageons encore aujourd'hui le même amour pour les livres et les bons romans. Un soir que nous étions assis au salon, j'ai suggéré de lui lire un extrait d'un livre que j'avais aimé. Elle a écouté, elle a aimé et m'a demandé de continuer. Je lui ai fait la lecture pendant une heure et nous n'avons pas vu le temps passer. L'aventure qui a commencé ce soir-là se poursuit jusqu'à maintenant : nous visitons des mondes imaginaires ensemble, nous nous délectons de récits passionnants et faisons connaissance avec des personnages colorés. Notre amour pour les histoires et le temps que nous passons à nous les partager nous a donné un fondement, du moins une brique ou deux, sur lequel s'est bâti notre amitié et notre intimité.

N'OUBLIONS PAS, TOUTEFOIS, QUE TOUT CE QUE NOUS FAISONS, MÊME NOTRE MANIÈRE DE FAIRE FACE AUX PROBLÈMES PHYSIQUES, MANIFESTE L'ÉTAT DE NOTRE CŒUR.

Quels intérêts ou passions partagez-vous avec votre conjoint? Si vous n'en trouvez aucun, repensez à vos premières rencontres. Qu'est-ce qui vous a réunis, qu'aimiez-vous faire ensemble? Ces joies du début sont souvent enfouies sous les nombreuses exigences pressantes de la vie, en particulier après l'arrivée des enfants, mais elles ne demandent qu'à renaître. En outre, il est toujours possible d'en créer de nouvelles. Dressez une liste de choses que vous aimeriez faire ensemble. Attention aux critiques au cours du processus! Écrivez simplement tout ce qui vous vient à l'esprit. Commencez par des activités simples comme promener le chien, faire les courses, jouer aux cartes, au backgammon ou même lire ensemble. Elles constitueront un point de départ pour aller plus loin. Une fois votre liste complétée, faites de ces activités une priorité. Pas un luxe, car l'intimité du couple est une part importante de notre adoration envers Dieu : nous aimons Dieu en nous aimant l'un l'autre comme il nous aime.

Si nous sommes tous les deux chrétiens, notre principal fondement est, bien entendu, notre relation avec Christ. La nature du lien qui nous unit à lui dépasse le simple partage de goûts communs ou de moments de joie. Ce lien donne un but et une orientation déterminante à nos vies. Il ne peut y avoir d'objectif plus noble et de passion plus merveilleuse que de connaître Dieu par Jésus et d'être transformé à son image. Ainsi, si Christ est notre partage, il devient la pierre angulaire sur lequel s'édifie notre relation conjugale, même lorsque nous avons du mal à trouver des intérêts communs.

Des questions fréquentes sur la sexualité

Les problèmes d'ordre sexuel sont-ils toujours causés par des problèmes conjugaux?

Pas du tout. Certains troubles physiques peuvent conduire ou contribuer à la dégradation de l'intimité sexuelle. Un déséquilibre hormonal, des problèmes de flux sanguin, comme le diabète et les maladies du cœur, des problèmes de fonctions nerveuses, comme les troubles neurologiques et les troubles chroniques comme les maladies du rein ou du foie peuvent affecter notre vie sexuelle. La ménopause, chez les femmes, peut apporter des changements à leur sexualité. Certains médicaments (notamment les antidépresseurs) ainsi que l'abus de médicaments, de drogues ou d'alcool peuvent perturber l'activité sexuelle. Si vous vivez des difficultés d'ordre sexuel dans votre relation conjugale, surtout si elles ne semblent pas liées à la qualité de votre relation, consultez un médecin qui pourra poser un diagnostic sur votre état de santé général.

Les couples ont parfois simplement besoin d'apprendre le plaisir sexuel réciproque. Si nous avons grandi dans un foyer où personne ne parlait ouvertement de sexualité, nous ne connaissons peut-être pas l'art de plaire à notre conjoint. Ou alors, nous avons peut-être développé une vision négative de la sexualité et ainsi, il est difficile de profiter pleinement de notre intimité sexuelle. Plusieurs ouvrages, même à caractère chrétien, sont à notre disposition pour nous aider à développer nos aptitudes ainsi qu'une vision saine et positive de la sexualité.

N'oublions pas, toutefois, que tout ce que nous faisons, même notre manière de faire face aux problèmes physiques, manifeste l'état de notre cœur. Ces derniers peuvent susciter en nous la compassion, l'aide, la fidélité et l'amour ou l'impatience, l'égoïsme et la méchanceté. Une attitude d'adoration est essentielle lorsque nous sommes aux prises avec des troubles physiques ou médicaux. Dans ces conditions, nous dépendons de l'amour de Dieu que nous donnons en retour à notre conjoint.

Est-il acceptable, dans certains cas, de refuser d'avoir des relations sexuelles avec notre conjoint?

Le refus d'avoir des relations sexuelles avec notre conjoint est un sujet très sérieux. La sexualité sert à refléter et à renforcer la puissance du message d'amour de Dieu envers nous. De la même manière, repousser notre conjoint envoie un message puissant et potentiellement nuisible. Plusieurs raisons peuvent cependant amener un conjoint à refuser d'avoir des relations intimes et je crois que dans certains cas, il est légitime et approprié de s'en abstenir pour le bien de la relation conjugale. La question est abordée de façon directe par Paul dans la Bible :

> Que le mari rende à sa femme ce qu'il lui doit, et de même la femme à son mari. La femme n'a pas autorité sur son propre corps, mais c'est le mari; et, pareillement, le mari n'a pas autorité sur son propre corps, mais c'est la femme. Ne vous privez pas l'un de l'autre, si ce n'est momentanément d'un commun accord, afin d'avoir du temps pour la prière; puis retournez ensemble, de peur que Satan ne vous tente par votre incontinence. (1 Corinthiens 7.3-5)

Ce passage a malheureusement été employé de façon abusive par bon nombre de maris pour forcer leur femme à avoir des relations sexuelles. Pourtant, même une lecture sommaire de ces versets nous montre clairement que l'intimité sexuelle est fondée sur la réciprocité et la sollicitude. Le principe est simple : nos corps nous appartiennent et nous sommes responsables de les utiliser à bon escient, mais du même coup, nous n'en avons pas l'exclusivité. Puisque le mari et la femme sont devenus un, la manière dont ils se servent de leur corps a une influence sur l'autre. Nous devons donc veiller à ce que notre corps soit un instrument qui fortifie la relation de couple et bannir toute tentation d'égoïsme, de caprice déraisonnable ou de refus d'intimité.

Il faut noter, toutefois, que Paul n'interdit pas les périodes d'abstinence. Il enseigne plutôt que cette entente doit être mutuelle (les deux conjoints sont d'accord), qu'elle a pour but la prière (chercher l'aide de Dieu, sa sagesse ou sa guérison) et que le temps de privation doit être limité afin de ne pas nuire à la relation de couple (sans doute par des tentations sexuelles). Le ton du passage indique que la sexualité est bonne et appropriée dans le cadre du mariage. Le mari et sa femme devraient prendre soin l'un de l'autre par la sexualité, mais certaines raisons peuvent conduire un couple à s'y abstenir pendant une période de temps précise pour leur bien-être spirituel

Dans quelles circonstances un couple peut-il ainsi décider de se priver de relations sexuelles? L'abstinence peut être une forme de jeûne. Tout comme certains chrétiens se privent de nourriture pendant une journée ou deux afin de se concentrer sur leur relation avec Dieu, un couple peut choisir d'exercer une discipline semblable dans leur vie sexuelle. Je sais que des hommes qui ont souffert de dépendance à la pornographie s'abstiennent souvent d'avoir des relations intimes avec leur femme dans le cadre d'une thérapie, parfois même jusqu'à quatre-vingt-dix jours. Cette privation a pour but de retrouver une perspective saine de la sexualité dans leur vie et d'en reprendre le contrôle. Les raisons peuvent varier d'un couple à l'autre, pourvu qu'elles soient fondées sur l'amour pour Dieu et pour notre conjoint. Notons, toutefois, que Paul ne présente pas la sexualité conjugale comme une contrainte de l'un des conjoints envers l'autre, mais comme un mode d'intimité mutuel, spirituel et attentionné.

L'interruption unilatérale des relations sexuelles s'avère sans contredit la plus pénible. Cette décision de la part de l'un des conjoints irrite ou blesse l'autre, mais peut-elle parfois être justifiable? Dans certains cas, elle l'est. La plus évidente est lorsqu'un des conjoints subit de la violence physique ou sexuelle. Certains comportements dans un couple sont destructeurs au point où l'intimité sexuelle devient inappropriée. Un conjoint détruit parfois physiquement la relation conjugale avec ses paroles ou ses poings, ou transforme l'intimité sexuelle en une expression dégradante de colère et de contrôle. Dans ces situations, il n'est pas sage de s'exposer au danger ou de s'associer à des agissements qui mettent davantage en péril une relation déjà au bord de la destruction. Personne ne devrait naviguer seul dans les eaux troubles d'une telle situation. Recherchez les conseils d'un pasteur sage, d'un ami fidèle, d'un conseiller biblique ou les trois, de préférence. Un plan d'action inspiré par l'amour doit être élaboré afin de vous permettre de faire ce qui est en votre pouvoir, par la foi, pour protéger votre vie de couple sans compromettre votre sécurité ou le bien-être de votre famille.

Qu'en est-il des situations moins graves? Que faire si l'intimité sexuelle est régulièrement perturbée par de simples irritations ou une légère amertume? Dans de tels cas, j'exhorte les conjoints à agir pour trouver et résoudre les causes secrètes de leur frustration et je les mets en garde contre les luttes de pouvoir. Cette dernière attitude représente la tentation la plus fréquente et la plus dangereuse. Le rejet ou la contrainte communique de puissants messages qui sont souvent dépourvus d'amour. Efforçons-nous d'expliquer notre refus d'intimité avec des mots qui invitent à un dialogue honnête et ouvert sur les blessures et les difficultés qui nous enlèvent tout désir de nous unir physiquement à notre conjoint.

Est-il acceptable de regarder de la pornographie avec notre conjoint?

Nous avons déjà démontré que l'objectif de la sexualité est de communiquer un message d'intimité, le type d'intimité et d'amour que Jésus ressent à notre égard. Quels messages la pornographie communique-t-elle? La plupart du temps, elle insinue que les relations sexuelles les plus excitantes et agréables sont anonymes, dépourvues d'engagement et sans conséquence. Les gens n'y sont pas dépeints comme des personnes qui doivent être honorées et aimées, mais comme des objets qui ne servent qu'à assouvir les appétits d'autrui. La pornographie véhicule essentiellement une image de manipulation.

Nous ne résoudrons pas nos problèmes d'intimité en gavant nos cœurs et nos chambres à coucher de messages à caractère manipulatoire. Cette tactique peut sembler excitante pendant un certain temps, mais il faut être conscient que les messages égoïstes et impersonnels de la pornographie ne sont pas seulement retransmis sur les écrans. Ils pénètrent en nous et empoisonnent tôt ou tard notre vie de couple et notre attitude envers les autres.

Si nous sentons que notre vie sexuelle manque de piquant, travaillons à d'autres aspects de notre relation. Éprouvons à nouveau une passion pour notre conjoint et notre sexualité n'en sera que plus épanouie. Considérons d'autres moyens de pimenter nos ébats amoureux. Les relations sexuelles d'un couple marié peuvent facilement tomber dans la routine. Cherchons des moyens amusants et sains de rompre la monotonie, comme faire l'amour le jour au lieu du soir ou dans une autre pièce de la maison.

Célébrons

Le terme *célébration* est une autre manière de décrire l'intimité conjugale. Nous avons une multitude de raisons de célébrer l'amour que Dieu nous a donné en Jésus. Il est si puissant que lorsqu'il résonne dans notre cœur, il se répercute jusque dans nos actions. Le retour de Jésus est décrit dans la Bible comme un festin de noce. Nous trouvons cette image dans le livre de l'Apocalypse :

> Et j'entendis comme la voix d'une foule nombreuse, comme la voix de grandes eaux, et comme la voix de forts tonnerres, disant : Alléluia! Car le Seigneur Dieu, le Tout-Puissant, a établi son règne. Réjouissons-nous, soyons dans l'allégresse et donnons-lui gloire, car les noces de l'Agneau sont venues, et son épouse s'est préparée. Il lui a été donné de se vêtir de fin lin, éclatant et pur. Le fin lin, ce sont les œuvres justes des saints. (Apocalypse 19.6-8)

En tant que peuple de Dieu, nous sommes comme une épouse qui frissonne de plaisir à l'idée de se retrouver enfin avec son époux! Les mots sont inefficaces pour décrire sa joie.

La sexualité a été créée pour nous donner un aperçu de cette joie. Elle exprime et consolide cet amour particulier au moyen de sensations physiques. En dépit des efforts de notre culture pour salir la sexualité, elle n'est pas impure

> NOUS AVONS UNE MULTITUDE DE RAISONS DE CÉLÉBRER L'AMOUR QUE DIEU NOUS A DONNÉ EN JÉSUS.

en soi. N'accordons aucun crédit à ces mensonges grossiers. La vie sexuelle ne s'épanouit pas dans le péché. Si l'intimité de notre couple reflète l'amour de Dieu, nous avons toutes les raisons de croire que les effets de cet amour se répercuteront jusque dans notre chambre à coucher et se transformeront en une joyeuse célébration.

Un dernier avertissement : il n'est pas nécessaire que nos cœurs vivent en parfaite harmonie avant que notre vie sexuelle s'améliore. L'intimité des cœurs est certes fondamentale, mais une intimité sexuelle caractérisée par l'affection et la tendresse peut être porteuse d'assurance et d'encouragement dans les périodes difficiles. Une intimité physique sincère transmet un message d'affirmation, d'acceptation, d'appartenance et d'amour qu'il est parfois difficile de communiquer avec des mots. L'harmonie intérieure des cœurs et l'harmonie extérieure des corps forment une chaîne de réactions positives qui se fortifient l'une l'autre. Laissons la sexualité célébrer ce qui est juste sans exiger la perfection. Elle communique parfois des messages essentiels à la croissance et sert de fondement pour progresser dans d'autres domaines. La sexualité peut être une expérience d'adoration merveilleuse.

Matière à réflexion

- Pensez à un moment d'intimité que vous avez récemment partagé avec votre conjoint. Vous rappelez-vous des paroles ou des actions qui ont contribué à vous sentir compris et en sécurité? D'autres facteurs ont-ils également joué un rôle dans la situation?
- Quels mots vous viennent à l'esprit lorsque vous pensez à l'amour de Jésus pour vous? Certains aspects de son amour sont-ils plus importants à vos yeux que d'autres?
- Diriez-vous que votre vision de la sexualité a tendance à être positive ou négative? Pour quelle raison?
- Avez-vous parfois de la difficulté à accepter sans réserve votre conjoint? Expliquez votre réponse. Que pouvez-vous faire pour lui démontrer une plus grande acceptation? Vous arrive-t-il de ne pas vous sentir accepté? Dans quelles circonstances? Pouvez-vous penser à une façon de communiquer vos sentiments à votre conjoint de manière à pouvoir améliorer les choses?

TROISIÈME PARTIE

Garder le cap

L'apprentissage de l'amour dans les différents aspects de la relation conjugale ne produit pas de résultats instantanés. Soyons patients, développons de l'endurance et apprenons à garder le cap. Heureusement, Dieu nous encourage et nous fortifie tout au long du parcours.

Le chapitre 16 nous enseigne la forme d'amour la plus élevée qui soit : la grâce. Même lorsque nous sommes victimes du péché de l'autre, la grâce expérimente l'amour de Dieu et la reflète. Elle pardonne et espère. C'est Jésus qui nous enseigne à aimer de cette manière.

Au chapitre 17, nous apprenons à éviter le piège classique qui nous est tendu dans les situations ordinaires de la vie : cesser de croire que nos actions ont de l'importance. Ce chapitre décrit les raisons pour lesquelles nos actions exercent toujours une influence et il nous incite à fixer nos regards sur la récompense.

Nos expériences passées influencent notre vie de couple. Le mariage n'est qu'une étape de notre parcours, un autre pan de notre histoire. Le chapitre 18 nous aide à comprendre notre histoire personnelle, et non seulement celle de notre vie à deux. Le récit de l'amour de Dieu envers nous fortifie notre espérance et nous permet d'avancer vers le but.

16
Croître dans la grâce

Les enseignements à retenir dans ce chapitre :

- La grâce constitue beaucoup plus qu'un coup de main de la part de Dieu. La grâce est l'amour immérité de Dieu envers des gens qui n'ont aucun espoir de se sauver eux-mêmes.
- Nous avons besoin de la grâce de Dieu, chaque instant de la journée.
- La grâce doit pouvoir s'exprimer aisément dans notre relation de couple. Elle nous donne la puissance d'aimer comme Dieu nous a aimés et nous enseigne à aller au-devant de notre conjoint avec amour, même lorsqu'il est fautif.
- La grâce nous assure que Dieu est plus grand que nos erreurs et qu'il peut non seulement rétablir l'harmonie au sein du couple, mais le rendre plus heureux qu'avant. La grâce renouvelle notre espoir de vivre une vie de couple transformée.

La grâce : une transformation extrême

À une certaine époque, notre famille avait l'habitude d'écouter l'émission *Les anges de la rénovation* (*Extreme makeover: Home Edition*, aux États-Unis et *Les maçons du cœur*, en France) les dimanches, à l'heure du souper. Bien que nous ayons comme règle de ne pas ouvrir le téléviseur durant les repas, les enfants m'avaient supplié de faire une exception. J'ai accédé à leur requête dans le but de découvrir ce qui les attirait tant dans cette émission.

Chaque semaine, l'animateur présentait une famille qui avait désespérément besoin d'une nouvelle résidence ou du moins de rénovations majeures à celle qu'elle possédait déjà. L'émission tournait autour des étapes et des défis auxquels était confrontée l'équipe de rénovation qui disposait d'une semaine seulement pour réaliser son projet. Mes enfants ne s'intéressaient nullement à la rénovation. Les persuader de ranger leur chambre relevait du défi quotidien. C'est pourquoi leur intérêt pour cette émission m'intriguait à ce point.

Plus la date butoir approchait, plus la tension et l'excitation de l'équipe étaient palpables. Et il devenait de plus en plus évident que le sujet principal de l'émission n'était pas la rénovation, mais la *grâce*.

Un des projets consistait à venir en aide à une famille d'accueil qui hébergeait plus d'une douzaine d'enfants aux prises avec des besoins particuliers. Leur maison présentait un taux de toxicité élevée en plomb. Comme les parents n'avaient pas les moyens de remédier à la situation, les enfants risquaient de perdre leur foyer d'accueil.

Un autre épisode concernait un vétéran de la guerre d'Iraq amputé d'une jambe. Cet homme, qui portait lui-même une prothèse, prenait soin de ses deux filles qui n'avaient pas de bras. De toute évidence, leur maison n'était pas adaptée à leurs besoins.

Enfin, une autre émission présentait un homme monoparental souffrant d'un problème cardiaque. Son principal souci était de protéger ses cinq enfants des influences malsaines de leur quartier. Leur habitation tombait en ruines.

Ces gens avaient été choisis à cause de la situation désespérée dans laquelle ils se trouvaient et parce que leur résidence ne répondait pas aux normes requises. Ils n'avaient aucun moyen de s'en sortir. La famille se voyait donc offrir une semaine de vacances de rêve pendant qu'une armée de travailleurs s'affairait à démolir leur maison et à en reconstruire une nouvelle.

Dans la dernière partie de l'émission, la famille était ramenée devant leur maison. Un énorme autocar leur cachait la vue et à mesure que le véhicule se déplaçait, l'émotion de la famille grandissait. Des cris, des pleurs et des applaudissements se faisaient entendre. Une foule composée de plus d'une centaine d'ouvriers et de voisins manifestait leur appui et leur joie. L'émission se terminait toujours sur une bonne note. Quant à nous, notre sourire et nos larmes refoulées en disaient long.

> **PUISQUE LA GRÂCE EST UNE CARACTÉRISTIQUE ESSENTIELLE DE L'AMOUR DE DIEU, LA COMPRÉHENSION ET L'APPRÉCIATION QUE NOUS EN AVONS DEVRAIENT S'ACCROÎTRE TOUT AU LONG DE NOTRE VIE.**

La grâce est cette aide imprévue qui vient au secours de ceux qui n'avaient aucun moyen de s'en sortir par leur propre force. La grâce nous apporte l'amour que nous ne méritons pas et l'aide dont nous avons désespérément besoin. Quand les gens sont témoins de la grâce en action à la télévision, ils versent des larmes dans l'espoir qu'un tel amour existe vraiment. Qui d'entre nous ne souhaite pas être aimé de cette façon? Qui n'aimerait pas prendre part à une telle manifestation d'amour envers quelqu'un dans le besoin?

Jésus offre plus que la transformation radicale d'une résidence. Il désire nous combler de son amour et rebâtir notre vie. Le mariage nous donne l'occasion de partager cette grâce avec notre conjoint. Si nous désirons lui manifester de l'amour et garder le cap, nous aurons besoin d'une plus grande compréhension de la grâce.

Nous devons d'abord l'expérimenter nous-mêmes et en faire bénéficier notre conjoint.

La grâce : un serre-livres, une main tendue ou une chenille prisonnière d'un immense brasier

Puisque la grâce est une caractéristique essentielle de l'amour de Dieu, la compréhension et l'appréciation que nous en avons devraient s'accroître tout au long de notre vie. Jerry Bridges la résume ainsi : « La grâce, c'est la faveur gratuite et imméritée de Dieu envers des pécheurs qui ne méritent que son jugement. C'est l'amour que Dieu a démontré envers des gens qui ne sont pas aimables. C'est Dieu qui descend vers des gens en rébellion contre lui. » Quand nous pensons à la grâce, notre point de départ devrait toujours être l'amour immérité que Dieu déverse sur nous.

Les chrétiens ont tendance à avoir une compréhension restreinte de la grâce. Au début de notre relation avec Dieu, nous avons reconnu notre incapacité à nous sauver nous-mêmes en raison de la séparation et de la rébellion causées par le péché. Nous avons accepté son amour comme un cadeau immérité à travers Jésus. Nous avons reconnu que notre salut dépendait uniquement de la grâce de Dieu, du moins au moment de notre nouvelle naissance, et que celle-ci nous conduira au ciel quand nous mourrons. Entre-temps cependant, nous cessons de dépendre de la grâce et nous cherchons à gagner l'approbation de Dieu par nos propres efforts. En ce sens, nous nous servons de la grâce de Dieu comme d'un serre-livres placé aux extrémités de notre vie. Elle nous permet d'établir une relation avec Dieu et elle nous permettra également de traverser la ligne d'arrivée. Entre les deux, nous vivons comme si notre sanctification dépendait entièrement de nous.

Dans son livre *From Fear to Freedom*, Rose Marie Miller réfute la notion selon laquelle nous pouvons nous sauver par nos propres moyens. Elle insiste avec justesse sur le fait que nous avons besoin de la grâce de Dieu chaque instant de notre vie. Elle emprunte l'illustration donnée par son mari au cours d'une prédication :

Deux théologiens du XVIIᵉ siècle débattaient de la nature de la grâce. L'un d'eux la comparait à un père qui aide son bambin à traverser une pièce. Sa mère l'attend à l'autre extrémité, une pomme à la main. S'il manque de tomber, le parent qui l'accompagne le retient afin que le bambin puisse poursuivre seul son parcours. L'autre théologien avait toutefois une vision différente. Pour lui, la grâce vient à nous seulement lorsque nous prenons conscience de notre manque total de ressources. Selon son point de vue, nous ressemblons à une chenille prisonnière d'un immense brasier. La délivrance ne peut venir que d'en haut.

Si nous sommes comme ce bambin qu'un parent attentionné aide dans sa marche, la grâce nous est certes utile. Cependant, nous sommes toujours en mesure de nous appuyer sur nos propres capacités. Laissons maintenant la deuxième image s'imprégner dans notre esprit : une chenille retenue captive d'un brasier. Cette image illustre mieux la grâce. Une chenille ne peut que ramper. Au mieux, elle tentera de s'échapper et de se traîner hors du feu, mais toute progression dans la bonne direction est vaine et l'entraînera inévitablement dans les flammes. L'aider à amorcer son parcours ne lui sera d'aucune utilité. Elle n'a nul besoin que nous l'attendions avec un extincteur de l'autre côté du brasier. Pour échapper aux flammes, la chenille a besoin d'une délivrance totale qui doit venir de l'extérieur.

La signification de la grâce

J'ai besoin de Jésus chaque moment de ma vie

Jésus a comparé sa relation avec ses disciples à celle d'une vigne et de ses branches :

> Demeurez en moi, comme moi en vous. De même que le sarment ne peut de lui-même porter du fruit, s'il ne demeure sur le cep, de même vous non plus, si vous ne demeurez en moi. Moi, je suis le cep; vous, les sarments. Celui qui demeure en moi, comme moi en lui, porte beaucoup de fruits, car sans moi, vous ne pouvez rien faire. (Jean 15.4-5)

Imaginons une vigne et ses branches. Chaque goutte d'eau, chaque nutriment essentiel à la vie de la branche proviennent du cep et seulement du cep. Si nous coupons la branche, elle n'a plus aucune chance de survie. Le cep et les branches évoquent l'image d'une dépendance et d'un besoin de tous les instants. La grâce est une façon de dépeindre la réaction de Dieu à l'égard d'individus qui ne peuvent vivre sans lui. Nous ne sommes pas comme des voitures dont le réservoir à essence doit être rempli une fois par semaine. Nous sommes comme des branches et notre survie dépend d'un soutien et d'un approvisionnement continuel. Dès l'instant où nous nous privons de l'amour de Dieu, notre vie spirituelle s'éteint.

Nous nous coupons trop souvent du cep en cherchant à régler nos difficultés nous-mêmes. Au lieu de nous tourner vers Dieu, nous tentons de nous en sortir seuls. Cette façon d'agir nous prive de la grâce et nous rend semblables à une branche qui ne tient que par un fil. Pourquoi ne pas nous tourner vers lui? Vivre dans la grâce de Dieu signifie accepter que Jésus seul peut résoudre nos difficultés et que nous avons besoin de lui chaque jour.

Tendre la main à l'autre même quand j'ai mal

Dans le contexte de notre relation avec Dieu, la grâce est essentiellement passive. Dieu a fait et fait encore pour nous ce que nous n'aurions pas pu accomplir nous-mêmes. Pour vivre de la grâce, nous devons dépendre entièrement de Christ, comme une branche dépend du cep.

Puisque la grâce est une caractéristique de l'amour, elle doit se refléter dans nos relations avec les autres, en particulier avec notre conjoint. Dans la vie de couple, la grâce est davantage un mot d'action : elle doit être *mise en pratique* ou manifestée à l'autre. Notre relation avec Dieu basée sur la grâce produira forcément des gestes d'amour envers notre prochain.

Au chapitre 4, nous avons effleuré la question de la grâce en établissant que l'amour de Dieu ne donne pas pour recevoir en retour. Nous avons examiné le chapitre 5 de l'Évangile selon Matthieu où Jésus déclare que nous ne devons pas, à la manière de monsieur Tout-le-Monde, aimer seulement ceux qui nous aiment. Nous devons aussi aimer nos ennemis, à l'exemple de Dieu. Jésus affirme que nous sommes entourés des preuves de son amour envers ses ennemis. Il fait lever le soleil et tomber la pluie bienfaisante sur les bons et sur les méchants. Cependant, aimer nos ennemis va au-delà du simple choix d'aimer l'autre lorsque nous n'obtenons pas de lui ce que nous désirons. Nous aimons même lorsque l'autre pèche contre nous.

Apprendre de Jésus

Aimer de cette façon ne s'apprend qu'en comptant sur Jésus et en l'adorant. Telle une fenêtre ouverte, le chapitre 50 du livre d'Ésaïe nous permet d'entrevoir ce qui motive Christ à bénir ceux qui pèchent contre lui. Ce passage offre une perspective unique de la grâce. Bien qu'écrit plusieurs siècles avant la naissance de Jésus, le livre d'Ésaïe est celui qui contient les prophéties les plus révélatrices à propos du Messie.

Le chapitre 50 d'Ésaïe est le seul qui parle du Messie à la première personne : le Messie décrit lui-même ce qu'il pense et ce qu'il fait. En ce sens, il présente une perspective unique.

La manière de penser d'un serviteur

Le Seigneur, l'Éternel m'a donné le langage des disciples, pour que je sache soutenir par la parole celui qui est fatigué; il éveille, chaque matin, il éveille mon oreille, pour que j'écoute à la manière des disciples. (Ésaïe 50.4)

Jésus possède la mentalité d'un serviteur. Il a consacré sa vie au service de son Père céleste et des autres. Ainsi, si nous voulons offrir à notre conjoint un amour caractérisé par la grâce, nous devons assumer le rôle de serviteur. Nous ne servons pas dans le but de donner à notre conjoint tout ce qu'il réclame, mais ce dont il a besoin, conformément au plan de Dieu. Dans ce passage, Jésus met l'accent sur les instructions et la direction données par Dieu. Trop souvent, nous nous concentrons sur les actions décevantes ou blessantes de notre conjoint au point de réagir avec force et de perdre Dieu de vue. La meilleure façon de servir notre conjoint sans nous laisser contrôler par lui est de garder les regards fixés sur Dieu et sur ses desseins.

Assurés de la présence et de l'intervention de Dieu

Le Seigneur, l'Éternel m'a ouvert l'oreille, et moi, je ne me suis pas rebellé, je ne me suis pas retiré en arrière. J'ai livré mon dos à ceux qui me frappaient et mes joues à ceux qui m'arrachaient la barbe; je n'ai pas dérobé mon visage aux outrages et aux crachats. Mais le Seigneur, l'Éternel m'a secouru; c'est pourquoi je n'ai pas été outragé, c'est pourquoi j'ai rendu mon visage semblable à un roc, sachant que je ne serais pas honteux. Celui qui me justifie est proche : Qui veut entrer en procès contre moi? Affrontons-nous! Qui s'oppose à mon droit? Qu'il s'avance vers moi! Voici que le Seigneur, l'Éternel viendra à mon secours : Qui me condamnera? (Ésaïe 50.5-9a).

Ce passage décrit de manière presque insoutenable la façon dont Jésus a tendu la main à ceux qui ont péché contre lui, qui l'ont brutalisé, tant physiquement que spirituellement. Lorsque nous souffrons entre les mains d'une autre personne, nous sommes plus exposés à l'échec : nous fuyons, nous attaquons, ou nous rendons le mal pour le mal. Comment Jésus a-t-il pu supporter et résister à cette tentation?

> **POUR PERSÉVÉRER EN DÉPIT DES DIFFICULTÉS DE LA RELATION CONJUGALE, NOUS DEVONS CROIRE QUE DIEU EST AVEC NOUS ET QU'IL AGIT, MÊME SI NOUS NE COMPRENONS PAS SON ŒUVRE.**

La honte ou la disgrâce constitue souvent notre pire ennemie alors que nous cherchons à démontrer de la grâce à un autre. Voilà pourquoi les paroles de Jésus dans ce texte sont si percutantes. En effet, au moment de subir les terribles assauts de ses agresseurs, comment peut-il affirmer qu'il ne connaîtra ni la disgrâce ni la honte? Le fait qu'on vous arrache barbe et qu'on vous crache au visage sont des actes qui suscitent la honte. Jésus ne nie pas sa douleur ou la souffrance émotionnelle causée par ses tourments. Il se concentre plutôt sur les vérités qui lui rappellent son identité et son objectif.

Jésus fixe ses pensées sur la présence et le dessein de Dieu. Il sait que Dieu le justifiera et lui donnera raison. Jésus est convaincu que ses souffrances ne seront pas inutiles, mais qu'elles serviront à la réalisation des plans de Dieu. Jésus aurait subi une honte insupportable si le péché avait eu le dernier mot, si les desseins de la grâce avaient été contrecarrés et si ses souffrances et sa confiance en Dieu s'étaient avérées vaines. Mais Dieu l'a justifié. Il a accompli ses plans divins : son peuple a été sauvé.

Le comportement répréhensible de notre conjoint risque de nous conduire au désespoir ou à la vengeance. Notre meilleur atout consiste alors à faire confiance à Dieu et à faire le bien. Nous sommes assurés de la victoire si nous agissons ainsi. En proie à la souffrance et à la méchanceté de ses ennemis, Jésus sait que Dieu est présent et qu'il intervient : il a la foi. Pour persévérer en dépit des difficultés de la relation conjugale, nous devons croire que Dieu est avec nous et qu'il agit, même si nous ne comprenons pas son œuvre. Si nous demeurons fermes dans cette conviction, nous aurons confiance que nos gestes font une différence. Rien ne garantit que notre conjoint se laissera fléchir par l'amour de Dieu, mais nous serons gardés de l'esclavage produit par l'amertume, la crainte et le désespoir. Notre victoire reposera sur l'assurance que rien ne peut nous séparer de la présence, de l'amour et de la puissance de Dieu, pas même les péchés des autres.

Une note importante au sujet de la violence conjugale : Bien que Jésus ait souffert physiquement par amour pour nous, personne ne devrait accepter d'être maltraité par son conjoint, sans réagir.

À maintes reprises, Jésus a fui pour échapper à ses ennemis qui cherchaient à le blesser ou même à le tuer. Une des composantes essentielles de la sagesse consiste à détecter le mal et à le fuir, dans la mesure du possible (Luc 4.28-30; Jean 8.59; 10.39; 11.53-54).

De plus, Jésus n'a pas été la victime de ses souffrances, mais ces dernières faisaient partie d'un plan précis. Il a pris la décision de souffrir au moment et à l'endroit choisis par Dieu, en gardant clairement à l'esprit les desseins de Dieu. Il a affirmé :

> Le Père m'aime, parce que je donne ma vie, afin de la reprendre. Personne ne me l'ôte, mais je la donne de moi-même; j'ai le pouvoir de la donner et j'ai le pouvoir de la reprendre; tel est l'ordre que j'ai reçu de mon Père. (Jean 10.17-18)

Jésus n'a pas été contraint de se soumettre et de souffrir sous la menace d'un oppresseur de peur d'être abandonné ou de rompre la relation. Il a plutôt choisi de suivre la ligne de conduite tracée par Dieu, dans le but de rétablir la relation. Ses souffrances différaient de celles que l'on subit dans une version perverse et destructrice de la relation conjugale.

Autrement dit, Jésus a délibérément choisi de souffrir et de se sacrifier par amour, conformément au plan de Dieu et à sa décision d'intervenir en notre faveur. À plusieurs autres reprises, Jésus a refusé de se soumettre aux machinations cruelles d'hommes résolus à le faire souffrir. Si donc vous êtes victime de violence conjugale, ne prenez pas l'exemple de Jésus ou mes paroles comme une exhortation à supporter les mauvais traitements. Vous avez besoin de sagesse et de discernement pour savoir comment aborder cette situation et faire en sorte que cesse l'engrenage conduisant à des relations destructrices. Assurez-vous de vous entourer de personnes sages. Cherchez l'aide d'un pasteur ou de conseillers avisés en matière de violence conjugale.

La grâce est notre seule porte de sortie

Qui parmi vous craint l'Éternel, en écoutant la voix de son serviteur? Quiconque marche dans les ténèbres et manque de lumière, qu'il se confie dans le nom de l'Éternel et qu'il s'appuie sur son Dieu! Voici : vous tous qui allumez un feu, qui formez un cercle de flèches ardentes, allez dans votre feu et dans la fournaise parmi les flèches ardentes que vous avez enflammées! C'est par ma main que cela vous est arrivé; c'est pour la souffrance que vous vous coucherez! (Ésaïe 50.10-11)

À ce point précis, le passage emprunte maintenant un autre ton. Jésus se tourne alors vers nous et s'adresse à nous personnellement. Après que nous ayons contemplé sa foi et son amour, il s'attend maintenant à une réaction de notre part. Est-ce que nous l'honorons et le respectons pour ses œuvres en notre faveur? Sommes-nous prêts à le suivre et à lui obéir? Le péché commis contre nous réclame une décision de notre part. Allons-nous tenter de nous en sortir par nos propres moyens? Adopterons-nous la sagesse de ce monde? Chercherons-nous une quelconque « lumière » enfouie au fond de notre cœur? Nous pouvons également tenter de fuir la souffrance, lancer notre propre offensive ou nous mettre en quête du compromis. La décision nous appartient. Mais Jésus déclare sans équivoque que si nous préférons suivre notre propre voie au lieu de celle qu'il a tracée pour nous, c'est lui au fond que nous rejetons. Et quand nous rejetons Jésus, l'amour incarné, nous ne pouvons nous attendre à ce qu'il bénisse nos efforts. Ce rejet entraîne des conséquences : de nouvelles souffrances s'ajouteront à nos souffrances.

Dieu est plus grand que nos erreurs

En plus de la honte et de la peur, le regret est l'un des pires ennemis de la grâce. Le sentiment de tristesse qui accompagne tout péché est un élément essentiel de la repentance. Cependant, le regret est ce sentiment persistant qui nous ronge et nous laisse croire que nous ne guérirons jamais. Il mine l'énergie et la foi nécessaires pour persévérer dans la relation conjugale. Je me suis entretenu avec des couples qui percevaient leur union comme une erreur monumentale. Ils ne voyaient même pas la nécessité de poursuivre le counseling, car, selon eux, leurs efforts pour améliorer leur situation équivalaient à tenter de construire une maison sur du sable mouvant.

> LA GRÂCE N'ÉQUIVAUT PAS À CETTE PHILOSOPHIE SI RÉPANDUE : « AIDE-TOI ET LE CIEL T'AIDERA. » ELLE SIGNIFIE PLUTÔT QUE DIEU ŒUVRE À TRAVERS NOS EFFORTS LES PLUS LAMENTABLES ET QU'IL NOUS RACHÈTE.

La grâce vient à bout du regret. Elle proclame que Dieu est plus grand que nos échecs et qu'il les utilise pour se glorifier et nous bénir, sans toutefois minimiser nos péchés, nos erreurs et nos mauvaises décisions. La grâce n'équivaut pas à cette philosophie si répandue : « Aide-toi et le ciel t'aidera. » Elle signifie plutôt que Dieu œuvre à travers nos efforts les plus lamentables et qu'il nous rachète. Dieu n'a pas besoin de notre sagesse, de nos bonnes décisions ou de nos motifs louables pour atteindre ses objectifs dans notre vie.

Chacun d'entre nous se rappelle de mauvaises décisions prises pour de mauvais motifs. En toute honnêteté, je suis très heureux d'avoir marié Kim, car à l'âge de vingt-trois ans, ma conception de la vie à deux et du choix d'une partenaire était insensée. Mon mariage avec Kim est donc imputable à la grâce de Dieu plutôt qu'à une quelconque sagesse ou vertu de ma part.

Le sacrifice de Jésus à la croix en est un autre exemple. Dieu a agi pour le bien suprême de l'humanité en se servant des mauvaises actions et de l'indifférence de gens pécheurs. Le gouverneur romain de l'époque, Ponce Pilate, ne s'intéressait pas à Christ ou au plan de Dieu. Il l'a livré aux mains d'une bande de Juifs furieux plutôt que de risquer de perdre sa position privilégiée. Les chefs religieux juifs, quant à eux, n'ont pas crucifié Jésus dans le but qu'il serve d'expiation pour les péchés. Ils voulaient plutôt conserver leur pouvoir. Les soldats romains n'ont fait qu'accomplir leur travail en clouant un prisonnier de plus sur une croix. Aucun d'eux n'avait comme objectif d'exécuter le plan parfait de Dieu. Pourtant, l'amour de Dieu, sa puissance et sa grâce ont contrecarré les actes et les motifs les plus machiavéliques afin de servir à la réalisation de son dessein d'amour (Actes 2.23).

Le retour à l'harmonie rend plus heureux qu'avant

Plusieurs d'entre nous sont d'avis qu'un objet brisé ne fonctionnera plus jamais comme avant. Après tout, une voiture d'occasion peut-elle être aussi performante qu'une voiture neuve? Une fois l'élastique d'un vêtement éventé, ce dernier ne s'ajuste plus aussi bien, n'est-ce pas? Non seulement Dieu est-il plus grand que nos erreurs, mais il œuvre en nous à travers notre péché, notre folie et nos faiblesses pour rendre nos vies et nos relations conjugales plus belles que jamais. Nous n'oublions pas pour autant nos erreurs et nos blessures passées, mais nous apprenons à les voir à travers le prisme de l'amour et de l'action de Dieu.

La relation qu'entretenait Israël avec Dieu s'est détériorée au fil du temps au point où Dieu a décidé d'envoyer le peuple en exil. Il a d'abord utilisé le peuple assyrien pour détruire les dix tribus du nord d'Israël. Puis, quelques centaines d'années plus tard, les Babyloniens ont détruit les deux tribus restantes, selon l'ordre divin. Quand Jérusalem, la capitale du pays, a été conquise, la plupart de ses habitants ont été déportés et ont été faits serviteurs et esclaves. Le temple a également été démoli. Dieu les avait pourtant avertis des conséquences de leur rébellion s'ils ne se repentaient pas. Le peuple ne concevait pas toutefois être un jour déporté de la Terre promise. Personne ne s'imaginait non plus que le temple de Dieu, symbole même de sa présence parmi eux, pourrait un jour être détruit.

Soixante-dix ans plus tard, Dieu a délivré Israël de la captivité. Il a aussi fait en sorte que les richesses des peuples avoisinants servent à la reconstruction de son temple. Malgré tous leurs efforts, cependant, le nouveau temple n'était qu'une pâle imitation du premier. Devant ce constat, le peuple était découragé et se demandait s'il avait perdu la bénédiction de Dieu à jamais. N'y avait-il aucun espoir de faire marche arrière et de bénéficier à nouveau de ce que Dieu avait prévu pour eux?

Dieu a encouragé son peuple par l'intermédiaire de son prophète Aggée :

> Quel est parmi vous le survivant, qui a vu cette Maison dans sa gloire première? Et comment la voyez-vous maintenant? N'a-t-elle pas l'air de rien à vos yeux?... Fortifie-toi, peuple du pays tout entier! – oracle de l'Éternel – Et travaillez! Car moi je suis avec vous – Oracle de l'Éternel des armées... Car ainsi parle l'Éternel des armées : une fois encore, et dans peu de temps, j'ébranlerai le ciel et la terre, la mer et la terre ferme; j'ébranlerai toutes les nations; les biens les plus enviables de toutes les nations viendront, et je remplirai de gloire cette Maison, dit l'Éternel des armées... La gloire de cette dernière Maison sera plus grande que celle de la première, dit l'Éternel des armées : et c'est dans ce lieu que je donnerai la paix – Oracle de l'Éternel des armées. (Aggée 2.3, 4 b, 6-7, 9)

Dieu ne nie pas la beauté et la splendeur du précédent temple, mais il encourage son peuple en lui révélant l'utilisation qu'il entend faire de la nouvelle construction. Le nouveau temple allait être glorieux parce que Dieu s'en servirait pour attirer toutes les nations à lui. Le nouveau temple serait le symbole non seulement de leur richesse, mais aussi de leur consécration et, en cela, Dieu sera glorifié. Bien que ce ne soit pas explicitement mentionné dans les Écritures, ce temple était assurément supérieur en beauté, car il reflétait l'amour rédempteur de Dieu. Ce temple avait été construit par un peuple humble et repentant qui avait été ramené chez lui par la grâce de Dieu.

Quels que soient les raisons pour lesquelles vous vous êtes marié ou les péchés qui ont nui à votre relation, Dieu peut la reconstruire et l'embellir. Il le fera non en cachant le passé ou en camouflant les cicatrices, mais en vous aidant à discerner sa fidélité et son amour en action. Il utilisera même votre union pour attirer d'autres couples à lui.

Matière à réflexion

- Vers qui vous tournez-vous lorsque vous avez besoin d'aide? Au lieu de compter sur vos propres ressources, par quels moyens précis pourriez-vous vous appuyer sur Dieu lorsque vous êtes blessé, que quelqu'un vous a causé du tort ou que vous avez tout gâché?
- Vous est-il déjà arrivé de recevoir de l'amour à un moment où vous ne vous y attendiez pas ou quand vous ne le méritiez pas? Connaissez-vous quelqu'un qui a besoin d'amour, mais qui ne s'attend pas à en recevoir ou qui ne le mérite tout simplement pas?
- Votre compréhension de l'amour a-t-elle changé ou avez-vous appris à mieux aimer votre conjoint parce que vous avez persévéré en dépit des difficultés? Donnez quelques exemples.

17

Nos actions exercent toujours une influence

Les enseignements à retenir dans ce chapitre :

- Pour éviter de sombrer dans le désespoir et de perdre de vue nos objectifs, souvenons-nous que nos actions changent les choses. Quel que soit l'impact qu'elles produisent sur les autres, elles ont toujours une influence sur nous. Elles font de nous des personnes soit plus aimantes, soit plus endurcies et manipulatrices.
- Lorsque nos paroles ne semblent pas produire d'effet sur notre conjoint, n'oublions pas que nos actions parlent plus fort que nos paroles.
- Pour demeurer sur la bonne voie dans notre vie de couple, plaçons d'abord notre espérance en Christ et trouvons notre joie et notre valeur en lui plutôt qu'en notre conjoint.
- Par la foi, croyons que Dieu est à l'œuvre même lorsque son œuvre semble cachée à nos yeux. Dieu est actif, à travers Jésus, et il nous appelle à l'être aussi.

L'impuissance apprise

« Pourquoi me montrer gentille avec lui? Il n'est jamais gentil avec moi. »

« Pourquoi l'écouter? Elle ne m'écoute jamais. »

« À quoi bon essayer? C'est une cause perdue d'avance. »

Ces messages traduisent un sentiment de désespoir. Notre vie et notre relation conjugale sont particulièrement en danger lorsque nous abandonnons tout espoir de changement. Dès que nous sommes persuadés que l'amour ne rime à rien et que nous franchissons le seuil de l'indifférence et du désespoir, notre relation avec notre conjoint et avec Dieu se détériore.

Les psychologues ont observé un lien entre la dépression et la croyance selon laquelle nous ne pouvons rien faire pour changer nos circonstances. Cette notion est parfois décrite comme étant « l'impuissance apprise ». À la fin des années 1960, quelques psychologues, dont Martin Seligman, ont mené des expériences avec trois groupes de chiens. Chacun des groupes pouvait exercer un contrôle sur le degré d'exposition à des décharges électriques en pressant un levier. Le premier groupe avait le plein contrôle, le second avait un contrôle variable et le troisième n'avait aucun contrôle. Par la suite, les trois groupes ont été placés devant un muret qu'ils pouvaient traverser pour échapper aux décharges. Les chiens des deux premiers groupes ont rapidement compris que sauter par-dessus le muret leur permettait d'améliorer leur sort. Cependant, la plupart des chiens du troisième groupe se sont étendus sur le sol en gémissant.

Nous ne sommes pas des chiens, mais l'analogie est frappante. Si nous croyons que nos choix ne changeront rien et que nous ne pouvons rien faire pour « échapper aux décharges », nous risquons de nous effondrer et d'abandonner.

Ne nous lassons pas de faire le bien

Dieu sait et comprend à quel point il est difficile de continuer à faire le bien lorsque, selon toute vraisemblance, nos efforts ne donnent aucun résultat. Dans sa lettre aux Galates, Paul s'adresse à ceux d'entre nous qui seraient tentés d'abandonner en gémissant :

> Ne vous y trompez pas : on ne se moque pas de Dieu. Ce qu'un homme aura semé, il le moissonnera aussi. Celui qui sème pour sa chair, moissonnera de la chair la corruption; mais celui qui sème pour l'Esprit, moissonnera de l'Esprit la vie éternelle. Ne nous lassons pas de faire le bien; car nous moissonnerons au temps convenable, si nous ne nous relâchons pas. (Galates 6.7-9)

Les semailles et les moissons demandent du temps et des efforts. L'agriculture est un travail laborieux qui requiert de la patience. La terre a besoin d'être labourée, arrosée et désherbée, et les graines ne poussent pas du jour au lendemain, mais au terme de plusieurs semaines voire de plusieurs mois. De même, l'amour doit être patient. Nos actions ont un impact, bien que ce ne soit pas toujours évident à première vue.

Paul nous rappelle que Dieu veille sur le processus et se porte garant du résultat. Si nous semons les semences de son Esprit, c'est-à-dire des actes d'amour, elles produiront assurément du fruit. La réputation de Dieu est en jeu, l'Évangile de Jésus accomplira dans nos vies ses projets bienveillants. Nous devons, cependant, comprendre les clauses de cette garantie. Dieu ne nous promet pas que notre conjoint changera, bien que nos actes d'amour soient susceptibles de produire cet effet en lui. Dieu promet de mener à bien le travail qu'il a commencé en *nous*. Aspirons à la transformation de notre cœur et laissons-lui le soin de s'occuper de notre conjoint.

Ainsi, lorsque nous sommes découragés, souvenons-nous que le plus grand des trésors nous a déjà été acquis : le privilège de connaître Jésus et de croître dans son amour. Nos actions produisent toujours un impact, que notre conjoint change ou non. Si nos actions découlent de l'amour, de l'adoration et du désir d'imiter Jésus dans les moments difficiles de notre vie de couple, nous devenons de plus en plus semblables à notre Sauveur et à la personne que Dieu veut que nous soyons.

Vous vous dites sans doute : « Un instant! J'ai l'impression qu'on me fait marcher. Je veux apprendre comment transformer ma vie de couple et vous me dites de ne plus m'en préoccuper, mais de me concentrer sur Jésus! » Rassurez-vous. Je vous demande simplement de bien définir vos

> **SI NOUS SEMONS LES SEMENCES DE SON ESPRIT, C'EST-À-DIRE DES ACTES D'AMOUR, ELLES PRODUIRONT ASSURÉMENT DU FRUIT.**

priorités. Les chrétiens ont trop souvent tendance à se servir de Jésus comme moyen pour parvenir à leurs fins. Nous incluons Jésus dans notre vie pour nous assurer d'obtenir ce que nous désirons, entre autres une relation conjugale heureuse. Nos besoins et nos désirs servent de cadre à notre vie. Jésus est bienvenu dans le portrait pourvu qu'il serve à l'accomplissement de nos objectifs. La Bible, cependant, nous présente une vision complètement différente : Jésus *est* le Cadre. C'est lui qui détermine ce qui entre dans la composition du tableau général de notre vie. Seul son encadrement donne un sens à l'amour. Notre seul espoir pour un mariage épanoui et heureux passe par une meilleure compréhension de l'amour basée sur l'adoration de Jésus. Nous devons toutefois accepter que Jésus ait recours à notre vie de couple pour nous façonner et nous transformer. Ce processus est parfois douloureux et ne produit pas toujours les résultats que nous désirions.

Ces paroles de Paul servent également d'avertissement : on ne se moque pas de Dieu. Les mauvaises actions nous changent aussi. Si nous plantons des semences d'amertume, de manipulation et d'égoïsme, notre récolte sera misérable. Lorsque nous dénonçons les péchés des autres, veillons à ne pas arroser une mauvaise semence en nous-mêmes. Quelques versets plus tôt, Paul nous enjoint à aider l'autre à vaincre le péché, dans la mesure du possible, et il nous avertit aussi d'un danger :

> Frères, si un homme vient à être surpris en quelque faute, vous qui êtes spirituels, redressez-le avec un esprit de douceur. *Prends garde à toi-même, de peur que toi aussi, tu ne sois tenté.* Portez les

fardeaux, les uns des autres, et vous accomplirez ainsi la loi du Christ. Si quelqu'un pense être quelque chose, alors qu'il n'est rien, il s'illusionne lui-même. *Que chacun examine son œuvre propre…* (Galates 6.1-4*a*, italiques ajoutés)

Il est dangereux de vivre avec un conjoint pécheur même lorsque, par amour, nous cherchons à l'aider. Un des dangers évidents est de nous empêtrer dans une faute semblable à la sienne. Il est facile de devenir coléreux, anxieux ou avide lorsque nous sommes mariés à une personne qui combat l'un ou l'autre de ces péchés. Pourtant, le pire danger qui nous guette est l'orgueil. Nous pouvons nous croire supérieurs à l'autre, alors qu'il n'en est rien. Nous sommes tentés de nous concentrer sur les péchés de notre conjoint et de perdre de vue notre tendance à pécher pour servir nos propres désirs, craintes et idoles. Nous nous trompons, parfois, en croyant que nos pensées et nos actions découlent de l'amour alors qu'en réalité, elles ont pour but de servir nos intérêts. C'est pourquoi nous devons nous en tenir à l'ultime raison pour laquelle nous avons choisi d'aimer notre conjoint, quel que soit son comportement : nous aimons l'autre parce que nous aimons et adorons celui qui est amour, Jésus.

> VEILLONS AVEC SOIN SUR NOS ACTIONS, CAR ELLES PRODUISENT TOUJOURS UN IMPACT SUR NOUS, SOIT POUR LE BIEN, SOIT POUR LE MAL.

J'ai déjà reçu une femme en consultation qui dénonçait les comportements répréhensibles de son mari. Ce dernier avait très mal agi et avait souvent manqué à ses devoirs. Elle avait donc raison d'agir ainsi. Néanmoins, un jour, elle a décidé de le pourchasser dans la maison avec un couteau à la main! De toute évidence, elle a manqué d'amour. Elle semait une mauvaise semence. Cet exemple est frappant, bien sûr. Or, comment savoir si nous semons le bon type de semence? Une fois de plus, Paul nous éclaire à ce sujet : « Mais le fruit de l'Esprit est : amour, joie, paix, patience, bonté, bienveillance, fidélité, douceur, maîtrise de soi » (Galates 5.22-23*a*). Pour savoir si nous ensemençons une bonne semence, examinons le fruit de nos attitudes et de nos actions, en répondant aux questions suivantes : quels changements s'opèrent en moi en ce moment? Comment décrire ce que je deviens? Ma façon de réagir correspond-elle à la liste des vertus énumérées aux versets 22 et 23? Veillons avec soin sur nos actions, car elles *produisent toujours un impact sur nous*, soit pour le bien, soit pour le mal.

Les actions sont plus puissantes que les mots

Si vous êtes comme moi, vous n'êtes jamais à court de mots dans vos moments de colère ou lorsque vous subissez une injustice. Nous avons appris que l'emploi de paroles appropriées et honnêtes est une composante importante de l'amour, surtout lors d'un conflit. Cependant, nos actions importent tout autant, car nous savons tous que les actions parlent plus fort que les mots.

Les femmes réduites au silence, mais dont la vie est éloquente

L'apôtre Pierre a adressé un message aux femmes dans sa première lettre :

> Vous de même, femmes, soyez soumises chacune à votre mari, afin que même si quelques-uns n'obéissent pas à la parole, ils soient gagnés sans parole, par la conduite de leur femme, en voyant votre conduite pure et respectueuse. (1 Pierre 3.1-2)

À l'époque de Pierre, la femme dépendait entièrement de son mari pour sa survie. Elle ne possédait pas de statut légal autonome ni de moyens de subvenir à ses besoins. Lorsqu'elle déplaisait à son mari, elle courait un grave danger. Il pouvait la renvoyer de la maison ou divorcer, ce qui se traduisait en tragédie au point de vue social, personnel et financier. Mais Pierre offre de l'espoir aux femmes. Il leur rappelle que la puissance de l'Évangile ne dépend pas de leurs paroles. Même si elles sont réduites au silence par leur mari qui leur interdit de parler de Jésus, leur ressemblance à Christ permet d'exercer une grande influence sur leur conjoint. Les actes d'amour de ces femmes et leur vie à l'image de Christ proclament l'Évangile tout au long de la journée.

Pierre attire l'attention des femmes sur Jésus dont les paroles ont été peu nombreuses dans les moments les plus déterminants de son ministère. Il n'a pas menti, il n'a menacé personne et n'a pas tenté de se justifier. Dans ce passage, Pierre cite le prophète Ésaïe qui annonce les souffrances du Messie :

> Il a été maltraité, il s'est humilié et n'a pas ouvert la bouche, semblable à l'agneau qu'on mène à la boucherie, à une brebis muette devant ceux qui la tondent; il n'a pas ouvert la bouche. (Ésaïe 53.7)

Même sans avoir recours aux paroles, Jésus a été capable de nous racheter du péché. Ses actions empreintes d'amour et de grâce ont été puissantes et leur écho se répercute à travers l'histoire, jusque dans la vie de ses disciples. La femme silencieuse peut, à priori, sembler impuissante. Pourtant, chaque fois qu'elle choisit d'aimer au lieu de réagir avec colère ou de céder à la peur, son action est d'une grande efficacité et a de puissantes répercussions.

La lumière du monde

Ces enseignements ne visent pas seulement à encourager les femmes qui sont forcées de se taire. Jésus demande à chacun de nous de manifester notre amour par nos actions. Il nous dit ceci :

> C'est vous qui êtes la lumière du monde. Une ville située sur une montagne ne peut être cachée. On n'allume pas une lampe pour la mettre sous le boisseau, mais on la met sur le chandelier, et elle brille pour tous ceux qui sont dans la maison. Que votre lumière brille ainsi devant les hommes, afin qu'ils voient vos œuvres bonnes, et glorifient votre Père qui est dans les cieux. (Matthieu 5.14-16)

Jésus enseigne que nos actions ont le pouvoir d'inciter les autres à faire le bien. Lorsque nos paroles sont mal reçues, souvenons-nous que nos actes d'amour encouragent notre conjoint à se tourner vers Jésus. Laissons briller notre lumière, même lorsque les mots semblent sans effet.

Souvenons-nous des enseignements sur l'adoration. Notre amour pour Dieu s'exprime par notre amour pour les autres. C'est ainsi que notre entourage est témoin de l'amour de Dieu en action.

Fixons les regards sur la récompense

L'espérance est active

Il importe de décider chaque jour quel sera l'objet de notre espérance. Cette manière de penser peut sembler étrange, car l'espérance est généralement associée à un sentiment et non à une action. Mais croyez-moi, l'espérance est active. Jésus explique ainsi l'importance de mettre l'espérance en pratique :

> Ne vous amassez pas de trésors sur la terre, où les vers et la rouille détruisent et où les voleurs percent et dérobent, mais amassez des trésors dans le ciel, où ni les vers ni la rouille ne détruisent, et où les voleurs ne percent ni ne dérobent. Car là où est ton trésor, là aussi sera ton cœur. (Matthieu 6.19-21)

Jésus fait deux observations simples. D'abord, notre bonheur et notre bien-être dépendent entièrement de l'objet de notre espérance, ce que nous estimons ou chérissons. Jésus mentionne que l'une de nos plus grandes tentations consiste à mettre notre confiance dans nos possessions et nos richesses. La leçon est claire : si le but de notre vie se résume à acquérir et à jouir de nos biens, qu'adviendra-t-il si nous perdons ce en quoi nous avons placé notre espérance? Que se passera-t-il si un voleur usurpe notre identité et détruit notre réputation, si notre maison est emportée par une inondation ou si le marché boursier s'effondre? Si notre cœur se consacre entièrement à l'acquisition de ces biens, ils deviennent notre trésor. Nous subirons le même déclin qu'eux. L'inondation qui a emporté notre maison nous détruira aussi. Le voleur qui a détourné nos fonds détournera aussi notre cœur.

Ensuite, Jésus nous encourage à faire un meilleur choix et à investir notre cœur dans des valeurs sûres, durables et qui ne déçoivent pas. Il les appelle des « trésors dans le ciel ». Parfois, lorsque nous tentons de nous représenter la nature de ces trésors, nous pensons à des anges flottant sur des nuages ou à des rues pavées d'or. N'oublions pas que Dieu nous a déjà donné le cadeau le plus extraordinaire qui soit : son fils Jésus. Quelles que soient les merveilles qui nous attendent au ciel, l'essentiel de notre existence portera notre relation avec Dieu, en Jésus. Lorsque nous considérons notre trésor en ces termes, nous réalisons que nous en avons déjà reçu un acompte. Nous bénéficions aujourd'hui même d'une relation intime avec Jésus et son Esprit vit en nous. Nous sommes unis à lui pour toujours. Nous trouvons auprès de lui du réconfort et pouvons lui partager nos pensées, nos désirs et nos craintes chaque fois que nous en ressentons le besoin.

Quand nous choisissons d'espérer en Jésus, nous faisons preuve de sagesse, car rien ne peut nous séparer de lui, ni le voleur, ni les mites, ni la rouille, ni un conjoint. Les échecs de notre conjoint, ses péchés, son ignorance et ses faiblesses ne peuvent nous priver des bénédictions et des joies que Dieu tient en réserve pour nous, par son Fils.

Un trésor caché

Une brève parabole de Jésus nous donne plusieurs raisons d'agir même lorsque nous avons l'impression que nos actions ne peuvent rien changer :

> Le royaume des cieux est encore semblable à un trésor caché dans un champ. L'homme qui l'a trouvé le cache de nouveau; et, dans sa joie, il va vendre tout ce qu'il a et achète ce champ. (Matthieu 13.44)

Jésus reconnaît que son royaume est parfois difficile à percevoir. L'expression « le royaume des cieux » fait référence à sa puissance, sa seigneurie et sa présence dans notre vie. Il est notre Roi, il règne en nous et nous dirige avec soin. Nous nous demandons parfois où Dieu veut en venir, car nous ne discernons pas son œuvre dans notre vie. Le royaume de Jésus se dérobe alors à nos regards, comme un trésor enfoui dans le sol.

Tout comme l'homme de la parabole, nous passons sans doute souvent par-dessus sans nous en rendre compte, jusqu'à ce que notre orteil s'y heurte. Nous réalisons alors l'importance de cette richesse. Même ceux qui ont fait de Jésus leur trésor se découragent parfois, car ses méthodes diffèrent des nôtres. Nous voulons des changements spectaculaires, instantanés et durables, mais son œuvre en nous est souvent discrète. Elle s'échelonne sur une longue période et elle nous fait vivre des hauts et des bas.

Notons que bien qu'ayant découvert le trésor, l'homme a tout de même dû faire des sacrifices. Il semble qu'il était impossible de le déplacer. L'homme a donc vendu tout ce qu'il possédait pour acheter le terrain où était caché le trésor. Il s'est forcément départi de biens précieux pour amasser l'argent nécessaire. A-t-il tenté d'élaborer un plan lui permettant à la fois de s'approprier le trésor et de garder ses possessions? Avons-nous déjà réfléchi au fait que sa réputation en a pris un coup? Entendons-nous la voix de ses détracteurs : « Roger a perdu la tête! Il vend sa maison d'un demi-million de dollars pour acheter le terrain abandonné près de la station-service! »

> MAIS LA FOI RESTE CENTRÉE SUR LES PAROLES VÉRIDIQUES DE DIEU MÊME LORSQUE NOTRE EXISTENCE ET NOS ÉMOTIONS NE SEMBLENT PAS CONCORDER AVEC LES PROMESSES DE DIEU.

L'expression la plus percutante dans ce récit est « dans sa joie ». Même si les sacrifices sont réels, la joie l'est tout autant. Puisque l'homme connaissait la véritable valeur du trésor, il a pu entreprendre les démarches nécessaires sans se sentir démoralisé ou se laisser accabler par le désespoir. La promesse de Jésus est implicite dans ses paroles : celui qui me suit connaîtra des jours difficiles et des déceptions, mais le trésor est réel et d'une valeur inestimable.

Lorsque nos actions ne semblent pas influencer le cours des événements, fixons nos regards sur la récompense en choisissant de placer notre espérance en Jésus plutôt qu'en notre conjoint. Choisissons de croire en la vérité. Jésus est notre trésor et aucun sacrifice n'est vain puisque nous recevons en retour une joie que ni un conjoint ni une relation conjugale difficile ne peuvent tarir. Nous choisissons de vivre à la lumière de l'éternité, mais nous savourons dès maintenant la douceur de notre relation avec lui.

Ayons la foi

Dans une relation de couple conflictuelle, la foi est essentielle pour garder le cap. La *foi*, comme l'espérance, fait partie des termes religieux employés à outrance, au point où nous en avons oublié la véritable signification. La foi est plus qu'un pressentiment que tout se passera bien. La foi n'est pas une émotion que nous nous persuadons de ressentir. Elle ne nous incite pas à rester impassibles. Comment la Bible la définit-elle?

Plus qu'une émotion

Nous trouvons cette définition dans l'Épître aux Hébreux : « Or la foi, c'est l'assurance des choses qu'on espère, la démonstration de celles qu'on ne voit pas. C'est à cause d'elle que les anciens ont reçu un bon témoignage » (Hébreux 11.1-2).

L'Épître aux Hébreux met en contraste ce que l'on voit et ce que l'on espère. La foi porte toute son attention sur l'espérance, en dépit des déceptions ou des frustrations. Même lorsque notre expérience ne semble pas en harmonie avec les promesses et les desseins de Dieu, la foi se nourrit de la certitude de leur accomplissement.

La foi n'est pas une émotion. Nous sommes perturbés chaque fois que les choses ne se passent pas comme nous l'aurions souhaité. Mais la foi reste centrée sur les paroles véridiques de Dieu même lorsque notre existence et nos émotions ne semblent pas concorder avec les promesses de Dieu. Durant les moments difficiles de notre vie à deux, il est normal d'être bouleversé. L'appel de la foi ne nous invite pas à refouler nos émotions ou à adopter des pensées positives. Il est plutôt une exhortation à demeurer centrés sur les promesses de Dieu, son amour et sa fidélité, même lorsque ces vérités ne sont pas manifestes dans notre vie de couple.

La foi véritable prend tout son sens lorsqu'elle nous rend capables de poser des actions *contraires* à nos émotions. Personne n'a besoin de foi pour faire ce dont il a envie. La foi est centrée sur des réalités invisibles, la personne et l'œuvre de Dieu et elle nous appelle souvent à résister aux craintes, aux doutes, aux déceptions et à la colère. Il ne s'agit pas de refouler ces émotions. Au contraire, nous avons la liberté de les reconnaître et de les avouer parce que nous ne les laissons pas nous dominer. Dans notre relation de couple, nos actions ne sont pas simplement dictées par nos sentiments. Notre motivation nous vient d'une relation plus puissante, soit le lien qui nous unit à Dieu. La puissance de cette relation se manifeste davantage lorsqu'elle nous incite à choisir de faire la volonté de Dieu plutôt que la nôtre.

Actif et non passif

« C'est à cause d'elle que les anciens ont reçu un bon témoignage » (Hébreux 11.2). Nous avons besoin d'exemples pour apprendre ce qu'est la foi. Le onzième chapitre de l'Épître aux Hébreux contient plusieurs récits de célèbres héros de la foi comme Noé, Abraham et Moïse, ou ceux de héros moins connus comme Abel, Hénoc et Rahab. Ils partagent tous une caractéristique évidente : ils étaient des hommes et des femmes d'action. Nous pensons trop souvent à la foi comme une chose passive. Non seulement nous l'associons à une émotion, mais également à une émotion qui *survient* inopinément. Pourtant, dans chacun des exemples de foi cités dans ce chapitre, le peuple de Dieu est à l'œuvre. Noé construit une arche sur une terre aride qui n'a jamais reçu de pluie. Abraham et sa famille quittent la civilisation et le confort pour aller s'installer dans un endroit qui leur est inconnu. Rahab abandonne la réalité familière de son quotidien à Jéricho pour se ranger du côté des Israélites. Et la liste s'allonge. Ces hommes et ces femmes ont accompli des gestes concrets et la Bible nous permet de constater que leurs actions ont eu des répercussions importantes.

> LES ACTES DE FOI DÉCOULENT D'UNE VIE CENTRÉE SUR LA BONTÉ, LA PUISSANCE ET L'ACTION DE DIEU.

Les réactions de ces individus reposaient sur les promesses de Dieu. Elles n'étaient pas motivées par la panique, une prise de pouvoir irréfléchie ou un désir orgueilleux d'être élevé au rang de héros. Nous lisons que « …sans la foi, il est impossible de lui plaire : celui qui s'approche de Dieu doit croire qu'il existe et qu'il récompense ceux qui le cherchent » (Hébreux 11.6).

La foi s'appuie sur cette vérité fondamentale : Dieu est réel, il agit et il est le rémunérateur de ceux qui le cherchent. Toutes les personnes énumérées au chapitre 11 ont eu confiance en un Dieu invisible qui a agi de manière imprévisible. Ils ont cru, malgré tout, que le Dieu invisible les bénirait s'ils le recherchaient et lui faisaient confiance.

Les actes de foi découlent d'une vie centrée sur la bonté, la puissance et l'action de Dieu. Pourquoi devrions-nous répondre à notre conjoint avec gentillesse en dépit de sa dureté? Pourquoi lui parler avec vérité plutôt que de demeurer silencieux? Pourquoi prendre l'initiative d'agir avec bonté sachant que ce geste ne nous sera pas rendu? Parce que nous croyons qu'il y a un autre Acteur sur la scène. Bien que nous ne le voyions pas, nous savons qu'il est bon et qu'il récompense ceux qui le cherchent.

La foi sait que Dieu agit

Le chapitre 17 du livre de l'Exode offre une image intéressante de la puissance que la foi en Dieu donne à nos actions. Dieu vient tout juste de libérer les Israélites de leur esclavage en Égypte. Ils ont assisté à des manifestations étonnantes de sa puissance : des plaies comme les grenouilles et les mouches, le Nil changé en sang, la séparation de la mer Rouge, l'approvisionnement miraculeux en eau et en nourriture. Dieu a agi de manière concrète et il a manifesté son amour. Toutefois, au chapitre 17, nous lisons que pour la première fois, Dieu a demandé au peuple d'être plus que de simples témoins de ses œuvres et de sa puissance. Ils ont été appelés à prendre les armes pour combattre des ennemis cruels : les Amalécites.

Les guerriers choisis ont été envoyés au champ de bataille. Moïse est monté sur une colline et, comme il l'avait fait aux abords de la mer Rouge, il a levé son bâton en implorant la bénédiction et la puissance de Dieu. Au début, tout allait bien, mais comme la bataille continuait à faire rage, les bras de Moïse se sont fatigués et ont fléchi. Tant qu'il gardait les mains levées vers le ciel, les Israélites avaient le dessus sur l'ennemi, mais sitôt que ses bras retombaient, les Israélites perdaient du terrain. On a finalement fait asseoir Moïse sur une pierre et deux hommes se tenant de chaque côté lui soutenaient les bras.

Quel étrange tableau que celui d'un vieillard tenant un bâton entre ses mains et de deux hommes lui soutenant les bras. Qu'est-ce que cela peut bien signifier? La signification la plus évidente est que Dieu lui-même livrait bataille aux Amalécites et décidait de l'issue du combat. Aussi longtemps que Moïse levait son bâton, symbole de la présence et de la puissance de Dieu à travers lui, Dieu était à l'œuvre. Souvenons-nous, toutefois, que de vrais hommes s'activaient sur le champ de bataille. Couverts de sueur et de sang, ils poussaient des cris et brandissaient des armes. Dieu était présent dans l'arène, mais il agissait par son peuple. Les Israélites sont donc passés à l'action en s'appuyant sur le fait que Dieu se servirait d'eux pour déterminer l'issue du combat.

La foi fixe ses regards sur le Sauveur qui ne baisse jamais les bras

Le chapitre 17 d'Exode nous rappelle que nous avons besoin d'un Sauveur dont les bras ne se fatiguent pas. J'ignore si les Israélites voyaient Moïse sur le sommet de la colline, les bras levés vers le ciel, mais pour ma part, je m'imagine en guerrier sur le champ de bataille ou en frère dont les regards nerveux se tournent tantôt vers les combats acharnés, tantôt vers Moïse. Je n'aurais pas eu peur que Dieu nous abandonne, mais que notre médiateur, l'homme qui nous représentait, ne soit pas à la hauteur de la tâche. L'idée que votre vie repose sur le tonus musculaire d'un octogénaire ne vous glace-t-elle pas le sang?

Heureusement, l'Épître aux Hébreux nous emmène plus loin que Moïse. La liste des héros de la foi atteint son apogée au chapitre 12 avec la mention du Héros suprême, notre Sauveur Jésus-Christ.

> Les yeux fixés sur Jésus, qui est l'auteur de la foi et qui la mène à la perfection. Au lieu de la joie qui lui était proposée, il a supporté

la croix, méprisé la honte et s'est assis à la droite du trône de Dieu.
(Hébreux 12.2)

En Jésus, nous avons un Sauveur qui a vécu et vaincu toutes nos batailles sans faiblir ni faillir. Jésus a étendu les bras, dans un contexte bien différent, en notre faveur.

Matière à réflexion

- Avez-vous déjà eu l'impression que vos actions n'influençaient pas le cours des événements? Comment êtes-vous parvenu à changer votre perception?

- Avez-vous des exemples de situations où les actions de votre conjoint, non ses paroles, ont produit un véritable impact sur vous? Au cours de la semaine à venir, portez une attention spéciale à votre façon d'interagir avec votre conjoint. Surveillez sa réaction. Efforcez-vous de poser un geste aimable, si petit soit-il.

- Faites de Jésus votre trésor afin que les déceptions de votre vie à deux ne dominent pas votre cœur. Y a-t-il des paroles ou des actions de Jésus qui ont eu un impact particulièrement puissant dans votre vie? Si oui, prenez le temps de les écrire, de les méditer et d'en remercier Dieu. De quelle autre façon demeurez-vous uni à l'amour de Jésus?

- Choisissez l'exemple d'une personne de foi, soit au chapitre 11 de l'Épître aux Hébreux, ailleurs dans la Bible ou dans votre entourage. (Souvenez-vous : la foi ne signifie pas que je me sens confiant, mais que j'agis avec amour et droiture en dépit des émotions négatives.) En quoi vos actions diffèrent-elles de celles de cette personne? Priez et demandez à Dieu de vous montrer quelles actions justes et bonnes vous devez accomplir cette semaine afin de vivre par la foi.

18

Connaissons notre histoire

Les enseignements à retenir dans ce chapitre :

- Notre relation conjugale est une histoire en constante évolution. Elle n'est pas une série d'événements aléatoires ni un ensemble de faits. Notre manière de comprendre l'histoire de notre couple, de se la raconter et de l'exposer aux autres influence la vie de tous les jours avec notre conjoint.

- La Bible est le récit du mariage de Dieu avec son peuple. Son histoire a été marquée par la fidélité de Dieu en dépit des échecs et des péchés, bien que le peuple ait souvent vu les choses autrement. À maintes reprises, Dieu a averti son peuple de l'importance de se rappeler et de comprendre correctement les faits entourant leur histoire, et ce, pour leur propre bien.

- Tout comme Israël, nous avons besoin de trouver et de nous nourrir de la manne, le pain quotidien que Dieu nous donne.

Redites-moi l'histoire

L'histoire de mes parents

Un samedi matin, alors que je n'étais qu'un jeune garçon, mon père est sorti de la maison avec un air déterminé et des outils à la main. Depuis plusieurs semaines déjà, ma mère lui demandait de réparer un trou, apparemment fait par des écureuils, sur le côté de la maison à la hauteur du toit. Pour lui, le temps était venu de s'en occuper. Je présume que ma mère s'est réjouie d'entendre le claquement de l'échelle contre le mur ainsi que les coups de marteau. Quelques instants plus tard, mon père rentrait à la maison, ayant de toute évidence résolu le problème. Ma mère est sortie aussitôt pour admirer le résultat, mais le travail de mon père l'a laissée sans voix. Il avait trouvé une vieille plaque d'immatriculation abîmée et l'avait clouée devant le trou. J'imagine qu'il s'agissait pour lui d'une réparation temporaire. Quoi qu'il en soit, ma mère ne trouvait pas convenable qu'une plaque d'immatriculation soit apposée au mur latéral de la maison.

> LES COUPLES QUI PORTENT UN JUGEMENT FAVORABLE SUR LEUR EXPÉRIENCE PARVIENNENT À GARDER UNE OPINION POSITIVE DE LEUR CONJOINT ET DE LEUR VIE DE COUPLE.

J'étais trop jeune à l'époque pour m'immiscer dans la conversation qui a suivi, mais je suis presque certain qu'ils ont tous les deux éprouvé le sentiment frustrant de revivre encore une fois un de ces moments ordinaires décrits dans le premier chapitre de ce livre. À mon avis, ma mère avait déjà eu l'impression que mon père n'attachait pas de valeur à ce qui importait à ses yeux. Pour sa part, mon père se sentait parfois injustement critiqué. Aujourd'hui, ils sont capables de rire en repensant à l'irritation de ce jour, car ils ont travaillé à leur relation de couple durant 45 ans. Ainsi, plusieurs des difficultés qui leur semblaient alors exaspérantes et insolubles leur paraissent maintenant quasi insignifiantes. Ce bref épisode marqué par la frustration s'inscrit dans une histoire plus vaste de croissance continuelle et de joie, en communion avec le Seigneur Jésus.

Le passé montre la voie vers l'avenir

Le docteur John Gottman, chercheur et auteur renommé d'ouvrages sur la relation conjugale, soutient qu'un des indicateurs de la solidité d'un couple réside dans la vision que l'homme et la femme ont de leur vécu et dans leur façon de raconter leur histoire. Les couples qui portent un jugement favorable sur leur expérience parviennent à garder une opinion positive de leur conjoint et de leur vie de couple. Leur réflexion sur les aspects positifs de leur histoire devient une base sur laquelle ils s'appuient pour relever les défis au quotidien.

Les découvertes de monsieur Gottman semblent plutôt décourageantes pour ceux qui ont une piètre opinion de leur vie à deux. Pourtant, la compréhension de notre histoire dépasse peut-être ce que nous voyons. En effet, notre histoire n'est pas un simple recueil de dates et de faits. Il s'agit d'un *récit*. Lorsque nous y réfléchissons, nous cherchons à l'interpréter. Nous insistons sur certaines périodes et minimisons l'importance d'autres étapes. Nous choisissons les mots et les images qui fournissent un cadre de référence pour trouver un sens, un but et une direction à notre vie. Les couples malheureux ont tendance à ressasser la douleur et les luttes qui font partie de leur histoire et à exclure les aspects positifs, y compris Dieu lui-même. Entretenir une vision positive de notre relation de couple ne consiste pas simplement à en connaître les faits exacts. Nous laissons plutôt à Dieu le soin de nous fournir un cadre d'interprétation qui donne un sens et un but à notre vie, qui offre une espérance et nous unit à Jésus.

Dieu raconte à son peuple son histoire

La Bible est avant tout l'histoire du mariage de Dieu avec son peuple. Tout au long de leur fréquentation, en particulier dans les moments les plus éprouvants, Dieu les exhorte à revoir et à réinterpréter leur histoire. La question est celle-ci : cette histoire renforce-t-elle le lien qui les unit à Dieu ou l'affaiblit-elle? La réponse dépend souvent de celui qui la raconte : Dieu ou le peuple. La libération des Israélites et leur traversée du désert en fournissent un bon exemple.

Sauvés ou abandonnés?

Après 400 ans d'esclavage, Dieu libère miraculeusement son peuple par une démonstration puissante de son amour. Comme un mari qui délivre sa femme des mains d'un malfaiteur, Dieu réclame et assure la libération de son peuple par des actes puissants qui ébranlent l'Égypte jusque dans ses fondements. Dieu envoie des plaies sous diverses formes : des mouches venimeuses, des ulcères, des sauterelles et de la grêle. Le Nil se change en sang, les ténèbres couvrent le pays durant trois jours et enfin, tous les fils premiers-nés égyptiens meurent (Exode 7-11).

Le but ultime de Dieu est qu'Israël l'aime et l'adore, lui seul. À la suite de son sauvetage spectaculaire et audacieux, Israël amorce une lente traversée du désert, échelonnée sur 40 ans, à destination du pays promis par Dieu. Les Israélites poussent des plaintes incessantes à cause des épreuves et des difficultés, trahissant ainsi leur mémoire défaillante.

À peine ont-ils amorcé leur marche, qu'ils mettent en doute la bonté de Dieu. Encerclé par l'armée de Pharaon, le peuple crie à Moïse juste avant que Dieu ne sépare la mer Rouge :

> Est-ce parce qu'il n'y avait point de tombes en Égypte, que tu nous as emmenés pour mourir au désert? Que nous as-tu fait en nous faisant sortir d'Égypte? N'est-ce pas là ce que nous te disions en Égypte : Laisse-nous servir les Égyptiens, car mieux vaut pour nous servir les Égyptiens que de mourir au désert? (Exode 14.11-12)

Ils poursuivent en ces termes, peu de temps après :

> Alors toute la communauté des Israélites murmura dans le désert contre Moïse et Aaron. Les Israélites leur dirent : Que ne sommes-nous morts par la main de l'Éternel dans le pays d'Égypte, quand nous étions assis près des marmites de viande, quand nous mangions du pain à satiété? Car vous nous avez fait venir dans ce désert pour faire mourir de faim toute cette assemblée. (Exode 16.2-3)

Israël s'est même plaint de la manne, le pain qui lui était donné miraculeusement chaque matin, en disant : « Qui nous donnera de la viande à manger? Nous nous souvenons des poissons que nous mangions gratuitement en Égypte, des concombres, des melons, des poireaux, des oignons et de l'ail. Maintenant, notre gosier est desséché : plus rien! Nos yeux ne voient que de la manne » (Nombres 11.4b-6).

Dès le début, le peuple d'Israël se remémore son histoire d'une manière qui ne peut le conduire qu'au malheur et à l'échec. Il se souvient à tort de l'Égypte comme d'une terre d'abondance, un endroit où il a été heureux et bien nourri. Il voit Dieu comme un voleur qui prive les Israélites de leur foyer et les maltraite. Il déforme l'histoire. Pourtant, le livre de l'Exode s'ouvre sur les cris d'un peuple qui demande à Dieu de le délivrer de sa misérable condition d'esclave :

> Longtemps après, le roi d'Égypte mourut, et les Israélites gémissaient encore sous la servitude et poussaient des cris. Leur appel du sein de la servitude monta jusqu'à Dieu. Dieu entendit leurs soupirs. Dieu se souvint de son alliance avec Abraham, Isaac et Jacob. Dieu regarda les Israélites et Dieu prit conscience de leur situation. (Exode 2.23-25)

Dieu nous enseigne la bonne manière de nous souvenir

Au terme de sa longue traversée du désert, au moment où Israël s'apprête à prendre possession de sa nouvelle terre, Dieu lui fait part de son point de vue sur ses décennies d'errance. Il n'est pas étonnant que sa version soit très différente de celle du peuple :

> Tu te souviendras de tout le chemin que l'Éternel, ton Dieu, t'a fait faire pendant ces quarante années dans le désert, afin de t'humilier et de t'éprouver, pour reconnaître ce qu'il y avait dans ton cœur et si tu observerais ses commandements, oui ou non. Il t'a humilié, il t'a fait souffrir de la faim et il t'a nourri de la manne que tu ne connaissais pas et que n'avaient pas connue tes pères, afin de t'apprendre que l'homme ne vit pas de pain seulement, mais que l'homme vit de tout ce qui sort de la bouche de l'Éternel. Ton vêtement ne s'est pas usé sur toi, et ton pied ne s'est pas enflé pendant ces quarante années. Reconnais en ton cœur que l'Éternel, ton Dieu, t'éduque comme un homme éduque son fils. (Deutéronome 8.2-5)

Ce passage contient des enseignements riches et utiles pour notre propre vie et celle de notre couple.

Tu te souviendras

Dieu nous ordonne de nous rappeler la manière dont il est intervenu dans nos épreuves. Nos souvenirs découlent de notre adoration et reflètent soit la foi et l'amour, soit l'idolâtrie et l'égocentrisme.

Pour reconnaître ce qu'il y avait dans ton cœur

Dieu a testé les Israélites au moyen d'épreuves pour révéler l'état de leur cœur. Le test évoque en nous l'image d'étudiants munis de papier et de crayons qui réussiront ou échoueront à l'examen. La Bible, toutefois, emploie généralement le mot « test » au sens d'un orfèvre qui travaille l'or ou l'argent. Le métallurgiste chauffe ou fait subir des tests au métal pour en révéler les impuretés et ensuite les en retirer. Ce processus rend le métal plus riche, plus résistant et plus pur. Dieu connaissait les impuretés du cœur de son peuple avant qu'il ne le conduise hors d'Égypte. Ces dernières devaient néanmoins être révélées afin que le peuple en devienne conscient et que Dieu le purifie. Dans le désert, le peuple ne pouvait plus rejeter sa responsabilité sur les Égyptiens et s'adonner à quelque autre activité pour éviter d'aborder le sujet. Il n'y avait qu'Israël, Dieu, et le creuset du désert. Notre histoire sert au même objectif, c'est-à-dire à nous révéler et à nous faire comprendre notre véritable nature ainsi que nos véritables besoins.

Pour t'enseigner

Que révèlent les tests que Dieu a fait subir aux Israélites? Les épreuves ont suscité en eux des plaintes et du désespoir et elles ont exposé leur cœur avide de sécurité et de confort. Ils n'étaient pas disposés à mettre leur confiance en Dieu. Ils s'appuyaient plutôt sur eux-mêmes.

Quelle tactique Dieu emploie-t-il pour enseigner au peuple à se tourner vers lui et à lui faire confiance? Il *provoque* chez lui la faim. Dieu conduit délibérément le peuple à reconnaître son besoin et son incapacité à le combler par ses propres moyens. Puis, il *nourrit* le peuple en lui envoyant la manne, une nourriture miraculeuse qui impose à celui qui la mange la nécessité de placer sa confiance en Dieu (nous reparlerons de la manne plus tard).

Les épreuves révèlent sans doute nos propres erreurs et notre folie, mais en aucun cas elles ne signalent l'absence de Dieu. Au contraire, Dieu nous appelle à réaliser à quel point nous avons profondément besoin de lui, de mille et une façon, et il nous invite à nous tourner vers lui, notre Sauveur.

Sa fidélité

Dieu rappelle aux Israélites qu'il a été présent avec eux durant tout leur parcours et qu'il a pourvu à leurs besoins. Il les a vêtus et nourris, il a pris soin d'eux et les a fortifiés jusqu'à la fin de la traversée du désert. Il ne les a jamais abandonnés ni délaissés. Ailleurs dans la Bible, la relation entre Dieu et Israël est présentée comme le lien qui unit un mari et sa femme. Dans ce passage, toutefois, la relation évoque celle d'un père qui discipline son enfant. Tout au long du périple, Dieu est animé par les mêmes motifs qu'un parent qui désire le meilleur pour son enfant. C'est par amour que Dieu fait passer les enfants d'Israël par des épreuves et non parce qu'il est dur, indifférent ou méchant. Il vise leur maturité et désire les voir devenir les fils et les filles qu'il a créés.

Lorsque nous évoquons notre histoire, souvenons-nous de la présence indéfectible de Dieu, notre tendre Père. Nous sommes ses enfants et il nous dirige avec amour à travers les épreuves afin que nous grandissions en maturité. Il souhaite également que nous apprenions à ne plus dépendre de nous, mais de lui. L'état de notre vie de couple n'est pas un signe de colère ou d'abandon de la part de Dieu. Même dans les moments les plus difficiles, notre Père qui nous aime a été fidèle. Il a mis au jour nos besoins les plus profonds et les a comblés.

Les dangers de l'oubli

Le commandement de Dieu de se souvenir est suivi d'un avertissement sur les conséquences de l'oubli. Dieu sait quel bonheur et quelle satisfaction attendent le peuple dans la Terre promise et il l'avertit d'un danger : « Garde-toi de dire en ton cœur : ma force et la vigueur de ma main m'ont acquis ces richesses » (Deutéronome 8.17). Il ajoute que dans un tel cas, l'idolâtrie et la destruction les guettent. Une mémoire défaillante n'est pas simplement synonyme de mécontentement; elle pave également la voie à l'orgueil, la rébellion et la destruction.

L'adoration de notre cœur influence non seulement tous les aspects de notre vie, mais également nos souvenirs. Si nous ne tenons pas compte de Dieu, nous avons tendance à interpréter notre vie, y compris notre passé, comme une évidence que Dieu ne se soucie pas de nous. Nous l'accusons d'être la cause de nos maux, tandis que nos bénédictions témoignent de notre vertu ou de nos capacités. Les souvenirs imprégnés de foi constituent un élément important de notre adoration et protègent notre cœur et notre vie de couple. Lorsque nous nous remémorons notre histoire, cherchons à y déceler notre besoin de Jésus et les moyens que Dieu a utilisés pour nous attirer à lui.

Le pain quotidien

Si nous sommes disciples de Jésus, l'histoire d'Israël est notre histoire. Si nous sommes unis à Jésus, notre histoire remonte à celle des tout premiers croyants. L'apôtre Paul a écrit ceci au sujet des épreuves des Israélites dans le désert : « Or, ce sont là des exemples pour nous, afin que nous n'ayons pas de mauvais désirs, comme ils en ont eus » (1 Corinthiens 10.6). En d'autres termes, savoir que notre histoire ressemble à la leur peut nous garder sur la bonne voie aujourd'hui. Bien que des milliers d'années d'histoire et de culture nous séparent, nos cœurs sont très semblables. Leur histoire donne un sens à la nôtre.

L'approvisionnement en pain quotidien est un élément important du récit de la traversée du désert. Il est une image de la présence et de l'amour de Dieu pour chaque nouvelle journée.

Dès le début de leur traversée, Dieu a donné au peuple de la manne, une substance apparentée au pain et qui apparaissait sur le sol chaque matin. La Bible la décrit ainsi :

> La manne ressemblait à de la graine de coriandre et avait l'apparence du bdellium. Le peuple se dispersait pour la recueillir; il la broyait avec des meules ou la pilait dans un mortier; il la cuisait au pot et en

faisait des gâteaux. Elle avait le goût d'un biscuit à l'huile. Quand la rosée descendait la nuit sur le camp, la manne y descendait aussi. (Nombres 11.7-9)

Les caractéristiques particulières de la manne servent à notre instruction. La manne apparaissait chaque jour en quantité suffisante pour la journée, pas davantage. Dès que la chaleur du soleil se faisait sentir, elle fondait (Exode 16.17-18, 21). Si les Israélites en ramassaient plus que nécessaire, le jour suivant les restes étaient pourris et infestés de vers (Exode 16.19-20). De plus, il n'y avait pas de manne le jour du sabbat, jour consacré au repos et à l'adoration. La veille, les Israélites en ramassaient une double ration dans le but de respecter le sabbat. Que pouvons-nous apprendre de ce pain miraculeux?

Faire confiance à Dieu un jour à la fois

Lorsque nous négligeons les avertissements de Dieu concernant l'oubli, notre nature pécheresse nous amène continuellement à dériver loin de Dieu, vers l'autosuffisance. Si nous conduisons une voiture qui a besoin d'un réglage de la géométrie des roues, nous nous retrouverons inévitablement dans le fossé si nous lâchons le volant, ne fût-ce que pour une seconde. Ainsi, dans sa sagesse et dans son amour, Dieu tient compte de cette réalité. S'il avait pourvu à tous les besoins d'Israël dès son départ d'Égypte et l'avait retrouvé au terme de son voyage dans la Terre promise, les conséquences auraient été désastreuses. En effet, bien que le peuple ait bénéficié de la présence quotidienne de Dieu, il a douté de sa bonté et s'est appuyé sur ses propres forces. Que serait-il arrivé si Dieu lui avait fourni alors tout ce dont il avait besoin? La dose quotidienne de la manne donnée par Dieu nous enseigne clairement en quoi consiste l'amour dont nous avons besoin et quelles doivent être nos attentes à son égard.

Ne serait-il pas merveilleux si Dieu agitait une baguette magique et nous donnait sur-le-champ une relation conjugale parfaite? Si tel était le cas, n'aurions-nous pas tendance à nous approprier les mérites de notre réussite en négligeant de lui faire confiance sur une base quotidienne? Plutôt que d'éprouver de la colère et de la déception à l'égard de Dieu à cause des lacunes de notre vie de couple, recherchons sa présence tout au long du parcours. Comptons sur sa fidélité jour après jour. Il marche avec nous comme il a marché avec Israël.

Dieu est à l'œuvre dans les situations ordinaires de la vie

Le pain est un aliment de base. Dieu aurait certes pu donner au peuple des bisques de homard, mais le don du pain communique un message. D'abord, Dieu souhaite que nous réalisions humblement quels sont nos besoins. Ensuite, puisqu'il ne souhaite pas satisfaire nos convoitises, il ne comble pas tous nos désirs. Dieu sait qu'il aime des pécheurs enclins à l'idolâtrie et aux craintes. S'il exauçait tous nos désirs, manifesterait-il alors son amour. Quiconque a des enfants le sait. Dieu nous étonne parfois en répondant à une requête de façon spectaculaire, mais nous devons recevoir humblement de sa main ce dont nous avons besoin et avoir confiance qu'il sait et décidera quels sont nos besoins.

> QUELLES QUE SOIENT LES CIRCONSTANCES DE LA VIE, JÉSUS, LE DON ULTIME DE L'AMOUR DE DIEU, EST TOUJOURS AVEC NOUS ET NE NOUS ABANDONNERA JAMAIS.

Jésus, notre Pain quotidien

> Jésus leur dit : En vérité, en vérité, je vous le dis, ce n'est pas Moïse qui vous a donné le pain venu du ciel, mais mon Père vous donne le vrai pain venu du ciel; car le pain de Dieu, c'est celui qui descend du ciel et qui donne la vie au monde. Ils lui dirent : Seigneur, donne-nous toujours ce pain-là. Jésus leur dit : Moi, je suis le pain de vie. Celui qui vient à moi n'aura jamais faim, et celui qui croit en moi n'aura jamais soif. (Jean 6.32-35)

Il est évident que le pain du boulanger ne sera pas utile à notre couple, à moins que la famine nous guette. Nous avons besoin de pain spirituel. Il s'avère particulièrement important lorsque notre couple peine à survivre.

Dès le début de notre aventure ensemble, nous avons souligné le fait que tout ce qui existe, y compris la relation conjugale, est orienté vers Jésus. Des signes encourageants de l'action quotidienne de Dieu, de son amour et de l'intérêt qu'il nous porte sont manifestes dans les détails de notre vie de couple. Quelles que soient les circonstances de la vie, Jésus, le don ultime de l'amour de Dieu, est toujours avec nous et ne nous abandonnera jamais. En dépit de nos souffrances et de nos aspirations, souvenons-nous que la relation conjugale a comme seul but de nous amener plus près de Dieu.

J'ai déjà conseillé une femme dont le mari semblait distant et indifférent. Elle refoulait beaucoup de blessures et de colère. Elle avait cru qu'aimer était synonyme de se taire et fermer les yeux. Or, en agissant ainsi, sa vie intérieure et sa vie de couple s'éteignaient à petit feu. Je l'ai encouragée à parler avec vérité et amour à son mari, à lui partager ses pensées et ses sentiments, y compris sa colère et ses blessures, tout en l'invitant lui aussi à s'ouvrir.

Elle est revenue une semaine plus tard, démoralisée par ses efforts. Ses tentatives de parler franchement à son mari avaient mené à plusieurs querelles entre eux. Il semblait aussi irrité qu'elle. Elle se sentait découragée et remettait en question la sagesse de mes conseils. Je l'ai exhortée à considérer cette situation non pas comme une défaite, mais comme un don de Dieu, une sorte de manne. En effet, malgré sa colère, son mari avait entamé un dialogue avec elle. La situation était pénible, certes, mais un dialogue même empreint de colère valait mieux que l'indifférence de la semaine précédente et constituait un pas dans la bonne direction. Elle a donc repris courage en réalisant que Dieu était à l'œuvre et elle a été en mesure de poursuivre le dialogue avec son mari avec plus de foi et d'amour.

La suite de l'histoire

Les hauts et les bas de la vie conjugale de mes parents ont non seulement influencé ma propre vie de couple, mais ils ont également fortifié ma foi. J'ai vu comment Dieu les a amenés à souffrir de la faim pour ensuite les nourrir de la manne de la grâce et de l'amour. Au fil des ans, j'ai été témoin de la croissance et des transformations de leur vie de couple et j'ai vu l'histoire de Jésus lui-même s'en dégager.

Permettez-moi de remettre l'histoire de la plaque d'immatriculation dans son contexte.

Mon père voulait bien faire lorsqu'il a cloué la plaque d'immatriculation sur le côté de la maison. Il venait d'une famille nombreuse et avait grandi sur une ferme. Dans son milieu, le côté fonctionnel d'une chose prenait toujours le dessus sur la forme. L'apparence n'avait pas d'importance, à condition que le travail soit fait. Ainsi va la vie sur une ferme. Toutefois, quelque chose importait encore davantage à ses yeux : la sécurité, le sentiment d'appartenance et l'acceptation qui régnaient dans ce lieu. Sa famille et lui se suffisaient à eux-mêmes et mettaient en commun leur travail, leurs jeux, leurs rires et leurs pleurs. Ils aimaient certes la ferme et veillaient à son bon fonctionnement, mais pas forcément à son apparence. Elle leur servait surtout de lieu où ils pouvaient jouir de leur vie de famille.

Si ma mère a été horrifiée en voyant la plaque d'immatriculation sur le côté de la maison, ce n'était pas par vanité. Sa famille appartenait à la classe moyenne supérieure. Son père possédait une entreprise prospère et sa mère y occupait un poste de gestion. Ils habitaient une ville où l'image était importante. Les relations et la position sociale des familles de la communauté dépendaient de leur réussite et de l'apparence. Prendre soin de ses biens équivalait à bien les gérer et témoignait de leur réussite.

Les deux familles avaient de bonnes valeurs fondamentales : l'acceptation et l'appartenance sont importantes tout comme le travail acharné et le soin apporté à nos biens. Toutefois, dans les moments ordinaires, le sens des responsabilités et de gestion de ma mère se heurtait au sentiment d'appartenance de mon père. Ont-ils vécu de la frustration et des blessures? Certainement. Était-ce une erreur? Pas du tout. Au fil des ans, Dieu s'est servi des forces et des faiblesses de leur couple pour les instruire. Mon père a appris que l'amour constitue beaucoup plus qu'un simple sentiment d'appartenance. Par conséquent, pour aimer sa femme, il devait prendre le temps de s'occuper des petits détails qui importaient pour elle. Pour sa part, ma mère a appris qu'il vaut parfois mieux sacrifier l'apparence ou le soin accordé aux objets au profit des individus. Elle a compris que la patience et la gentillesse importent davantage aux yeux de Dieu que l'opinion des autres. Ils ont aussi appris à s'appuyer davantage sur l'amour de Jésus. Si leur amour avait été conditionnel à la satisfaction de leurs désirs, ils se seraient certainement perdus dans le désert. La vie conjugale a été une bonne école pour eux et pour tous ceux qui ont pris le temps de les observer.

La manne

Un été, j'étais assis au bord de la plage avec mon père et j'observais le mouvement des vagues pendant que les enfants jouaient dans le sable.

Mon père s'est mis à me raconter une histoire. Il se trouvait à bord d'une voiture avec des jeunes de son âge lorsqu'un homme âgé, de race noire, a traversé la rue devant eux. Les jeunes lui ont lancé une injure raciste et grossière. Mon père a gardé le silence et il ne s'est pas associé à leurs moqueries. Cependant, il n'a rien fait non plus pour arrêter ou reprendre ses compagnons. Il m'a avoué ce jour-là n'avoir jamais oublié le regard de cet homme qui témoignait d'une souffrance mêlée d'une dignité paisible. À partir de ce moment, il s'était promis de ne jamais faire vivre à qui que ce soit d'autre le sentiment que cet homme avait dû éprouver. Il a décidé de ne plus jamais avoir à supporter le poids d'un tel regard.

Quelques instants plus tard, mon père a paru changer de sujet, mais j'ai tôt fait de réaliser le lien entre ses deux histoires. « Tu sais, les autres hommes de mon groupe d'étude biblique me taquinent, mais chaque matin, depuis environ six mois, je m'efforce d'essuyer les carreaux de la salle de bain après ma douche. » Je comprenais ce qu'il voulait dire. Ma mère avait travaillé dur pendant des années, car elle vivait avec trois hommes (mon père, mon frère et moi) qui ne se donnaient pas la peine de ramasser leurs affaires et qui ne prenaient pas soin des objets de la maison comme ils auraient dû le faire. La plaque d'immatriculation sur le mur en est un bon exemple. Mon père a poursuivi ainsi : « J'en suis venu à comprendre que les détails comptent énormément. C'est en aimant les autres dans les petites choses que nous pouvons démontrer à Jésus à quel point nous l'aimons. » Je ne crois pas que j'aurais pu l'exprimer mieux que lui.

Les histoires de mon père révèlent la puissance de l'amour exprimée dans les moments simples et ordinaires de la vie. La force du regard pénétrant d'un Afro-Américain qui ne saura probablement jamais que son humble réaction a changé la vie de mon père. L'amour d'un mari qui se donne la peine d'essuyer les carreaux de la douche. Je suis

> DIEU SE SERT DES ACTIVITÉS QUOTIDIENNES BANALES POUR NOUS DÉMONTRER SON AMOUR EN CHRIST, À NOUS ET À NOTRE ENTOURAGE.

émerveillé de constater que le Dieu de l'univers se manifeste dans des moments comme ceux-là et qu'il me bénit de pouvoir les observer et d'en être encouragé.

Quelle est l'histoire de votre relation conjugale?

Dans le livre de J.R.R Tolkien *Le Seigneur des anneaux – La communauté de l'anneau*, un groupe composé de personnages hétéroclites reçoit ces paroles d'encouragement de la part d'un homme sage. Ils sont sur le point d'entreprendre une quête redoutable :

> Il faut prendre cette route, mais elle sera très dure à parcourir. Et ni la force ni la sagesse ne nous mèneront bien loin. Les faibles peuvent tenter cette quête avec autant d'espoir que les forts. Mais il en va souvent de même des actes qui meuvent les roues du monde : de petites mains les accomplissent parce que c'est leur devoir, pendant que les yeux des Grands se portent ailleurs.

Ces paroles s'appliquent bien à la relation conjugale. Les tâches qui semblent insignifiantes et que nous accomplissons avec nos « petites mains » sont, en fait, de la plus haute importance. Dieu se sert des activités quotidiennes banales pour nous démontrer son amour en Christ, à nous et à notre entourage. Les « yeux des Grands » tentent de trouver ailleurs un sens, un but et la joie. C'est pourtant dans les moments ordinaires de notre vie de couple que nous avons l'occasion de faire des choix qui ont une réelle importance.

Quelle est donc votre histoire? Pourquoi Dieu vous a-t-il conduit à marier votre conjoint? De quelle façon vos difficultés vous aident-elles à vous voir tel que vous êtes et à réaliser que vous avez besoin de Christ? Que ferez-vous pour tirer profit au maximum des moments ordinaires de votre relation de couple afin que l'histoire étonnante de l'amour de Dieu soit écrite en toutes lettres sur chaque page de votre vie?

Matière à réflexion :

- Réfléchissez à votre histoire, même celle d'avant votre mariage. Que vous ont appris sur vous-même les difficultés de votre vie et de vos relations? Y a-t-il des thèmes qui reviennent ou des modèles de comportement qui se répètent?

- Vous souvenez-vous d'un événement dans votre vie de couple qui définit bien son histoire, ses hauts et ses bas, sa beauté et ses problèmes?

- De quelle façon Dieu a-t-il comblé certains de vos besoins qu'il était le seul à pouvoir satisfaire? Comment Dieu vous a-t-il enseigné à le rechercher lui seul et à lui faire entièrement confiance?

- Rappelez-vous de situations dans votre vie conjugale qui témoignent de la fidélité et de la sollicitude de Dieu. S'est-il produit quelque chose d'étonnant et d'inattendu? Les choses se sont-elles mieux passées que vous l'anticipiez?

- Dans quels domaines de votre vie à deux Dieu vous offre-t-il son pain quotidien? Nommez des évidences tangibles de son amour et de son aide.